Die IPR-Anknüpfung der Schuldverträge

Internationalrechtliche Studien

Beiträge zum Internationalen Privatrecht, zum Einheitsrecht und zur Rechtsvergleichung

Herausgegeben von Ulrich Magnus

Band 39

PETER LANG
Frankfurt am Main · Berlin · Bern · Bruxelles · New York · Oxford · Wien

Mohamed Lakmes

Die IPR-Anknüpfung der Schuldverträge

Ein Vergleich zwischen dem deutschen und dem syrischen Recht

PETER LANG
Europäischer Verlag der Wissenschaften

Bibliografische Information Der Deutschen Bibliothek
Die Deutsche Bibliothek verzeichnet diese Publikation in der Deutschen Nationalbibliografie; detaillierte bibliografische Daten sind im Internet über <http://dnb.ddb.de> abrufbar.

Zugl.: Hamburg, Univ., Diss., 2005

Gedruckt mit Unterstützung des
Deutschen Akademischen Austauschdienstes.

D 18
ISSN 0947-0395
ISBN 3-631-54509-6

www.peterlang.de

Für Barbara und Amelie

Danksagung

Allen, die mich im Laufe der Zeit, in der diese Arbeit entstanden ist, begleitet haben, möchte ich an dieser Stelle Dank sagen.
Als erstes gebührt der Dank meinem Doktorvater Prof. Dr. Ulrich Magnus, der mir viel Freiraum beim Verfolgen eigener Ideen ließ und mich mit seiner freundlichen Art stets motivierte.
Meinem Zweitgutachter, Prof. Dr. Peter Mankowski, danke ich ebenfalls für seine Unterstützung und die Anfertigung der Gutachten.
Ich möchte auch Prof. Dr. Claus Ott danken, der mir ermöglicht hat, den European Master in Law and Economics in Hamburg zu absolvieren und mich mit meinem Doktorvater bekannt gemacht hat.
Dank schulde ich auch dem DAAD, der mich während meiner Promotion finanziell unterstützt hat.
Meinen Eltern möchte ich ebenfalls für die Unterstützung über die große Entfernung hinweg sowie die Finanzierung meines Studiums und der beiden Master danken.
Dank sei auch allen Freunden gesagt, die mich moralisch unterstützt und meine Arbeit Korrektur gelesen haben.

Inhaltsverzeichnis

ABKÜRZUNGEN

aaO	am angegebenen Ort
ABGB	Allgemeines Bürgerliches Gesetzbuch (Österreich)
ABI. EG	Amtsblatt der Europäischen Gemeinschaft
AGB	Allgemeine Geschäftsbedingungen
AGBG	Gesetz zur Regelung des Rechts der allgemeinen Geschäftsbedingungen
AktG	Aktiengesetz
Anh.	Anhang
Art., Artt.	Artikel
AuslG	Ausländergesetz
AWD	Außenwirtschaftsdienst des Betriebsberaters
BAG	Bundesarbeitsgericht
BGB	Bürgerliches Gesetzbuch
BGBI	Bundesgesetzblatt
BGH	Bundesgerichtshof
BGHZ	Entscheidungen des Bundesgerichtshofes in Zivilsachen
BverfG	Bundesverfassungsgericht
CISG	Convention on Contracts for the international Sale of Goods
DDR	Deutsche Demokratische Republik
ders.	derselbe
DZWi	Deutsche Zeitschrift für Wirtschaft
EG	Einführungsgesetz, Europäische Gemeinschaft
EGBGB	Einführungsgesetz zum Bürgerlichen Gesetzbuch
EGGVG	Einführungsgesetz zum Gerichtsverfassungsgesetz
EGVVG	Einführungsgesetz zum Gesetz über den Versicherungsvertrag
EVÜ	(Europäisches) Übereinkommen über das auf vertragliche Schuldverhältnisse anzuwendende Recht
EuGH	Europäischer Gerichtshof
EuGVÜ	(Europäisches) Übereinkommen über die gerichtliche Zuständigkeit und Vollstreckung gerichtlicher Entscheidungen in Zivil- und Handelssachen
EU	Europäische Union
EuR	Europarecht
EuZW	Europäische Zeitschrift für Wirtschaft
EWG	Europäische Wirtschaftsgemeinschaft
EWR	Europäischer Wirtschaftsraum

f.,ff.	folgend(e)
FGG	Gesetz über die Angelegenheiten der freiwilligen Gerichtsbarkeit
FN	Fußnote
G	Gesetz
GG	Grundgesetz
HGB	Handelsgesetzbuch
h.M.	herrschende Meinung
i.d.F.	in der Fassung
IPR	Internationales Privatrecht
IPRax	Praxis des Internationalen Privat- und Verfahrensrecht
IPRspr.	Die deutsche Rechtsprechung auf dem Gebiete des internationalen Privatrechts
i.s.d.	im Sinne des
IVR	Internationales Vertragsrecht
IZVR	Internationales Zivilprozessrecht
KassG	Kassationsgericht
LG	Landesgericht
NJW	Neue juristische Wochenschrift
OLG	Oberlandesgericht
RabelsZ	Rabels Zeitschrift für ausländisches internationales Privatrecht
RdA	Recht der Arbeit
RIW	Recht der internationalen Wirtschaft/Außenwirtschaftsdienst des Betriebsberaters
RL	Richtlinien
S.	Seite
TranspR	Transport- und Speditionsrecht
TzWrG	Teilzeit- Wohnrechtsgesetze
u.a.	unter anderem
UN	United Nations
UNCITRALUN	Comission on International Trade Law

UNESCO	United Nations Educational, Scientific and Cultural Organisation
VerbrKrG	Gesetz über Verbraucherkredite
VerfGH	Verfassungsgerichtshof
Vgl.	Vergleiche
VAE	Vereinigte Arabische Emirate
ZEuP	Zeitschrift für Europäisches Privatrecht
ZfA	Zeitschrift für Arbeitsrecht
ZfRG	Zeitschrift für Rechtsvergleichung
ZGB	Syrisches Zivilgesetzbuch
ZIP	Zeitschrift für Wirtschaftsrecht und Insolvenzpraxis
ZPO	Zivilprozessordnung

Einführung

I. Ziele der Arbeit

Internationale Verträge bilden die Grundlage für wirtschaftliche Beziehungen zwischen Ländern. Um diese Beziehungen zu intensivieren ist es wünschenswert, dass sich die Rechtssysteme stetig angleichen. Ein Beispiel für eine gelungene Angleichung des internationalen Vertragsrechts stellt die EG dar. Länder, die eine enge Kooperation z.B. in Form von Assoziierungsabkommen anstreben, müssen für Veränderungen ihres Rechtssystems in wirtschaftlichen Belangen bereit sein.

Die vorliegende Rechtsvergleichung im internationalen Vertragsrecht bietet die Möglichkeit, optimierte Lösungen zu erarbeiten, indem man syrische und deutsche Vorschriften im internationalen Vertragsrecht gegenüberstellt und anschließend die besten Lösungen des jeweils anderen Rechtssystems in das eigene Recht übernimmt.

Wenn wir das deutsche und das syrische Familien- oder Erbrecht, d.h. materielles Recht, vergleichen, ist die Aussicht auf eine bessere Lösung dagegen gering, weil eine grundlegende Reform, z.B. des syrischen Familien- und Erbrechts, auf Grund von Traditionen und Religion wenig Aussicht auf Erfolg hat.

Im wirtschaftlichen Bereich ist die Erarbeitung einer gemeinsamen Lösung hingegen sehr gut möglich, da hier beide Seiten stark daran interessiert sind, ihre wirtschaftliche Situation, z.B. durch eine Angleichung des internationalen Vertragsrechts, zu verbessern.

Am 19. Oktober 2004 wurde im Rahmen der Europa-Mittelmeer-Konferenz, die erstmalig 1995 in Barcelona stattfand, nach langen Verhandlungen das Assoziierungsabkommen zwischen Syrien und der EU unterzeichnet. Dieses Abkommen befindet sich zu Zeit in der Ratifizierungsphase. Es ist im Hinblick auf das Programm der Entwicklung und Modernisierung Syriens von großer Bedeutung, da es die Schaffung einer Freihandelsgemeinschaft zwischen den beiden Seiten vorsieht, der Syrien 2010 beitreten soll.

Das Abkommen umfasst den Handel von Gütern und Dienstleistungen, aber auch z.B. den Schutz von geistigem Eigentum. Es erlaubt die Hilfe der EU bei wichtigen strukturellen Veränderungen in Syrien.Die vorliegende Arbeit verfolgt zwei Ziele: Durch einen Vergleich des syrischen mit dem deutschen internationalen Vertragsrecht sollen Lücken in der syrischen Gesetzgebung aufgedeckt und bessere Lösungen für das syrische internationale Vertragsrecht erarbeitet werden, die in einer erwarteten IPR-Reform umgesetzt werden könnten.

Darüber hinaus sollen die Grundlagen des syrischen internationalen Vertragsrechts vermittelt werden, um in Zukunft den Abschluss von Verträgen zu erleichtern:

> "Bei Vertragsverhandlungen mit arabischen Partnern wird von diesen - meist unzutreffend (!) - vorgetragen, sie müßten aufgrund ihres heimischen

Kollisionsrechts auf der Anwendung ihres materiellen Rechts bei dem abzuschließenden Vertrag bestehen. Dieser Punkt führt bei Vertragsverhandlungen häufig zu Schwierigkeiten. Es gibt eine Reihe von Fällen, in denen es nur aus diesem Grund nicht zu einem Vertragsabschluss gekommen ist."[1]

II. Gang der Darstellung und des Vergleichs

Im ersten Teil der vorliegenden Arbeit werden die Geschichte und die Entstehung der beiden IPR-Gesetze mit ihren Regelungsbereichen präsentiert. Im zweiten Teil werden sodann die internationalen privatrechtlichen Qualifikationsfragen der beiden IPR behandelt.
Der dritte Teil der Dissertation beschäftigt sich mit der Rechtswahl bei internationalen Verträgen. Hier werden Art. 27 EGBGB und Art. 20 Abs. 1 S. 3 und 4 ZGB vorgestellt. An diese Betrachtung schließt sich die Darstellung des entsprechenden Artikels an und es wird die Rechtswahl in einzelnen Punkten diskutiert. Hier werden insbesondere die ausdrückliche oder stillschweigende Rechtswahl, die Teilrechtswahl und die nachträgliche Rechtswahl verglichen.

Die objektive Anknüpfung der internationalen Verträge wird im vierten Teil durch einen Vergleich der Art. 28 EGBGB mit Art. 20 Abs. 1 S. 1 ZGB bearbeitet. Dieser Vergleich wird in diesem Teil zwischen dem Konzept der engsten Verbindung als Grundregel des Art. 28 EGBGB und der konkreten Vermutung mit den alternativen Anknüpfungsregeln des Art. 20 Abs. 1 S. 1 ZGB, nämlich mit dem gemeinsamen Wohnsitzort und dem Abschlussort, geführt.
Im fünften Teil der Arbeit wird die Beschränkung der Rechtswahl in beiden Staaten erläutert, hier werden die Inlandssachverhalte, die zwingenden Normen und der ordre public dargestellt und verglichen.
Im sechsten Teil der Dissertation werden andere Einzelaspekte, die mit dem Vertragsstatut verbunden sind, verglichen, nämlich der Renvoi, die Form des Vertrags und die Rechts- und Geschäftsfähigkeit.
Der siebte und abschließende Teil der Arbeit beschäftigt sich mit besonderen Vertragstypen und deren geltenden Kollisionsrechten. In diesem Teil wird im Bezug auf das syrische IPR untersucht, ob Art. 20 ZGB eine abschließende Regelung trifft oder als Generalklausel, die abweichende Anknüpfungsregeln im Einzelfall erlaubt, gedacht ist. Die syrische und die arabische Rechtsprechung und Literatur enthalten von Art. 20 ZGB abweichende Anknüpfungsregeln. Die Frage bleibt, wie man diese abweichenden Regeln rechtfertigen und formulieren kann. Ferner werden die Vertragstypen und deren Anknüpfungsregeln dargestellt und verglichen, die in der Praxis von großer Bedeutung sind. In diesem Bereich werden Artt. 29, Art. 29 a EGBGB einen breiten Raum einnehmen, da sie die internationalen Verbraucherverträge ausführlich behandelt haben, was

---

[1] Hilmar Krüger, Der Grundsatz der Parteiautonomie in den Kollisionsrechten der arabischen Staaten, in: Karl-Heinz Böckstiegel, Vertragspraxis und Streiterledigung im Wirtschaftsverkehr mit arabischen Staaten, Band 2, Berlin 1981, S. 95.

weltweit als Vorbild dienen könnte. Die Darstellung der Anknüpfungsregeln des Art. 29 EGBGB ist von besonderer Bedeutung, da diese Verträge auf Grund der wachsenden internationalen privatwirtschaftlichen Transaktionen zunehmend an Bedeutung gewinnen. Diese internationalen privatrechtlichen Beziehungen waren in vielen arabischen Ländern wegen des sozialistischen Wirtschaftssystems nicht erlaubt. Außerdem besitzen die internationalen Verbraucherverträge bis jetzt keine besonderen gesetzlichen Anknüpfungsregeln.
Breiten Raum werden auch die internationalen Arbeitsverträge einnehmen. Hier wird Art. 30 EGBGB mit den Anknüpfungsregeln der syrischen arabischen Gesetzgebung, Rechtsprechung und Literatur dargestellt und verglichen.
Der Vergleich der besonderen Vertragstypen wird internationale Bank-, Versicherungs-, Handelsvertreter- und Technologietransferverträge enthalten.
Das UN-Übereinkommen über den internationalen Warenkauf CISG wird wegen dessen Wichtigkeit in diesem Bereich kurz präsentiert.
Die vorliegende Arbeit ist nicht nur auf die Anknüpfungsregeln des syrischen internationalen Privatrechts beschränkt. Wegen der Ähnlichkeit der Gesetzesgrundlage werden auch andere arabische Anknüpfungsregeln betrachtet. Außerdem werden die Rechtsprechung und die Literatur von einem arabischen Land in einem anderen übernommen. Deswegen wird sich diese Arbeit nicht nur mit der syrischen Rechtsprechung und Literatur befassen, sondern auch mit der anderer arabischer Staaten.
Für die Zwecke des internationalen Vertragsrechts wird in der Arbeit auf das materielle Recht zurückgegriffen. Dieser Rückgriff wird im syrischen Teil häufiger geschehen, da der syrische Gesetzgeber und die syrische Rechtsprechung wegen fehlenden Anknüpfungsregeln das materielle Recht für internationale Zwecke oft anwenden.

§ 1 Die Geschichte und die Entstehung der beiden IPR-Gesetze in Deutschland und Syrien und ihre Regelungsbereiche

I. Geschichte des Privatrechts und IPR in Deutschland

1. Mittelalter und die Statutentheorie

Die Geschichte des deutschen Privatrechts und des IPR ist mit dem europäischen Privatrecht und IPR eng verbunden.
Die Geschichte des Kollisionsrechts im heutigen Sinne beginnt im späten Mittelalter mit der Statutentheorie. Diese Theorie wurde in Oberitalien entwickelt. Sie unterscheidet zwischen statuta personalia (als lex origines) und statuta realia für unbewegliche Sachen. Die statuta mixta umfasst alles, was sich nicht in die Kategorien statuta personalia oder statuta realia einordnen ließ.

Innerhalb der Statutentheorie werden mehrere Schulen unterschieden, z.B. die italienischen und französischen Glossatoren, die ihre Lehre nach dem Codex Justinians entwickelten, die Postglossatoren oder Kommentatoren, die die Lehre der Glossatoren auf dem bewährten scholastischen Weg der Unterscheidungen verfeinerten.[2]
Unter den Franzosen des 16. Jahrhunderts ragen Dumoulin und Argentre, der Anwalt dieser Personalität der Gesetze war, heraus. Die Niederländer nach 1650 betrachteten die Anwendung fremden Rechts nur als Sache des freundlichen Entgegenkommens gegenüber dem Ausland. In Deutschland fand die Statutentheorie einerseits vom 16. bis 18. Jahrhundert einige Anhänger (darunter Hert oder Hertius um 1690); anderseits ihre Gegner in Carl Georg Wächter (1841/42): er wies auf ihre Unzulänglichkeit hin, jedoch ohne positiv etwas anderes empfehlen zu können, als mangels ausdrücklicher IPR-Normen die lex fori anzuwenden.[3]

2. Das moderne deutsche IPR

Im zweiten Drittel des 19. Jahrhunderts entwickelte sich das moderne IPR durch drei Autoren: Den Amerikaner Story (Commentaries on the Conflict of Laws, 1834) mit einer Analyse der Rechtsprechung, den Italiener Mancini (1817-1888) als erfolgreicher Verfechter des Nationalitätsprinzips und als erster Befürworter kollisionsrechtlicher Staatsverträge, und den Deutschen Friedrich Carl von Savigny (1779-1861).
Savigny hat in seinem Buch "System des heutigen Römischen Rechts" das IPR grundlegend durch drei besonders fruchtbare Ideen verändert:
Inländisches und ausländisches Recht sind abgesehen von den Vorschriften "streng positiver, zwingender Natur" gleich zu behandeln.

---

[2] Am berühmtesten ist Bartolus.

[3] Vgl. VON HOFFMAN, BERND/ FIRSCHING, KARL, Internationales Privatrecht, 4. Auflage, München 1996, S. 43 ff (zitiert: VON HOFFMANN/FIRSCHING, IPR).

Auszugehen ist nicht von den Gesetzen (vom Rechtsgebiet), sondern vom konkreten Lebenssachverhalt (vom Rechtsverhältnis). Die Aufgabe des IPR besteht darin, "dass bei jedem Rechtsverhältnis dasjenige Rechtsgebiet aufgesucht werde, welchem dieses Rechtsverhältnis seiner eigentümlichen Natur nach angehört oder unterworfen ist, worin dasselbe Sitz hat".[4]
Das Kollisionsrecht erstrebt nach Savigny eine internationale Entscheidungsharmonie. Es darf nicht in nationalistischer Enge betrieben und fortentwickelt werden, sondern muss sich an den Erfordernissen einer völkerrechtlichen Gemeinschaft orientieren. Savignys Ideen haben in der Geschichte des IPR in Deutschland und in Europa eine wichtige Rolle gespielt. Viele Länder haben seine Theorien umgesetzt.
Die Nationalisierung des IPR begann mit den großen Kodifikationen des preußischen Allgemeinen Landrecht von 1794, des französischen Code Civil von 1804 und des österreichischen ABGB von 1811. Die konsequente Behandlung des IPR als Zweig des nationalen Rechts erfolgte erst mit der italienischen Kodifizierung des IPR in den Preleggi zum Codice Civile von 1865 und mit der Vorbereitung des deutschen Einführungsgesetzbuches zum BGB von 1896 durch die positivistischen Nationalisten Kahn und Bartin.

II. Die Entstehung des deutschen IPR und seine Regelungsbereiche

1. Die Entstehung des deutschen IPR

Das alte deutsche IPR war in den Artt. 7-31 EGBGB i.d.F. vom 18.8.1896 geregelt. Weitgehend unverändert war es so seit dem 1.1.1900 in Kraft.
Das deutsche IPR wurde am 25.7.1986 neu geregelt und EGBGB trat am 1.9.1986 in Kraft. Die Notwendigkeit der Reform bestand durch einen Verstoß gegen Art. 3 II GG, dieser Auffassung ist das Bundesverfassungsgericht im so genannten "Spanier-Beschluss" vom 4.5.1971 zunächst entgegen getreten. Durch andere Entscheidungen des BVerfG vom 22.2.1983 und vom 8.1.1985 wurden die Artt. 15 I, II und Art. 17 I des alten EGBGB wegen Verstoßes gegen Art. 3 II GG für nichtig erklärt, weil sie an das Heimatrecht des Ehemannes anknüpft.

2. Die Regelungsbereiche des deutschen IPR

Das neue EGBGB von 1986 enthält im ersten Abschnitt Verweisung (Artt. 3-6), im zweiten Abschnitt das Recht der natürlichen Personen und der Rechtsgeschäfte (Artt. 7-12), im dritten Abschnitt das Familienrecht (Artt. 12-24), im vierten Abschnitt das Erbrecht (Artt. 25-26) und im fünften Abschnitt das Schuldrecht. Dieses wird unterteilt in vertragliche (Artt. 27-37) und außerver-

---

[4] VON SAVIGNY, FRIEDRICH CARL, System des heutigen Römischen Rechts, Band VIII, Berlin 1849, S. 26.

tragliche Schuldverhältnisse (Artt. 38-42). Im sechsten Abschnitt wird das Sachenrecht behandelt (Artt. 43-46).
Als Besonderheit dieser Neuregelung wird grundsätzlich am Staatsangehörigkeitsprinzip festgehalten. Im Bereich des Personen-, Familien- und Erbrechts wird grundsätzlich an die Staatsangehörigkeit angeknüpft; als alternatives Anknüpfungsmoment könnte der Wohnsitz oder der gewöhnliche Aufenthalt in Betracht kommen. Im Bereich des Eherechts wird nicht mehr an die Staatsangehörigkeit des Ehemannes angeknüpft. Art. 14 I EGBGB enthält ein Mischsystem: Aufenthaltsmomente sind das gemeinsame Heimatrecht, der gewöhnliche Aufenthalt und ein besonders nahes Verhältnis zu einem Staat. Art. 15 I EGBGB und Art. 17 I 1 EGBGB haben dieses Prinzip übernommen.

Kollisionsrechtliche Staatsverträge spielen im deutschen IPR eine wichtige Rolle. Das europäische Recht hat große Bedeutung für das deutsche IPR und IZVR. In der Europäischen Gemeinschaft (EG) gilt das praktisch höchst bedeutsame EG-Gerichtsstands- und Vollstreckungsübereinkommen (EuGVÜ), das kollisionsrechtliche EG-Schuldverträgeübereinkommen (EVÜ) von 1980, das vom deutschen Gesetzgeber in den Artt. 27-37 EGBGB übernommen wurde. Neben den europäischen kollisionsrechtlichen Staatsverträgen gelten in Deutschland eine Menge von völkerrechtlichen, multilateralen und bilateralen IPR-Verträgen.[5]
Durch die europäische Vereinheitlichung des IPR verloren die Staatsverträge ihre Bedeutung in Europa.
Das Europarecht enthält primäres Gemeinschaftsrecht, das unmittelbar in den Mitgliedstaaten gültig ist und sekundäres Gemeinschaftsrecht, das in Verordnungen und Richtlinien unterteilt ist. Die Verordnungen gelten unmittelbar, während die Richtlinien nicht unmittelbar gelten, sondern in nationales Recht umgesetzt werden müssen und dem Gesetzgeber einen Spielraum lassen. Für die Auslegung dieses sekundären Gemeinschaftsrechts ist der EuGH zuständig.
Nachbargebiete des deutsche IPR sind das Staatsangehörigkeitsrecht, das Fremdenrecht (Ausländer und Staatenlose als natürliche und juristische Personen) und das Internationale Zivilverfahrensrecht (IZVR).

[5] In: ERIK JAYME/ RAINER HAUSMANN, IPR und Verfahrensrecht, München 2000.

III. Die Geschichte des Privatrechts und des IPR in Syrien

1. IPR und islamisches Recht

Im Jahre 635 wurde Syrien Teil des islamischen Reichs. Zu diesem Zeitpunkt trat das islamische Recht (Al Scharia) im Kraft. Nach der Scharia ist die Welt in drei Teile geteilt: die islamische Welt (Dar Al Islam), die Kriegswelt (Dar al Harb) und die friedliche Welt (Dar Alsulh).

Die islamische Welt umfasst die Länder, die unter islamischer Herrschaft stehen, während die friedliche Welt die der Christen und der Juden ist, die mit den islamischen Herrschern Friedensverträge geschlossen haben. Zur Kriegswelt gehören alle übrigen Länder.[6]

Da es keine persönlichen oder wirtschaftlichen Beziehungen zwischen der islamischen Welt und der Kriegswelt gab, bestand keine Notwendigkeit ein Kollisionsrecht zu schaffen.[7]

Auf der anderen Seite gab es viele persönliche und wirtschaftliche Beziehungen zwischen Moslems, Christen und Juden innerhalb des islamischen Reiches, die zu Konflikten zwischen den verschiedenen persönlichen Statuten innerhalb des islamischen Reichs führten.

Der Friedensvertrag erlaubte Christen und Juden, die im islamischen Reich lebten, auf ihrer persönlichen Rechtsposition zu bestehen.

Kollisionsregeln haben keine wichtige Rolle im islamischen Rechtssystem gespielt. Dies hat mehrere Gründe:

Der islamische Richter musste immer das islamische Recht (Al Scharia) anwenden, egal, ob beide Parteien moslemisch waren oder nicht.[8] Der Moslem durfte nicht von einem nicht-islamischen Gericht verurteilt werden.

Was heute vom islamischen internationalen Privatrecht "geerbt" wurde, ist der Binnenkonflikt zwischen islamischem, christlichem und jüdischem Recht. In diesem Konflikt hat das islamische Recht, abgesehen von Ausnahmen, Vorrang.

Wirtschaftliche oder persönliche Beziehungen mit anderen Religionen waren nicht erlaubt, weil der Islam ausschließlich Christentum und Judentum als Geburtsreligionen anerkannte und die Beziehung mit den anderen Religionen eine Art Kriegssituation darstellte.[9] Die islamischen Kollisionsrechte waren selten, deswegen gab es kein komplettes islamisches IPR.[10]

---

[6] Vgl. SABET, INAET, Kollisionsrecht im Islam, Kairo 1998, (zitiert: SABET, Kollisionsrecht im Islam), hier S. 158.

[7] VGL. SABET, Kollisionsrecht im Islam, S. 159.

[8] Wenn eine der Parteien moslemisch war, war das islamische Recht direkt anzuwenden, ebenso, wenn beide Parteien Christen oder Juden waren. Ausnahmen waren möglich.

[9] DERAZ, RAMZI MOHAMMED, Kollisionsrecht im Islam, Alexandria 2004, (zitiert: DERAZ, Kollisionsrecht im Islam), hier S.201.

[10] DERAZ, Kollisionsrecht im Islam, S. 202.

2. IPR und die ausländische Besetzung

Syrien war von 1500 bis 1920 Teil des osmanischen Reichs. In dieser Zeit besserte sich die Beziehungen zwischen der islamischen Welt und der Kriegswelt, weil die Osmanen viele friedliche bilaterale Abkommen mit anderen Ländern schlossen.[11] In diesen Verträgen gab die osmanische Autorität den Ausländern, die im osmanischen Reich lebten, die Erlaubnis, ihr eigenes Recht anzuwenden. Deswegen konnte sich der Ausländer im osmanischen Reich immer auf sein Recht berufen, indem er sich an einen Repräsentanten seines Landes wendete.
Diese Erlaubnis erhöhte die Motivation, im osmanischen Reich zu wohnen. Allerdings verhinderte dies die Entstehung eines Kollisionsrechts.
Im osmanischen Reich hatten die Ausländer politische, gerichtliche und finanzielle Privilegien, denn sie konnten vor den osmanischen Gerichten nicht verurteilt werden und mussten keine Steuern zahlen, weil ihre Konsulate oder Botschaften für alle rechtlichen Beziehungen zuständig waren. Die ausländischen Botschaften waren im osmanischen Reich wie ein Staat im Staate.[12]
Im Jahr 1839 leitete die osmanische Autorität rechtliche Reformen ein. So wurden eine Reihe von modernen Gesetzen, die meisten vom französischen Recht inspiriert, verabschiedet.[13]
Im Jahr 1914 schaffte das osmanische Reich die ausländischen Privilegien erst einseitig, dann durch das Übereinkommen von Lausanne 1923, ab.
1920 wurde Syrien französische Kolonie. Zu dieser Zeit gab es getrennte Gerichte für Syrer und Franzosen und deren Beziehungen mit den Syrern. Diese Gerichte haben meist das französische materielle und das Kollisionsrecht des code civil angewendet.

---

[11] Diese Verträge wurden "copitulations" genannt, weil sie keine Artikel enthielten, sondern Übereinkommen (Frankreich 1535, Großbritannien 1583, Holland 1613, Österreich 1781, Russland 1783, Vereinigte Staaten 1830, Belgien 1838, Griechenland 1855. Vgl. SIUFY, NAIM, Internationales Privatrecht, Damaskus 1967, S. 46ff (zitiert: SIUFY, IPR). Hier, S. 46ff.
[12] Vgl. SIUFY, IPR, S. 47.
[13] Nach der Reform wurden die Gerichte in vier verschiedene Arten eingeteilt:
Gerichte für den Fall, dass alle Parteien osmanisch sind (Zivil-, Handels- und Strafgerichte), moslemische Familiengerichte, nicht moslemische Familiengerichte und Gerichte in ausländischen Konsulaten, Vgl. SIUFY, S. 48; BRINTON, JASPER YEATES, The Mixed Courts of Egypt, 2. Auflage, S. 111, New Haven/London 1968.

IV. Die Entstehung des syrischen Privatrechts und des IPR und seine Regelungsbereiche

1. Die Entstehung des syrischen Privatrechts und des IPR

Syrien wurde im Jahre 1946 unabhängig. Am 18.5.1949 trat das legislative Dekret Nr. 84 in Kraft, das das syrische Gesetzbuch mit besonderen Kollisionsregeln enthält.
Das syrische Zivilgesetzbuch übernahm das ägyptische Zivilgesetzbuch, das im Jahre 1948 erlassen wurde. Vorbilder für das ägyptische Zivilgesetzbuch waren die Entscheidungen der kolonialen gemischten Gerichte, das osmanische Gesetz und der französische Code Civil.
Da der Code Civil keine kollisionsrechtlichen Gesetze enthielt, wurden als Vorbilder für die Kollisionsrechtsartikel das polnische Gesetz von 1926, das italienische Disp. Pr. civil. von 1942 und das japanische ZGB von 1898 benutzt.

2. Quellen des Zivil- und Handelsrechts in den arabischen Ländern

a) Quellen des Zivilrechts

Im Bezug auf die Rechtsquellen in den arabischen Ländern spielt das ägyptische ZGB eine bedeutende Rolle. Es gibt eine große Zahl von arabischen Ländern, die zum ägyptischen Rechtskreis gehören. Das ägyptische ZGB-Gesetz Nr. 131/1948 geht auf den französischen Code Civil nach dem Stand von 1940 zurück.
Das ägyptische ZGB hat einen großen Erfolg in den arabischen Ländern. Es wird sogar manchmal wörtlich übernommen. Dies hat zu einer Rechtsvereinheitlichung in den arabischen Länder geführt. Von dieser Rechtsvereinheitlichung sind die EU-Länder trotz des Rechtsharmonisierungsprozesses weit entfernt. Gründe für diesen Erfolg waren nicht nur die gute Qualität des Gesetzes, sondern auch die Kompetenz seines Schöpfers.
Das ägyptische ZGB ist die Grundlage der Zivilgesetzbücher in mehreren arabischen Ländern: Syrisches ZGB-Gesetz Nr. 84/1949; irakisches ZGB-Gesetz Nr. 40/1951 (in Kraft seit 1953), libysches ZGB von 1954; katarsches ZHGB-Gesetz Nr. 16/1971; somalisches ZGB-Gesetz Nr. 37/1973; algerisches ZGB Gesetz Nr. 58/1975; jordanisches ZGB-Gesetz Nr. 43/1976; kuwaitisches ZGB-Gesetz Nr. 67/1980; sudanesisches Gesetz Nr. 6/1984; VAE-Gesetz Nr. 5/1985; jemenitisches ZGB-Gesetz Nr. 19/1992 und bahrainsches ZGB-Gesetz Nr. 19/2001.
Neben dem ägyptischen Rechtskreis gibt es arabische Länder, die teilweise noch mehr vom französischen Recht übernommen haben. Zu diesen Länder gehören Tunesien (COC von 1906), Marokko (COC von 1913), Libanon (COC von 1932) und Mauretanien (COC von 1989). In diesen Ländern wird teilweise auf

das französische Schrifttum oder die Rechtsprechung der französischen Gerichte zurückgegriffen.

b) Quellen des Handelsrechts

Das französische Recht ist das Vorbild für die arabischen Handelsgesetzbücher.14 Anders als beim Zivilrecht bieten bei den Handelsgesetzbüchern Syrien und Libanon das Mutterrecht. Zu diesem Kreis gehören die folgenden Handelsgesetzbücher: Libanesisches HGB-Gesetz Nr. 304/1942, syrisches HGB-Gesetz Nr. 149/1949, tunesisches HGB-Gesetz Nr. 129/1969, jordanisches HGB-Gesetz Nr. 12/1966 und marokkanisches HGB-Gesetz Nr. 15/1995.[15]
Das kuwaitische HGB spielt auf der arabischen Halbinsel eine führende Rolle. Zu der kuwaitischen Staatengruppe zählen das katarsche ZHGB-Gesetz Nr. 16/1971, das kuwaitische HGB-Gesetz Nr. 68/1980, das irakische HGB-Gesetz Nr. 30/1984, das bahrainsche HGB-Gesetz Nr. 7/1987, das omanische HGB-Gesetz Nr. 55/1990, das jemenitische HGB-Gesetz Nr. 32/1991, das HGB-Gesetz Nr. 18/1993 der VAE und das ägyptische HGB-Gesetz Nr. 17/1999. Im Bezug auf das IPR sind die oben genannten Handelsgesetzbücher sehr bedeutend, da sie teilweise auch Regeln über den internationalen Handelsverkauf enthalten.

3. Regelungsbereiche des syrischen IPR

Das IPR enthält nach dem syrischen Rechtssystem das Staatsbürgerschaftsrecht, den rechtlichen Status der Ausländer, internationale Verfahren, das Gerichtszuständigkeits- und das Kollisionsrecht.
Das syrische Zivilgesetzbuch (ZGB) von 1949 enthält 20 kollisionsrechtliche Artikel, nämlich die Artt. 11 bis 30 ZGB.[16]
Art. 11 ZGB behandelt Qualifikationsfragen, Art. 12 den Personalstand und die Handlungsfähigkeit. Art. 13 gibt die materiellen Voraussetzungen für die Gültigkeit einer Ehe vor, Artt. 14 und 15 behandeln die Wirkung der Ehe und Ehescheidung. Art. 16 beinhaltet die Unterhaltspflicht und Art. 17 die Verwaltungsbefugnis, die Vormundschaft, die Pflegschaft zum Schutze Geschäftsunfähiger und Abwesender. Art. 18 regelt Erbfolge und Testament und Art. 19 den Besitz, das Eigentums- und andere Sachenrechte.
In Art. 20 geht es um die vertraglichen Verpflichtungen, in Art. 21 um die Form der Rechtsgeschäfte, in Art. 22 um nicht-vertragliche Verpflichtungen, in Art. 23 um internationale Verfahren und Zuständigkeit, in Art. 24 um Beweise, in

---

[14] Mit Ausnahme des libyschen HGB von 1953, denn die Basis ist hier das italienische Recht.
[15] Vgl. ALGOHARI, MOHAMMED FAHMI, Das ägyptische Handelsrecht, Handelsverträge, S. 124, Kairo 2003.
[16] Die genaue Übersetzung von Kollisionsrecht ist "Örtliche Konflikte der Gesetze", Artt. 11 bis 30 syrisches ZGB entsprechen Artt. 10 bis 28 des ägyptischen Gesetzbuchs von 1948.

Art. 25 um den Vorrang der internationalen Vereinbarungen und in Art. 26 um das Zurückgreifen auf die Grundsätze des IPR. Art. 27 regelt den rechtlichen Status für Staatenlose oder Angehörige mehrerer Staaten. Art. 28 beinhaltet die Verweisung auf einen Staat mit mehr als einem Rechtssystem und Art. 29 die Rück- und weitere Verweisungen. Art. 30 hat schließlich die ordre public zum Inhalt.
Das Staatsbürgerschaftsrecht ist im legislativen Dekret Nr. 67 aus dem Jahre 1961 und im legislativen Dekret Nr. 276 von 1969 festgelegt. Der Wohnsitz ist in den Artt. 42 und 45 ZGB geregelt.
Der rechtliche Status der Ausländer in Syrien wird durch die legislativen Dekrete 54 und 189 aus dem Jahre 1952 und in den Änderungen in Dekret 89 von 1960 und in den Artt. 836 und 876 ZGB geregelt.
Die syrische Zivilprozessordnung enthält verschiedene Artikel, die die internationale Gerichtszuständigkeit regeln, so z.B. in den Artt. 3 bis 10 der syrischen ZPO. Die Vollstreckbarkeit einer ausländischen gerichtlichen Entscheidung regeln Artt. 306 bis 311. Art. 528 behandelt ausländische schiedsgerichtliche Entscheidungen. Die Sicherheitsleistung für einen Ausländer im Zivilprozess regelt Art. 11.

Im Vergleich mit anderen Länder hat das syrische ZGB viele internationalrechtliche Fragen offen gelassen, deswegen spielt die IPR-Rechtsvergleichung eine wichtige Rolle im syrischen IPR.[17]
Eine Besonderheit der syrischen Kollisionsnormen ist die Staatsangehörigkeit als Anknüpfungsregel im persönlichen Statut. Das Staatsangehörigkeitsrecht spielt eine wichtigere Rolle als das Wohnsitzrecht. Besonders im internationalen Eherecht verweist das syrische IPR auf das Recht der Staatsangehörigkeit des Ehemanns.[18]
Es stellt sich die Frage, ob die syrischen Anknüpfungsregeln Artt. 10 bis 30 ZGB die syrischen Richter binden, solange ein Konflikt mit ausländischem Bezug vorliegt oder ob die kollisionsrechtlichen Regeln zu den zwingenden Normen oder ordre public gehören.
Da der syrische Gesetzgeber für diesen Fall keine klare Regel vorgesehen hat, müssen Entscheidungen des Revisionsgerichts herangezogen werden. Das Revisionsgericht hat die Wahl, zu entscheiden, ob der Richter - wenn es einen ausländischen Bezug gibt - die IPR Anknüpfungsregel anwenden muss, unabhängig davon, ob die Konfliktparteien diese Anwendung verlangen.[19]

---

[17] Z.B. sind die internationalen vertraglichen rechtlichen Beziehungen nur in Art. 20 ZGB geregelt.
[18] Die Staatsangehörigkeit als Anknüpfungsregel zeigt, dass Syrien ein Emigrationsland ist. Die Staatsangehörigkeit des Ehemannes deutet auf die wichtige Rolle des Mannes im islamischen Recht hin.
[19] VGL. DIEB, FUAD, Kollisionsrecht, Damaskus 1986, S. 65 (zitiert: DIEB, IPR).

Der syrische Richter kann ohne Antrag der Parteien die IPR-Anknüpfungsregeln nicht anwenden. In diesem Fall sind die Kollisionsregeln keine zwingenden Normen.[20]
Als Ergebnis ist fest zuhalten, dass die syrischen Gerichte und anders als im deutschen IPR das syrische materielle Recht immer anwenden, solange kein Antrag von den Parteien für die Anwendung der IPR- Normen vorliegt.[21]
Eine Evaluation dieser Revisionsgerichtsentscheidungen hat keine Vorteile, weil die Anwendung der Kollisionsregeln im syrischen ZGB geregelt ist. Dies dient als Beweis, dass die Kollisionsregeln, wie alle anderen gesetzlichen Regeln im ZGB, zwingende Normen sind, besonders, weil der Gesetzgeber diese Kollisionsregeln nicht ausdrücklich als fakultative Regeln betrachtet.[22] Der syrische Gesetzgeber hat die internationalen rechtlichen Beziehungen ausdrücklich geregelt. Als Ergebnis für diese Kodifikation müssen die syrischen Kollisionsregeln den Charakter zwingender Normen haben, sonst ist dies als Verstoß gegen den schweigenden Willen des Gesetzgebers anzusehen.
Nach den gesetzlichen Regeln des IPR ist die Rechtsprechung zu berücksichtigen, besonders die Entscheidungen des syrischen Revisionsgerichts. Das Revisionsgericht hatte jedoch bislang nicht sehr viele IPR- Fälle zu verhandeln und die Rechtsprechung ist nicht ausreichend, weswegen muss man besonders auf die ägyptische Rechtsprechung zurückgreifen muss.

---

[20] Vgl. DIEB, IPR, S. 66.

[21] Entscheidung Nr. 5/ 530 vom 17.7.1979 der dritten Zivilkammer des syrischen Revisionsgerichts.

[22] Der algerische Gesetzgeber hat geregelt, dass das persönliche Statut Kollisionsregeln sind Zwingenden Regeln und alle anderen Kollisionsregeln sind fakultative Regeln. Art. 5/233 algerische ZPO.

§ 2 Die Qualifikation

I. Die Qualifikation im deutschen IPR

1. Begriff der Qualifikation

Es gibt in der deutschen IPR-Literatur keine einheitliche Qualifikationsdefinition. „Über den Ansatzpunkt der Qualifikation besteht keine Einigkeit: Manche Autoren meinen, bei der Qualifikation gehe es um die Auslegung des deutschen Kollisionsrechts (Kegel §7III 3a). Andere Autoren vertreten die Ansicht, die Qualifikation bedeute die Subsumtion des Sachverhalts unter das deutsche Kollisionsrecht"[23].
Das Problem bei der Qualifikation liegt darin, dass es Systemunterschiede zwischen deutschem IPR und deutschem materiellen Recht, zwischen deutschem und ausländischem materiellen Recht gibt und dass viele ausländische Rechtsinstitute dem deutschen Recht unbekannt sind.[24]

2. Qualifikationsstatut

Gesetzlich ist das Qualifikationsstatut im deutschen IPR nicht ausdrücklich geregelt, sondern wurde durch die Literatur und Rechtsprechung entwickelt. Grundsätzlich richtet sich das Qualifikationsstatut nach der lex fori. Die lex fori-Lösung als Qualifikationsstatut wird in vielen Ländern praktiziert.

3. Ausnahmen von der lex fori als Qualifikationsstatut

a) Völkerrechtliche Verträge

Die Qualifikation nach der lex fori ist unzulässig, soweit es um die Subsumtion unter Kollisionsnormen geht, die in völkerrechtlichen Verträgen enthalten sind. Die in solchen Kollisionsnormen verwendeten Systembegriffe werden selbst in den völkerrechtlichen Verträgen definiert.[25]

b) Ausländische Kollisionsnormen

Wenn der deutsche Richter ausländisches IPR anwendet, hat die Qualifikation der ausländischen IPR-Begriffe nach ausländischem Recht zu erfolgen. Die ausländischen Kollisionsnormen sind anzuwenden, wie sie der ausländische Richter anwenden würde. In diesem Fall ist das deutsche lex fori ausgeschlossen und für die Qualifikation gilt die ausländische materielle Recht.[26]

---

[23]Münchener Kommentar zum Bürgerlichen Gesetzbuch, Einführungsgesetz IPR, Band 7, 2. Auflage 1990, Rn. 447; ABBO JUNKER, Internationales Privatrecht, München 1998, S. 137, (zitiert: ABBO, JUNKER, IPR).
[24] Vgl. KROPHOLLER, JAN, Internationales Privatrecht, 4. Auflage, Tübingen 2001. (zitiert: KROPHOLLER, IPR), hier §15 I4.
[25] Vgl. VON HOFFMANN, BERND, Internationales Privatrecht, 6. Auflage, München 1999, S. 202 (zitiert: VON HOFFMANN, IPR).
[26] Vgl. VON HOFFMANN, IPR, S. 202; Abbo JUNKER, IPR, S. 140.

c) Rechtsvergleichung

Der Grundsatz, dass die lex fori Qualifikationsstatut ist, schließt nicht aus, dass der Richter in manchen Fällen prüfen muss, wie diese

Begriffe von einer allmählichen internationalen Vereinheitlichung erfasst werden. Das kann durch Rechtsvergleichung als universale Interpretationsmethode geleistet werden. Diese vereinheitlichte Rechtsvergleichung ist für das IPR wie auch für das materielle Recht wichtig.[27]

4. Funktionale oder teleologische Qualifikation

Bei der funktionalen Qualifikation vergleicht man die Funktion des in der Kollisionsnorm gewählten Verweisungsbegriffs mit der Funktion oder dem Zweck des in Rede stehenden materiellen Rechtsinstituts.
"Anders als eine strenge materiellrechtliche lex fori Qualifikation ermöglicht eine funktionale Qualifikation die kollisionsrechtliche Einordnung auch solcher Rechtsinstitute, die dem eigenen Sachenrecht unbekannt sind"[28].
Die funktionale Qualifikation wird von der deutschen Rechtsprechung praktiziert, besonders vom BGH. In einer seiner Entscheidungen heißt es:

> "Die dem deutschen Richter obliegende Aufgabe ist es, die Vorschrift des ausländischen Rechts nach ihrem Sinne und Zweck zu erfassen, ihre Bedeutung vom Standpunkt des ausländischen Rechts zu würdigen und sie mit Einrichtungen der deutschen Rechtsordnung zu vergleichen. Auf der so gewonnenen Grundlage ist sie den Begriffen und Abgrenzungen der deutschen Rechtsordnung aufgebauten Merkmalen der deutschen Kollisionsnormen zuzuordnen".[29]

Geht man davon aus, dass es viele Systemunterschiede zwischen dem deutschen IPR und dem deutschen Sachenrecht gibt, muss die funktionelle Qualifikation nicht nur die Zwecke der deutschen Kollisionsnormen betrachten, sondern auch die Zwecke der deutschen Sachnormen einbeziehen. Hier wird zwischen kollisionsrechtlichen und materiellrechtlichen Zwecken der funktionellen Qualifikation unterschieden.[30]

---

[27] Vgl. KROPHOLLER, IPR, § 16 II3.

[28] KROPHOLLER §17 I "Erfüllt die schillernde Rechtsfigur der Morgengabe des islamischen Rechts je nach dem von den Eheleuten mit der Vereinbarung verfolgten Zweck verschiedene Funktionen, und der Zahlungsanspruch kann deshalb verschiedenen Kollisionsnormen zugeordnet werden. Für die bereits bei der Eheschließung fällige Morgengabe liegt eine Einordnung bei den Ehewirkungen nahe (Artt. 14 bzw. 15 EGBGB), für die erst im Zeitpunkt der Ehescheidung geschuldet eine scheidungsrechtliche (Artt. 17 I bzw. 18 IV EGBGB) und für die erst beim Tod des Mannes geltend gemachte eine erbrechtliche (Art. 15 EGBGB).

[29] KROPHOLLER, IPR, § 17 I, BGH 9.12.1958; BGHZ 29, 139.

[30] Vgl. ABBO JUNKER, IPR, S. 44.

5. Qualifikation nach der lex causae

Nach diesem Konzept darf nicht die lex fori, sondern das zur Anwendung berufene ausländische Recht über Qualifikationsfragen entscheiden, besonders über die Fragen unter welche Kollisionsnormen ein bestimmtes Rechtsinstitut einzuordnen ist.
Für die Qualifikation nach der lex causae spricht, dass "sie sich einer unbeholfenen eigenen Kennzeichnung auslandsrechtlicher Gebilde enthält, indem sie sich der ausländischen Einordnung unterwirft, verhindert sie, dass ausländisches Recht dem Geist dieses Rechts zuwider angewendet wird"[31].
Die Anwendung der lex causae führt in der Praxis zu Schwierigkeiten, weil es um die Subsumtion unter die Systembegriffe im Tatbestand der Kollisionsnormen geht. Das anwendbare Recht (lex causae) kann erst dann über die Auslegung der Kollisionsnormen des Forums entscheiden, wenn es nach Maßgabe derselben bereits ermittelt wurde. Hier entsteht ein Zirkelschluss. Um diesen aufzulösen, muss ausgehend von Kollisionsnormen des Forums die hypothetische lex causae ermittelt werden, die dann über die Richtigkeit der Qualifikation zu entscheiden hat.

Vergleicht man die Anwendungshäufigkeit von lex fori und lex causae, so stellt man fest, dass die lex fori-Theorie öfter als die lex causae-Theorie als Qualifikationsstatut angewendet wurde.

II. Die Qualifikation im syrischen IPR

Der Begriff der Qualifikation ist im syrischen IPR ähnlich wie im deutschen nicht einheitlich definiert ist.

1. Qualifikationsstatut

Anders als im deutschen ist im syrischen IPR das Qualifikationsstatut gesetzlich geregelt, nämlich in Art. 11 ZGB, der lautet:

> "Bei einer Kollision verschiedener Gesetze in einem bestimmten Prozess ist hinsichtlich des anzuwendenden Rechts das syrische Recht allein für die Qualifikation des betreffenden Rechtsverhältnisses maßgeblich".[32]

Artikel 11 ZGB basiert auf der Theorie von Bartin. Bartin wandte als Qualifikationsstatut grundsätzlich die lex fori an.
Bartin unterschied zwischen der primären Qualifikation, die die lex fori als Statut hat und der sekundären Qualifikation, die von der lex causae beurteilt werden soll. Der syrische Gesetzgeber hat diese Reserve nicht ausdrücklich in Art. 11

---

[31] ABBO JUNKER, IPR, S. 203.
[32] Der selbe Artikel gilt in den folgenden arabischen Gesetzen: Art. 10 ägyptisches ZGB, Art. 10 Finanzgesetz der Vereinigten Arabischen Emirate, Art. 17/1 irakisches ZGB, Art. 11 jordanisches ZGB, Art. 10 libysches ZGB, Art. 9 algerisches ZGB, das gleiche Konzept gilt in Tunesien und im Libanon.

ZGB geregelt. Allerdings hat das syrische Revisionsgericht die Kernidee Bartins übernommen: In einer Entscheidung hat das Revisionsgericht klargestellt, dass das syrische Recht die lex fori nur für die primäre Qualifikationsinterpretation anwenden soll und alle späteren Qualifikationsinterpretationen als sekundäre Qualifikation definiert werden müssen. Die sekundären Qualifikationsfragen sind von dem angewendeten ausländischen Recht (lex causae) zu regeln.[33]

2. Ausnahmen von der lex fori als Qualifikationsstatut

Der arabische Gesetzgeber hat Ausnahmen nicht ausdrücklich geregelt. Die Rechtsprechung hat Ausnahmen vom Grundsatz entwickelt.
Die Rechtsvergleichung ist die einzige Methode, die als Ausnahme von der lex fori als Qualifikationsstatut vorgesehen ist.
Die Rechtsvergleichung wird in der arabischen IPR-Literatur sowie in der Rechtsprechung als Qualifikationsstatut akzeptiert, allerdings in begrenzten Fällen, wo vor dem Richter ein fremder Sachverhalt, der dem syrischen materiellen Recht unbekannt ist, vorliegt.[34]
Manche arabischen IPR-Wissenschaftler haben versucht, eine gesetzliche Grundlage für die Rechtsvergleichung als Qualifikationsstatut zu schaffen. Sie argumentieren, dass Art. 11 ZGB flexibel gehandhabt werden muss.[35]

3. Besondere Qualifikationsschwierigkeiten im syrischen IPR

Der syrische Gesetzgeber hat in Art. 11 den Begriff "syrischer Rechtsbegriff" als Qualifikationsstatut festgelegt. Problematisch ist, was der Gesetzgeber mit syrischem Recht meint. Der Gesetzgeber hat Art. 11 ZGB so ausgelegt, dass mit syrischem Recht alle rechtlichen Regeln, die in syrischen Gerichten anzuwenden sind, gemeint sind, egal ob sie gesetzlich geregelt sind oder als dem Gewohnheitsrecht entstammen.[36] Das ist nicht schwierig, wenn es sich um Qualifikationsfragen im Bereich der vertraglichen Schuldverhältnisse handelt. Wenn die Qualifikationsfragen hingegen im Bereich des Familien- und Personenrechts zum Zuge kommen, gilt in Syrien in diesem Fall mehr als ein Recht, weil es in Syrien ein Interpersonalrecht gibt. Demnach kann sich jede Religion auf ihr eigenes Personenstatut berufen.
Ein Qualifikationsproblem existiert nicht, wenn die Sachverhalte in allen Interpersonenstatuten gleich interpretiert werden. Der Fall wird jedoch anders interpretiert werden, wenn die verschiedene Interpersonenstatute der gleiche Sachverhalt unterschiedlich auslegen, z.B. wenn das islamische Recht einen Sachverhalt als Ehehindernis betrachtet und das Recht für einen Nichtmoslem einen Scheidungsgrund darstellen kann. Diese beiden unterschiedlichen Interpretati-

[33] Entscheidung Nr. 147/53 vom 28.3.1962 der Zivilkammer des Revisionsgerichts.
[34] Vgl., HADAAD, HAFIZA AL SEID, Internationales Privatrecht, Band 1, Beirut 2002, S. 108 ff (zitiert: HADAAD, IPR).
[35] Vgl. HADAAD, IPR, S. 111.
[36] DIEB, IPR, S.81.

nen werden zu verschiedenen Anknüpfungsmerkmalen führen, weil nach der ersten Qualifikation keine Eheschließung und nach der zweiten Qualifikation eine Eheschließung vorliegt. Fraglich ist, welche Qualifikation der syrische Richter in solchen Fällen anwenden muss.

Die arabische Literatur und Rechtsprechung sind bei diesem Qualifikationsproblem unterschiedlicher Meinung:
Die erste Meinung sagt, dass der Richter auf das islamische Recht zurückgreifen soll, wenn es sich um eine Qualifikationsfrage handelt. Dieser Rückgriff auf das islamische Recht ist unabhängig von der Religion der Parteien, weil das islamische Recht den ordre public bestimmt. Wenn es sich um einen Konflikt zwischen dem islamischen und anderen Rechtssystemen handelt (immer im Bereich des persönlichen Rechts), soll das islamische Recht Vorrang bekommen.[37]
Allerdings wird diese Theorie von vielen arabischen IPR- Autoren dahingehend kritisiert, dass diese ordre public als Charakteristikum für das islamische Recht nicht in allen arabischen Rechtssystemen gilt, z.B. existiert diese Regel im Libanon nicht, weil alle Personenstatuten vor dem Gericht gleich behandelt werden müssen.[38]
In dem Fall, dass ein Sachverhalt unterschiedlich interpretiert wird, muss der Richter prüfen, ob dieser Sachverhalt eine Verbindung zum islamischen oder zu anderen religiösen Rechtssystemen hat. Er muss dann das Recht als Qualifikationsstatut anwenden, das die engste Verbindung zum Sachverhalt hat. Z.B., wenn der Sachverhalt in einem Interpersonenstatut bekannt ist, aber nicht in anderen Interpersonenstatuten. Wenn es sich um das Problem der Vielehe handelt, muss das islamische Recht als Qualifikationsstatut angewendet werden, weil dieser Fall in anderen Interpersonenrechten unbekannt ist.[39]

Wenn vor dem Richter ein Konflikt zwischen Ehegatten verhandelt wird, die beide Moslems sind, wird nach islamischem Recht qualifiziert. Die selbe Lösung wird verwendet, wenn eine Ehepartei moslemisch ist und die andere nicht, oder wenn beide Ehegatten nicht moslemisch sind, aber aus verschiedenen Religionsgemeinschaften stammen. Das jeweilige Interpersonenstatut wird in Quali-

---

[37] Vgl. FAHMI, KAMAL MOHAMMED, Internationales Privatrecht, Kairo 1992, S. 413 (zitiert: FAHMI, IPR); ABDULLAH, IZALDIN, Internationales Privatrecht, Band 2, Kairo 1986, S. 134 (zitiert: ABDULLAH, IPR); SALAMA, AHMAD ABDUKARIM, Das Recht des internationalen Vertrags, Kairo 2001, S. 393 (zitiert: SALAMAH, IPR).
Nach dieser Lösung hat das erste Instanzgericht in Alexandria entschieden. Entscheidung vom 18.10.1950 in ABDULLAH, IPR, S. 158.

[38] Zum libanesischen IPR siehe MANSUR, BADIEH SAMI, Internationales Privatrecht, Beirut 1994, S. 78 (zitiert: MANSUR, IPR).

[39] Vgl. ABDULLAH, IPR, S. 158; RIAD, ABDULMANUM FUAAD, Gesetzeskonflikte und internationale Zuständigkeit, Kairo 1994, S. 76 (zitiert: RIAD, IPR); SADIQ, ALI SADIQ, HISCHAM, Das Internationale Privatrecht, Alexandria 2000, S. 153 (zitiert: SADIQ, IPR); DIEB, IPR, S. 81.

fikationsfragen angewendet, wenn beide Ehegatten aus derselben Religionsgemeinschaft stammen.[40]

4. Geltungsbereich des Qualifikationsstatuts

Wie oben erklärt, müssen die syrischen Gerichte die lex fori für die primären Qualifikationsfragen und die lex causae für sekundäre Qualifikationsfragen anwenden.

III. Qualifikation In Vergleich

Als Qualifikationsstatut sind in beiden IPR die lex fori anzuwenden, solange es sich um die primäre Qualifikation handelt. Diese Lösung ist vom syrischen Gesetzgeber in Art.11 ZGB ausdrücklich geregelt, wogegen im EGBGB kein ausdrücklicher Artikel für das Qualifikationsstatut existiert. Allerdings wird die lex fori in der deutschen Literatur und Rechtsprechung als Qualifikationsstatut anerkannt.
Die Rechtsvergleichung als Qualifikationsstatut hat im deutschen Gericht eine größere Bedeutung als im syrischen.
Besondere Qualifikationsprobleme entstehen im syrischen IPR, wenn es um das Interpersonenstatut geht und unterschiedliche Interpretationen für die gleichen Sachverhalte zwischen den verschiedenen Interpersonenstatuten vorliegen. In diesem Fall hat das islamische Recht als ordre public Vorrang.
In der syrischen IPR-Literatur wird die Rechtsvergleichung nur als Ausnahme von der lex fori betrachtet.

---

[40] Nach dieser Lösung haben die meisten syrischen und anderen arabischen Gerichte entschieden, weil das islamische Recht die ordre public charakterisiert hat, allerdings nicht im Libanon.

§ 3 Rechtswahl bei internationalen Verträgen

I. Rechtswahl im deutschen IPR (Art. 27 EGBGB)

Das Vertragsrecht wird vom internationalen Einheitsrecht beherrscht. Teilweise gilt materielles Einheitsrecht, wie das UN-Übereinkommen über den internationalen Warenkauf (CISG). Innerhalb der EU entsteht zunehmend europäisches Schuldvertragsrecht. Das Kollisionsrecht ist in Europa überwiegend Einheitsrecht, die einschlägigen Artt. 27 bis 37 EGBGB inkorporieren das für alle EU-Staaten maßgebende Römische EG-Schuldvertragsübereinkommen (EVÜ) von 1980 in das deutsche Recht. Die Hauptregel dieses einheitlichen Kollisionsrechts ist der weltweit anerkannte Grundsatz der Parteiautonomie.

1. Parteiautonomie Grundsatz des Art. 27 EGBGB

Die Parteien können bestimmen, welches Recht für ihren Vertrag gelten soll. Ihr Wille ist primäres Anknüpfungsmerkmal für die Festlegung des Vertragsstatuts.[41] Das Kollisionsrecht muss erlauben, dass die Rechtswahl möglich ist. Der Parteienwille kann nicht allein die Rechtswahl gewähren, sondern das Kollisionsrecht und der Gesetzgeber.[42]
Es stellt sich die Frage, ob diese Rechtswahlfreiheit begrenzt werden muss, weil eine unbegrenzte Rechtswahlfreiheit in einzelnen Fällen zu Missbrauch führen kann, um der stärkeren Partei Vorteile gegenüber der schwachen Partei zu verschaffen.[43] Das EGBGB enthält kein absolutes Rechtswahlverbot zum Schutz der schwächeren Partei, sondern nur für bestimmte Fallgruppen, z.B. in Art. 29 EGBGB für Verbraucher oder in Art. 30 EGBGB für Arbeitnehmer. Art. 27 EGBGB enthält keine Grenzen für die Rechtswahlfreiheit, sondern begrenzt nur deren Wirkung.[44]

2. Erklärung der Rechtswahl (Art. 27 Abs. 1 S. 2)

a) Ausdrückliche Rechtswahl

Diese Form von Rechtswahl ist die klarste: Die Parteien geben deutlich und klar bekannt, welches Recht in ihrem Vertrag angewendet werden soll, z.B. das deutsche oder das englische Recht. Hier muss diese ausdrückliche Rechtswahl allerdings zweifelsfrei erfolgen.
Denn problematisch wird es, wenn eine ausdrücklichen Rechtswahlvereinbarung nicht aus sich heraus verständlich ist, sondern ausgelegt werden muss. Es kann

---

[41] Vgl. JAN VON STAUDINGER: Kommentar zum Bürgerlichen Gesetzbuch, Art. 27 und 28 kommentiert von Ulrich Magnus, Berlin, 12. Auflage 1998 (zitiert: STAUDINGERKOMM-MAGNUS), hier Art. 27 Rz. 21.
[42] Vgl. KROPHOLLER, IPR, §40 III 1.
[43] Z.B. in wirtschaftlicher Ungleichheit der Vertragspartner, vgl. STAUDINGERKOMM-MAGNUS, 12. Auflage, Art. 27 Rn. 26.
[44] Vgl. KROPHOLLER, IPR, §52 II 3a.

sein, dass es Zweifel gibt, ob eine Vereinbarung als Rechtswahl zu verstehen ist. Art. 27 löst das Problem nicht. In Art. 31 werden Zustandekommen und Wirksamkeit der Rechtswahl geregelt. Praktisch ist hier die lex fori zu verwenden.[45] Es ist möglich, das präsumptive Vertragsstatut anzuwenden.[46]
Im Fall der negativen Rechtswahl, d.h. wenn ein Recht ausdrücklich abgewählt wurde, ist das abgewählte Recht nicht mehr anzuwenden. In diesem Fall wird die stillschweigende Rechtswahl durch objektive Anknüpfung ersetzt, um geltendes Recht für den Vertrag zu finden.[47]

b) Stillschweigende Rechtswahl

aa) Grundsatz

Art. 27 (Abs. 1 S. 2) EGBGB erlaubt eine stillschweigende Rechtswahl. In einem solchen Fall haben die Parteien die Rechtswahl nicht ausdrücklich vereinbart. Es muss aber hinreichende Sicherheit bestehen, dass die Parteien die Absicht hatten, ein bestimmtes Recht anzuwenden. Diese Bestimmung oder Sicherheit ergibt sich aus dem Vertrag selbst oder aus den Umständen des Falles, besonders aus dem Parteiverhältnis.
Eine stillschweigende Rechtswahl muss unzweifelhaft, mit Sicherheit vorliegen. Diese Sicherheit muss auch in dem Vertrag oder für die Umstände des Falles konkret sein.[48]
Wichtig ist hier die Abgrenzung zwischen stillschweigender und hypothetischer Rechtswahl, weil die Reform des IPR von 1986 die hypothetische Rechtswahl verbietet.
Es ist nicht immer einfach, zwischen den beiden Konzepten zu differenzieren.[49] In der stillschweigenden Rechtswahl ist ein realer Rechtswahlwille der Parteien gefordert. Wenn er fehlt, ist die stillschweigende Rechtswahl nicht zulässig, sondern es kommt auf die objektive Anknüpfung (und nicht die hypothetische Rechtswahl). Dies bedeutet, dass sich objektive Anknüpfung und stillschweigende Rechtswahl ergänzen.

bb) Hinweise auf die in deutschen Gerichten benutzte stillschweigende Rechtswahl

aaa) Gerichtsstandsvereinbarung

Normalerweise gehen die Parteien davon aus, dass das zuständige Gericht sein eigenes Recht anwendet. Wenn die Parteien einen ausschließlichen Gerichts-

---

[45] Vgl. STAUDINGERKOMM-MAGNUS, 12. Auflage, Art. 27 Rn. 55.
[46] Vgl. Dicey and Morris on the Conflict of Laws, Volume 2, London, 13. Auflage, 2000 (zitiert: DICEY-MORRIS), hier S. 1222.
[47] Vgl. SOERGEL KOMMENTAR ZUM BÜRGERLICHEN GESETZBUCH, IPR, Band 10, 12. Auflage, 1996 (zitiert: SOERGEL-VHOFFMANN), hier Art. 27 Rn. 20.
[48] Vgl. MÜNCHKOMM-MARTINY, Art. 27 Rn. 45.
[49] Vgl. SOERGEL-VHOFFMANN, Art. 27 Rn. 43 und ff.

stand vereinbart haben, wird diese Vereinbarung als starker Hinweis auf ein gewähltes Recht, das an diesem Gerichtsort geltend ist, angesehen.[50]
Die Indizwirkung einer Gerichtsstandsklausel entfällt, wenn die Klausel Gerichtsstände in mehreren Staaten zur Wahl stellt oder wenn die Klausel nur eine oder mehrere weitere Zuständigkeiten zu den gesetzlichen Gerichtsständen eröffnen soll. Das gilt auch, wenn das Gericht am Sitz des Beklagten zuständig sein soll.[51] In diesen Fällen hat man nicht genug Sicherheit, dass die Parteien stillschweigende Rechtswahl gemeint haben.

bbb) Schiedsgerichtsvereinbarung

Hier wird, wie bei der Gerichtsstandsvereinbarung, die Parteivereinbarung über ein zuständiges Schiedsgericht für ihren Vertrag als stillschweigende Rechtswahl akzeptiert. Dieses Konzept ist zulässig, soweit das Schiedsgericht dieses Recht gewöhnlich anwendet und der Annahme einer stillschweigenden Rechtswahl nicht andere, gegenläufige Gesichtspunkte entgegenstehen.[52]
Die Indizwirkung der Schiedsklausel entfällt, wenn das Schiedsgericht nach allgemeinen Rechtsgrundsätzen und nicht nach dem materiellen Recht an seinem Sitz entscheidet, hier besteht keine stillschweigende Rechtswahl.[53]

ccc) Verhalten der Parteien im Prozess

Wie sich die Parteien im deutschen Prozess verhalten, kann manchmal als starkes Indiz für eine stillschweigende Rechtswahl angesehen werden, z.B. wenn die beiden Parteien ihren Fall vor einem deutschen Forum nach derselben ausländischen Rechtsordnung behandeln.[54] Oder wenn die Anwälte beider Parteien vor deutschen Gerichten auf der Basis des deutschen Rechts argumentieren, obwohl bei Anknüpfung ausländisches Recht gelten würde. Hier darf der Richter das deutsche Recht anwenden.[55]

ddd) Beispielfälle für die Bezugnahme des Vertrages auf ein bestimmtes Recht

Wenn es in einem Vertrag eine Interpretationsklausel für ein bestimmtes Recht gibt, wird das überwiegend als ausdrückliche oder stillschweigende Rechtswahl angesehen.[56]

---

[50] Ein Reihe von Gerichtsentscheidungen wird in STAUDINGERKOMM-MAGNUS, 12. Auflage, Art. 27 Rn. 64 präsentiert.
[51] Vgl. STAUDINGERKOMM-MAGNUS, 12. Auflage, Art. 27 Rn. 66.
[52] DICEY-MORRIS, S. 1229, Fälle als Beispiele genannt in: STAUDINGERKOMM-MAGNUS, 12. Auflage, Art. 27 Rn. 68.
[53] ERMAN KOMMENTAR ZUM BÜRGERLICHEN GESETZBUCH, 10. Auflage, 2000 (zitiert: ERMAN-HOHLOCH), hier Art. 27 Rn. 15.
[54] Vgl. ERMAN-HOHLOCH, Art. 27 Rn. 17.
[55] Vgl. FIRSCHING, KARL/ VON HOFFMAN, BERND, Internationales Privatrecht, 4. Auflage, München 1996. (zitiert: FIRSCHING/VHOFFMANN, IPR) hier §10 Rn. 37.
[56] Vgl. STAUDINGERKOMM-MAGNUS, 12. Auflage, Art. 27 Rn. 76.

Eine weiteres Beispiel ist die ausdrückliche Bezugnahme auf ein bestimmtes Recht. Diese liegt vor, wenn ein Vertrag auf einer bestimmten Rechtsordnung aufgebaut ist. Dies wird als stillschweigende Rechtswahl für diese bestimmte Rechtsordnung verstanden.[57]

eee) Weitere Umstände

Man spricht von einem einheitlichen Erfüllungsort, wenn die Parteien einen gemeinsamen Erfüllungsort vereinbart haben. So kann das auch als stillschweigende Rechtswahl dieses Ortes angesehen werden.[58]
Wenn die Parteien ihren Wohnsitz in einem Staat haben, kann dies als stillschweigende Rechtswahl für das Recht des Staat gewertet werden, aber nur, wenn sich in diesem Staat auch der Abschlussort befindet.[59]

3. Anwendungsbereich des Artikels 27 EGBGB

Art. 27 EGBGB wird auf alle schuldrechtlichen Verträge angewendet. Diese Verträge dürfen nicht staatsvertraglicher Regelung unterstehen.[60]
Art. 27 EGBGB gilt nicht für sachenrechtliche Verträge.[61] Die Abgrenzung zwischen sachen- und schuldrechtlichen Verträgen dürfte nach der lex fori vorzunehmen sein. Art. 27 EGBGB gilt nicht für die Schuldverträge, die auf dem Gebiet des Wertpapiergesellschafts- und Versicherungsrechts (Art. 37 EGBGB) geschlossen werden.

---

[57] Vgl. GERHARD KEGEL: Internationales Privatrecht, München, 7. Auflage 1995, (zitiert: KEGEL, IPR) hier §18 I 1c.
[58] Vgl. MÜNCHKOMM-MARTINY, Art. 27 Rz. 54.
[59] OLG Düsseldorf NJW-RR 1991, 55.
[60] Vgl. STAUDINGERKOMM-MAGNUS, 12. Auflage, Art. 27 Rn. 9 und FF.
[61] Vgl. MÜNCHKOMM-MARTINY vor Art. 27 Rn. 13.

II. Rechtswahl im syrischen IPR (Art. 20 ZGB)

Die Rechtswahl wird in Art. 20 im syrischen Zivilgesetzbuch (unter "örtliche Konflikte der Gesetze") wie folgt festgelegt:

> Art. 20 (1): "Die vertraglichen Verpflichtungen sind dem Recht des Wohnsitzortes unterworfen, wenn es den Vertrag schließenden Parteien gemeinsam ist, und mangels eines gemeinsamen Wohnsitzes dem Recht des Ortes, an welchem der Vertrag geschlossen wurde. Dies alles jedoch unter dem Vorbehalt, dass die Parteien vereinbaren oder aus den Umständen hervorgeht, dass ein anderes Recht anwendbar ist.
> (2): Verträge bezüglich der Liegenschaften unterliegen jedoch dem Gesetz des Ortes, wo die Liegenschaften gelegen sind".[62]

1. Entstehungsgeschichte des Artikel 20

Art. 20 des syrischen ZGB entspricht Art. 19 des ägyptischen ZGB. Vorbilder für diesen Artikel waren wiederum Art. 7 und 9 des polnischen Gesetzes vom 2.8.1926, das für internationale Privatverhältnisse geltende Recht, Art. 25 der italienischen Disp. preleggi Codice Civil vom 16.3. 1942 und Art. 7 des japanischen Zivilgesetzes von 1898.[63]
In mehr oder minder ähnlicher Weise gilt Art. 20 in den folgenden arabischen Ländern als gesetzliche Regelung: Algerien (Art. 18 ZGB)[64], Irak (Art. 25 ZGB)[65], Jordanien (Art. 20 ZGB)[66], Kuwait (Art. 59, 61 des Gesetzes Nr. 5/1961 über das internationale Privatrecht)[67] und Libyen (Art. 19 ZGB)[68].

In einigen anderen arabischen Staaten[69] gilt der Grundsatz der Parteiautonomie im internationalen Vertragsrecht, aber er ist nicht ausdrücklich gesetzlich normiert wie in Art. 20 des syrischen ZGB, sondern nur Gewohnheitsrecht auf-

---

[62] Deutsche Übersetzung VON BERGMANN/FERID, in: JAN KROPHOLLER, HILMAR KRÜGER, WOLFGANG RIERIG, Außereuropäische IPR-Gesetze, Hamburg 1999.
[63] Vgl. ABDULLAH, IPR, S. 429.
[64] Zum algerischen IPR vgl. KRÜGER, Probleme des algerischen internationalen Vertrags- und Schiedsrechts, in: BÖCKSTIEGEL (HRSG.), Vertragspraxis und Streiterledigung im Wirtschaftsverkehr mit arabischen Staaten, München 1981, S. 17-60, S. 96.
[65] Zum irakischen IPR vgl. ABDELKARIM HAFEZ: Irakisches internationales Privatrecht, Bagdad 1977.
[66] Zum jordanischen IPR vgl. ABDELKARIM ARMUSCH: Jordanisches internationales Privatrecht, Amman 1996.
[67] Zum kuwaitischen IPR vgl. MOHAMMED HAWANI: Kuwaitisches internationales Privatrecht, Kuwait 1973.
[68] Zum libyschen IPR vgl. MOHAMMED MABRUK ALAFI: Kollisionsrecht in Libyen, Tripolis 1994.
[69] Vgl. KHALED, HISCHAM, Einführung in das arabische internationale Privatrecht, Alexandria 2003, S. 101.

Grund höchstrichterlicher Rechtsprechung. Dies ist der Fall im Libanon und im Sudan.[70]

2. Grundsätze des Art. 20 EGBGB

Der syrische Gesetzgeber hat in Art. 20 ZGB die Formulierung "vertragliche Verpflichtungen" benutzt und nicht das Wort "Vertrag" wie im deutschen Recht. Hier ist fraglich, ob das gewählte Recht nur auf die vertraglichen Verpflichtungen anzuwenden ist oder auch auf den Vertrag selbst.
Es wird in syrischen und ägyptischen Gerichten entschieden, dass das gewählte Recht auf den Vertrag selbst und seine Verpflichtungen anzuwenden ist.[71] In Art. 20 Abs. 3 ist der Parteiwille zulässig. Dieser Parteiwille kann sich in ausdrücklicher oder stillschweigender Rechtswahl äußern.

a) Ausdrückliche Rechtswahl

Ausdrückliche Rechtswahl in Art. 20 Abs. 1 S. 3 ZGB ist primäres Anknüpfungsmerkmal. Wenn die Parteien eine ausdrückliche Rechtswahl getroffen haben, muss der syrische Richter diese Rechtswahl akzeptieren, solange dieses gewählte Recht kein Verstoß gegen die syrische ordre public ist. Die ausdrückliche Rechtswahl muss klar und ohne Zweifel erklärt werden.[72]

b) Stillschweigende Rechtswahl

aa) Grundsatz

Wenn der Richter keine ausdrückliche Rechtswahl vorfindet, kann er als zweite Anknüpfungsregel eine stillschweigende Rechtswahl heranziehen. Nach Art. 20 Abs. 1 S. 4 ZGB "stillschweigende Rechtswahl" ist auch im syrischen Kollisionsrecht erlaubt, wenn dies den Parteiwillen sicher erkennen lässt. Genau wie in der ausdrücklichen Rechtswahl muss die schweigende Rechtswahl zweifelsfrei sein.
Der syrische Richter hat Ermessen hinsichtlich der Auslegung. Das Berufungsgericht kann die Richterentscheidung über die stillschweigende Rechtswahl nicht aufheben.[73]

bb) Einzelumstände als Beispiele für stillschweigende Rechtswahl, die in syrischen oder arabischen Gerichten benutzt wurden

Private Umstände sind Umstände, die nicht in allen Verträgen gleich sind, sondern von der Vertragsart abhängen. Wenn der Richter erkennt, dass verschiedene Rechtssysteme Bezug zum Vertrag haben, wird das Recht im Wege der stillschweigenden Rechtswahl heranziehen, nach welchem der Vertrag wirksam ist. Beispiel: Ein Vertrag hat einen Bezug zum deutschen und syrischen Recht, dieser Vertrag sei unter syrischem Recht nichtig. In diesem Fall wird das deutsche

---

[70] Zum libanesischen IPR vgl. BADIEH SAMI MANSUR, Internationales Privatrecht, Beirut 1994.

Recht als konkludent gewählt, wenn der Vertrag unter diesem Recht wirksam ist.[74]
Generelle Umstände sind Umstände, die bei vielen Verträgen gegeben sind, z.B. ein einheitlicher Erfüllungsort[75] oder die Sprache des Vertrages.
Sekundäre Umstände reichen alleine nicht aus, um die schweigende Rechtswahl festzulegen, z.B. Staatsangehörigkeit oder Gewohnheit der Parteien.[76] Umstände außerhalb des Vertrags sind z.B. das Verhalten der Parteien im Prozess, Gerichtsstands- oder Schiedsgerichtsvereinbarungen.

III. Rechtswahl im Vergleich zwischen EGBGB und dem ZGB

1. Erklärung der Rechtswahl

Die ausdrückliche Rechtswahl ist im deutschen (Art. 27 Abs. 1 S. 1 EGBGB) und im syrischen IPR (Art. 20 Abs. 1 S. 3 ZGB) gleichermaßen zulässig. Die ausdrückliche Rechtswahl wird in den beiden Kollisionsregeln als primäres Anknüpfungsmerkmal betrachtet. Die schweigende Rechtswahl wird auch in den beiden Kollisionsregeln (Art. 27 Abs. 1 S. 2 EGBGB und Art. 20 Abs. 1 S. 3 ZGB) als zweites Anknüpfungsmerkmal akzeptiert, solange es keine ausdrückliche Rechtswahl gibt. Auch die Umstände, unter denen eine stillschweigende Rechtswahl zulässig ist, sind im syrischen und deutschen Recht ähnlich.Folgende Punkte sind im syrischen und deutschen IPR identisch: Hypothetische Rechtswahl ist und war im syrischen IPR nicht erlaubt und ist im neuen deutschen IPR auch nicht mehr gültig.[77]

Das gewählte Recht muss nach den beiden Rechten ein staatliches Recht sein. Dies hat die Konsequenz, dass das gewählte Recht lebendes und kein totes Recht wie das römische sein soll.[78]
Eine Versteinerungsklausel legt fest, dass ein bestimmtes Recht ungeachtet späterer Änderungen gilt. Eine solche kollisionsrechtliche Verweisung ist nicht möglich, weil "die Parteiautonomie nicht dazu berechtigt, Teile der gewählten Rechtsordnung auszuschalten".[79]
In Verträgen zwischen Staaten und einer privaten Partei wird die Stabilisierungsklausel akzeptiert, um die private Partei vor einseitiger Rechtsänderung des

---

[71] Vgl. ABDULLAH, IPR, S. 429 ff.
[72] Vgl. HASANIEN, TALAHT HULMIE, Parteiautonomie in internationalen Verträgen, Studie im islamischen und internationalen Privatrecht, Kairo 2000, S. 50.
[73] Vgl. DIEB, IPR, S. 318.
[74] Vgl. MANSUR, IPR, S. 527.
[75] Beiruter Revisionsgerichtsentscheidung Nr. 342 vom 26.6.1950.
[76] Vgl. MANSUR, IPR, S. 533.
[77] Manche arabische IPR-Wissenschaftler meinen, dass das, was in Art. 20 Abs. 1 S. 1 und 2 (gemeinsamer Wohnsitz und Abschlussort) steht, als hypothetische Rechtswahl angesehen werden muss. Aber diese hypothetische Rechtswahl wird vom Gesetzgeber und nicht vom Richter festgestellt. Vgl. ABDULLAH, IPR, S. 439.

Staates zu schützen.[80] Diese Klausel findet sich besonders in Investitionsverträgen zwischen Staaten und ausländischen Investoren und dient dem Schutz der Investoren, damit sie nicht einseitig geändert werden können.[81]
Die Wahl anationalen Rechts oder allgemeiner Rechtsgrundsätze als gewähltes Rechtssystem ist unwirksam, weil die allgemeinen Rechtsgrundsätze keine geschlossene Rechtsordnung sind.[82]
Die Verweisung auf internationales Handlungsgewohnheitsrecht als anzuwendendes Recht hat vor staatlichen Gerichten nur subsidiäre materiellrechtliche Wirkung.[83] Hier ist die rechtliche Behandlung schwer, weil die Rechtsnatur der lex mercatoria verschiedene Quellen hat und es ist nicht klar, wie ihre Geltung und ihr Verhältnis zum Staatenrecht ist.[84] Allerdings kann die lex mercatoria im Rahmen der Schiedsgerichtsbarkeit zulässig sein.[85]

2. Teilrechtswahl

Eine Teilrechtswahl ist nach Art. 27 Abs. I S. 3 EGBGB und Art. 28 Abs. 1 S. 2 EGBGB zulässig.[86] Die Parteien können für einen bestimmten Einzelpunkt in ihrem Vertrag ein bestimmtes Recht wählen. Eine Teilrechtswahl kann ebenfalls durch ausdrückliche oder stillschweigende Rechtswahl erfolgen, aber nicht durch eine Rechtswahlvermutung.[87]
Art. 27 EGBGB besagt, dass eine Teilrechtswahl für einen Vertragsteil zulässig ist, aber verbietet, dass die Parteien für den Gesamtvertrag ein Normengemisch aus mehreren Rechtsordnungen zusammenstellen.[88]
Die Teilrechtswahl ist nur zulässig, wenn die Teilfrage abspaltbar ist.[89] Das heißt, die einzelnen Fragen dürfen dann verschiedenen Rechtsordnungen unterworfen werden. Einheitliche Rechtsfragen wie z.B. die materielle Zustimmung oder die Abschlusslegitimation können nicht mehreren Rechtssystemen zugewiesen werden.
Wenn die Parteien eine Rechtswahl für einen Teil ihres Vertrages getroffen haben, muss der Parteienwille angewendet werden. Das gewählte Recht ist zuständig für die Teilfrage des Vertrags. Wenn keine ausdrückliche oder stillschwe-

---

[78] Vgl. SADIQ, ALI SADIQ HISCHAM, Die internationalen Handelsverträge, Alexandria 1995 (zitiert: SADIQ, Internationalen Handelsverträge), hier S. 543.
[79] MÜNCHKOMM-MARTINY, Art. 27 Rn. 21; SIUFY, IPR, S. 624.
[80] Vgl. KROPHOLLER, IPR, §52 II 3d.
[81] Vgl. STAUDINGERKOMM-MAGNUS, 12. Auflage, Art. 27 Rn. 51 und MANSUR, IPR, S. 535.
[82] Vgl. DICEY-MORRIS, S. 1245; MANSUR, IPR, S. 537 ff.
[83] Vgl. STAUDINGERKOMM-MAGNUS, 12. Auflage, Art. 27 Rn. 49.
[84] Vgl. MÜNCHKOMM-MARTINY, Art. 27 Rn. 25.
[85] Vgl. KROPHOLLER, IPR, §11 II3; ABDULLAH, IPR, S. 435.
[86] Allerdings ist die Vertragsteilung bei objektiver Anknüpfung in Art. 28 Abs. 1 S. 2 als Ausnahme zulässig.
[87] Vgl. KROPHOLLER, IPR, §52 II b.
[88] Vgl. SOERGEL-VHOFFMANN, Art. 27 Rn. 45.
[89] Vgl. KROPHOLLER, IPR, §52 II 3b.

gende Rechtswahl für den ganzen Vertrag getroffen ist, wird diese teilweise Rechtswahl nicht für den ganzen Vertrag gelten, sondern es müssen für den Rest des Vertrages objektive Anknüpfungsmerkmale gefunden werden.[90]
Art. 27 Abs. I S. 3 EGBGB erlaubt sowohl eine Kollisions- als auch eine materiellrechtliche Teilverweisung. Eine kollisionsrechtliche Teilverweisung liegt vor, wenn die Parteien eine Rechtswahl für einzelne Teile ihrer Rechtsbeziehungen treffen, also bestimmte Rechte für bestimmte Fragen ihres Vertrags festlegen. Von materiellrechtlicher Teilverweisung spricht man, wenn die Parteien nur eine Rechtsordnung für ihr Vertragsstatut festlegen. In einer Einzelfrage wird auf anderes Recht Bezug genommen.[91]
Die Teilrechtswahl ist in der Praxis wegen der Unübersichtlichkeit des Nebeneinanders mehrerer Rechte selten.
Obwohl das EGBGB den Vertrag grundsätzlich einer einzigen Rechtsordnung unterstellen, brechet es das Prinzip des einheitlichen Vertragsstatuts, so wie in Art. 27 Abs. 3, Art. 31 Abs. 2, Art. 32 Abs. 2, Art. 34 EGBGB.[92] In dem Streit zwischen dem Prinzip des einheitlichen Vertragsstatuts und dem teilweisen Vertragsstatuts geht es um Rechtssicherheit, Parteiinteressen und wirtschaftlichen Bedürfnisse.
Im syrischen IPR ist dieser Konflikt nicht gelöst, weil der syrische Gesetzgeber über diesen Punkt noch nicht entschieden hat. Eine teilweise Rechtswahl für einen Vertrag ist weder in Art. 20 noch im Rest des ZGB geregelt.
In einigen Gerichtsentscheidungen über die teilweise Rechtswahl wird jedoch deutlich, dass die meisten Richter immer noch am Prinzip des einheitlichen Vertragsstatuts festhalten.[93] Deshalb wird die Diskussion über die Vor- und Nachteile der teilweisen Rechtswahl derzeit fortgesetzt.
In der jüngsten Vergangenheit haben die ägyptischen Gerichte dem Prinzip der teilweisen Rechtswahl für besondere internationale Verträge unter besonderen Umständen zugestimmt. Sie stellt allerdings immer noch eine Ausnahme von dem einheitlichen Vertragsstatutsprinzip dar.[94]
Es ist Zeit für den syrischen und die arabischen Gesetzgeber, eine gesetzliche Norm für die teilweise Rechtswahl zu setzen.

3. Nachträgliche Rechtswahl

Art. 27 EGBGB Abs. 2 erlaubt in jederzeit eine nachträgliche Rechtswahl. Diese nachträgliche Rechtswahl kann ausdrücklich oder stillschweigend sein.[95] Die Rechtswahl kann nachträglich getroffen werden, wenn die Parteien zuvor keine

---

[90] Vgl. MÜNCHKOMM-MARTINY, Art. 27 Rn. 39.
[91] Vgl. MÜNCHKOMM-MARTINY, Art. 27 Rn. 34-35.
[92] Vgl. STAUDINGERKOMM-MAGNUS, 12. Auflage, Art. 27 Rn. 90.
[93] Siehe verschiedene Gerichtsentscheidungen in SADIQ, IPR, S. 374 ff.
[94] Z.B. die internationalen Kaufverträge. Vgl. ABDULLAH, IPR, S. 465.
[95] Vgl. DICEY-MORRIS, S. 1225.

Rechtswahl getroffen haben. [96] Sie können dies nach Abschluss ihres Vertrages nachholen.
Für die nachträgliche Rechtswahl gelten die gleichen Regeln, wie für allgemeinen Rechtswahl. Eine nachträgliche stillschweigende Rechtswahl muss mit hinreichend sicheren Indizien aus dem realen Parteiwillen abgeleitet werden.
Eine nachträgliche Rechtswahl ist unmittelbar vor dem deutschen Gericht zulässig, sie kann also erst im Prozess erfolgen.[97] Die Frage, inwieweit eine solche spätere Rechtswahl im Prozess akzeptiert wird, ist vom deutschen Verfahrensrecht zu beantworten.[98]
Ein Problem kann entstehen, wenn die Parteien in ihrem Vertrag einen Formzwang für Vertragsänderungen festgelegt haben.[99] Die Wirkung solchen Formzwangs bestimmt sich nach dem Recht, das bis dahin für den Vertrag galt und nicht nach dem nachträglich gewählten Recht.
Die Frage, ob die nachträgliche Rechtswahl ex tune oder ex nunc wirkt, hängt von dem Parteiwillen ab. Art. 27 Abs. 2 S. 2 lässt eine nachwirkende Wirkung einer nachträglichen Rechtswahl grundsätzlich zu.[100]
Die Formgültigkeit eines Vertrags (Art. 11 EGBGB) wird durch eine Änderung des anzuwendenden Rechts laut Abs. 2 S. 2 EGBGB nicht berührt.
Auch Rechte Dritter, die unter dem ursprünglichen Statut begründet wurden, bleiben nach Art. 27 Abs. 2 S. 2 EGBGB unberührt.

Im syrischen IPR ist die nachträgliche Rechtswahl ebenso wie die Teilrechtswahl nicht gesetzlich geregelt. Aber in Art. 20 ZGB ist die nachträgliche Rechtswahl nicht verboten.[101]

---

[96] Vgl. STAUDINGERKOMM-MAGNUS, 12. Auflage, Art. 27 Rn. 99.
[97] Vgl. SOERGEL-VHOFFMANN, Art. 27 Rn. 69.
[98] Vgl. ERMAN-HOHLOCH, Art. 27 Rn. 23.
[99] Vgl. STAUDINGERKOMM-MAGNUS, 12. Auflage, Art. 27 Rn. 107.
[100] Vgl. STAUDINGERKOMM-MAGNUS, 12. Auflage, Art. 27 Rn. 109.
[101] Da bislang keine Entscheidungen über eine nachträgliche Rechtswahl vorliegen, ist es schwer zu sagen, wie die syrischen Gerichte über die Zulässigkeit der nachträglichen Rechtswahl entscheiden würden.

§ 4 Die internationalen Verträge und die objektive Anknüpfung in beiden Staaten

I. Objektive Anknüpfung im deutschen Recht (Art. 28 EGBGB)

1. Die Grundregel des Art. 28 Abs. 1 EGBGB (engste Verbindung)

Art. 28 EGBGB wurde vom deutschen Gesetzgeber im Rahmen der IPR-Reform 1986 von Art. 4 EVÜ übernommen. Art. 28 bestimmt, welches Recht anzuwenden ist, wenn keine Parteienrechtswahl, Staatsverträge oder besondere Kollisionsregeln angewendet werden können. Art. 28 EGBGB enthält Grundregeln, konkretisierende Vermutungen und Ausweichklauseln.
Als Grundprinzip werden die Verträge nach dem Recht, das die engste Verbindung zu ihm hat, beurteilt. Grundsätzlich ist für die engste Verbindung der Zeitpunkt des Vertragsschlusses maßgebend.
Art. 28 EGBGB erfordert bei der Ermittlung der engsten Verbindung die Betrachtung der Umstände und nicht nur die Berücksichtigung einer isolierten Tatsache.[102]
Das Kriterium der engsten Verbindung des Art. 28 Abs. 1 EGBGB erfüllt eine doppelte Funktion: Es erlaubt zum einen die Bestimmung des anwendbaren Rechts, soweit die Vermutung nach Abs. 2 bis 4 ausscheiden. Zum anderen bleibt es über Art. 28 Abs. 5 zur Bestimmung des anzuwendende Recht maßgebend, wenn der Vertrag unter eine der Vermutungen des Abs. 2 bis 4 fällt, aber nach Abs. 5 eine noch engere Beziehung zu einer anderen Rechtsordnung besteht.[103]
Ebenso wie bei der Rechtswahl nach Art. 27 Abs. 1 S. 3 EGBGB ist auch bei der objektiven Anknüpfung nach Art. 28 EGBGB eine Aufspaltung des Vertrages in Teile zulässig, wenn ein Vertragsteil vom Rest des Vertrages trennbar ist und seinerseits eine engere Verbindung zu einem anderen Recht hat.
Anders als in Art. 27 EGBGB wird in Art. 28 EGBGB ein einheitliches Vertragsstatut gefordert und eine Abspaltung einzelner Teile nur ausnahmsweise zugelassen. In der Praxis heißt das, dass der Richter eine Aufspaltung des Vertrages so selten wie möglich vornehmen soll.104

2. Konkrete Vermutung

a) Allgemeine Anknüpfungsregeln an die charakteristische Leistung

Nach Art. 28 Abs. 2 S. 1 EGBGB wird vermutet, dass ein Vertrag die engsten Verbindungen mit dem Staat aufweist, in dem die Partei, welche die charakteris-

[102] Vgl. STAUDINGERKOMM-MAGNUS, 12. Auflage, Art. 28 Rn. 35.
[103] Vgl. MÜNCHKOMM-MARTINY, Art. 28 Rn. 7- 8.
[104] Vgl. STAUDINGERKOMM-MAGNUS, 12. Auflage, Art. 28 Rn. 55 ff.

tische Leistung zu erbringen hat, zum Zeitpunkt des Vertragsabschlusses ihren gewöhnlichen Aufenthalt bzw. ihre Hauptverwaltung hat.[105]
Der Begriff der charakteristischen Leistung wird weder im EGBGB noch im EVÜ definiert, doch liegt der gesetzlichen Regelung das Verständnis zu Grunde, dass jene Leistung gemeint ist, die dem Vertrag sein Gepräge gibt, für seine Einordnung unter die verschiedenen Vertragstypen ausschlaggebend ist, und die in der Regel nicht die bloße Entgeltleistung ist.[106]
Der Vertragstyp und die Verteilung von Rechten und Pflichten können die charakteristische Leistung bestimmen.
Bei einseitig verpflichtenden Schuldverhältnissen ist z.B. die vereinbarte Leistungspflicht die charakteristische Leistung.[107] Gegenseitige entgeltliche Verträge werden durch Sachleistung und nicht durch die Geldleistung charakterisiert.
In komplexen Verträgen, die gegenseitige Sachleistungspflichten vorsehen (wie im Tauschvertrag), wird Art. 28 Abs. 2 S. 3 EGBGB eingreifen, da sich eine charakteristische Leistung nicht bestimmen lässt. Dann ist das Recht der engsten Verbindung nach Abs. 1 zu ermitteln.[108]
Das Prinzip der charakteristischen Leistung wird stark kritisiert, weil es keinen Schutz der schwächeren Partei vorsieht, besonders in Verbraucherverträgen, wenn die Verbraucher zahlen sollen und sich dem Recht des Anbieters unterwerfen, da sie selbst nicht die charakteristische Leistung erbringen. Jedoch wird im EGBGB des Verbraucher über Art. 29 geschützt, was dieser Kritik die Schärfe nimmt [109]

Das Kriterium der charakteristischen Leistung findet sich in Art. 28 Abs. 2 S. 1 EGBGB. Dabei wird danach unterschieden, ob es sich um eine nichtgeschäftliche oder eine geschäftliche Tätigkeit handelt. Bei einer nichtgeschäftlichen Tätigkeit spricht die Vermutung des Art. 28 Abs. 2 S. 1 für den gewöhnlichen Aufenthalt des Leistenden zum Zeitpunkt des Vertragsabschlusses. An die Stelle des gewöhnlichen Aufenthalts tritt die Hauptverwaltung, wenn es sich um eine Gesellschaft, einen Verein oder eine juristische Person handelt. Bei einer beruflichen oder gewerblichen Tätigkeit ist für natürliche und juristische Personen gemäß Art. 28 Abs. 2 S. 2 grundsätzlich die Hauptniederlassung maßgeblich. Ist die Leistung nach dem Vertrag jedoch von einer anderen als der Hauptniederlassung zu erbringen, so ist das Recht des Staates anzuwenden, in dem sich diese Zweigniederlassung, befindet.[110]
Falls sich die charakteristische Leistung nicht bestimmen lässt, ist diese Vermutung nicht anzuwenden und es gilt wieder die Generalklausel des Abs. 1 S. 1. Es

[105] Vgl. MÜNCHKOMM-MARTINY, Art. 28 Rn. 27.
[106] Vgl. STAUDINGERKOMM-MAGNUS, 12. Auflage, Art. 28 Rn. 70.
[107] Vgl. DICEY-MORRIS, S. 1234.
[108] Vgl. STAUDINGERKOMM-MAGNUS, 12. Auflage, Art. 28 Rn. 76.
[109] Vgl. KROPHOLLER, IPR, §52 III Nr. 2.

ist dann gemäß Art. 28 Abs. 2 S. 3 EGBGB das Recht anzuwenden, zu dem der Vertrag die engste Verbindung aufweist.

b) Grundstücksverträge

Es gibt eine besondere Regel für Grundstücksverträge, die in Mangel einer Rechtswahl auf das Recht des Belegenheitsortes verwiesen werden, da dieses Recht als engste Verbindung zum Grundstücksvertrag vermutet wird.
Diese Vorschriften erfassen nur schuldrechtliche Verträge, und von diesen schuldrechtlichen Verträgen erfasst Abs. 3 nur die, die dingliche Rechte an Grundstücken oder die Nutzung von Grundstücken zum Inhalt haben, z.B. Kauf, Tausch, Miete, Pacht, Leihe, Leasing, Schenkung von Grundstücken. Abs. 3 gilt nicht für Bau- oder Hausreparaturverträge, da sich ihr Hauptgegenstand nicht auf das Grundstück, sondern auf andere Leistungen, den Bau oder die Reparatur bezieht.[111]

c) Güterbeförderungsverträge

Art. 28 Abs. 4 EGBGB enthält eine Sonderregelung für Güterbeförderungsverträge. In Abs. 4 handelt es sich um Verträge über den Transport, d.h. die Versendung von Gütern von einem Ort an einen anderen. Es ist gleichgültig, welche Beförderungsart und welches Beförderungsmittel gewählt wird für See-, Luft- und Landtransport gelten Abs. 4.[112]
Grundsätzlich maßgeblich ist das Recht am Ort der Hauptniederlassung des Beförderers zum Zeitpunkt des Vertragsabschlusses anzuwenden. Weitere Anknüpfungsmerkmale sind der Verladeort, der Einladeort oder die Hauptniederlassung des Absenders.
Wenn die Voraussetzungen des Abs. 4 nicht erfüllt sind, dann ist die engste Verbindung nach Abs. 1 zu bestimmen. Das Merkmal der charakteristische Leistung reicht bei der Güterbeförderungsverträge nicht, da diese regelmäßig von Beförderm erbracht wird, so dass auf die Hauptniederlassung abzustellen ist.[113]
Art. 28 Abs. 4 EGBGB gilt auch für Charterverträge, aber nur für eine einzige Reise. Die Vorschrift des Abs. 4 gilt auch für private Güterbeförderung; statt auf die Hauptniederlassung kommt es hier auf den gewöhnlichen Aufenthaltsort des Beförderers an.
Allerdings sind Personenbeförderungsverträge nicht nach Abs. 4, sondern nach Abs. 2 zu beurteilen.[114]

[111] Vgl. STAUDINGERKOMM-MAGNUS, 12. Auflage, Art. 28 Rn. 100 ff.
[112] Vgl. SOERGEL-VHOFFMANN, Art. 28 Rn. 84.
[113] Vgl. MÜNCHKOMM-MARTINY, Art. 28 Rn. 59.
[114] Begründung IN STAUDINGERKOMM-MAGNUS, 12. Auflage, Art. 28 Rn. 112 ff.

3. Ausweichklausel

Die Ausweichklausel des Art. 28 Abs. 5 EGBGB setzt die Vermutungen des Art. 28 Abs. 2 bis Abs. 4 außer Kraft und führt auf den Grundsatz des Art. 28 Abs. 1 zurück, wenn sich aus der Gesamtheit der Umstände ergibt, dass der Vertrag eine engere Verbindung mit einem anderen Staat aufweist. Die Klausel ist als Korrekturmöglichkeit formuliert, die dem Richter den notwendigen Spielraum lässt, um im Einzelfall von den allgemein gehaltenen Vermutungen abweichen zu können.

II. Objektive Anknüpfung im syrischen ZGB

1. Gemeinsamer Wohnsitz als alternatives Anknüpfungsmerkmal (Art. 20 Abs. 1 S. 1 ZGB)

Der Wohnsitzort ist ein wichtiges Anknüpfungsmerkmal im syrischen internationalen Privatrecht und kommt an dritter Stelle in Betracht, wenn die Parteien keine ausdrückliche oder stillschweigende Rechtswahl getroffen haben. Dann ist an ihren gemeinsamen Wohnsitz anzuknüpfen (Art. 20 Abs. 1 S. 1 ZGB).

a) Bestimmung des Wohnsitzes

Fraglich ist, nach welcher Rechtsordnung der Begriff "Wohnsitz" definiert werden kann. Die Antwort auf diese Frage kann problematisch sein, weil die Wohnsitzregeln international unterschiedlich sind, und das kann bei Anknüpfung an den Wohnsitzort zu unterschiedlichen Rechtsordnungen führen. Um diese Frage zu beantworten, muss die arabischen Literatur und Rechtsprechung herangezogen werden .

aa) Die Literatur

Nach der Interpretationsmethode möchten manche arabischen IPR-Professoren den Wohnsitzbegriff nach dem Normzweck auslegen. Dies kann zur Folge haben, dass eine Rechtsordnung mehrere Wohnsitzbegriffe hat und dass für die Bestimmung des Wohnsitzstatuts nach der lex fori geurteilt wird. Ein fremdes Recht wäre nach dem syrischen Recht über den Wohnsitz nur dann zu befragen, wenn auf die Kollisionsnormen eines anderen Staates verwiesen würde, die ihrerseits auf den Wohnsitz abstellen.[115]
Andere Autoren wollen den Wohnsitz nach dem lex loci bestimmen lassen. Um zu entscheiden, ob eine Person innerhalb eines bestimmten Gebietes einen Wohnsitz hat, ist das Recht zuständig, das in diesem Staat gilt.[116]

---

[115] Vgl. SADIQ, ALI SADIQ HISCHAM, Internationales Wohnsitzrecht, Alexandria 1977 (zitiert: Sadiq, Int. Wohnsitz), hier S.770ff.
[116] Der Wohnsitzbegriff hat öffentlich-rechtlichen Charakter wie die Staatsangehörigkeit. Vgl. RAHMAN, ABDUL JABER, Internationales Privatrecht, 2. Teil: Internationaler Wohnsitz und

bb) Die Rechtsprechung

Das ägyptische Kassationsgericht hat zum Wohnsitzbegriff im ägyptischen internationalen Privatrecht in mehreren Fällen entschieden. Das Kassationsgericht gab bekannt, dass die lex fori über den Wohnsitz zu befragen ist.[117] Daher ist der Wohnsitzbegriff im Art. 20 ZGB nach syrischem Recht zu bestimmen.

b) Wohnsitz natürlicher Personen

Der syrische Gesetzgeber hat den Begriff "Wohnsitz" als hoch normativen Rechtsbegriff im materiellen Recht, im internationalen Zivilprozessrecht und im internationalen Privatrecht definiert.
In der arabischen IPR Literatur ist die Rechtslehre nicht einig, ob der materiellrechtliche Wohnsitzbegriff, der in Artt. 42-45 ZGB geregelt ist, auch bei der Anknüpfung an den gemeinsamen Wohnsitz gilt. Die Gegner einer solchen Harmonisierung sagen, dass der „Wohnsitzbegriff im materiellrechtlichen Sinne die Verbindung zwischen einer Person und einem bestimmten Ort" [118]bedeutet, während der Wohnsitz im internationalen Vertragsrecht eine Verbindung zwischen einer Person und dem Territorium eines Staates herstellt. Als Ergebnis muss die Funktion des materiellrechtlichen Wohnsitzbegriffs (Artt. 42-45 ZGB) auf die nationale Stufe beschränkt werden, so dass seine Übertragung auf das internationale Privatrecht nicht erlaubt ist. [119]

In der arabischen Rechtsprechung hat der Wohnsitzbegriff des materiellen Rechts eine andere Definition als im internationalen Privatrecht bekommen.[120] Allerdings haben viele Gerichte über den Wohnsitz im internationalen Privatrecht nach dem Wohnsitzbegriff der Artt. 42-45 ZGB geurteilt. Deswegen könnten wir davon ausgehen, dass bei der Bestimmung der Anknüpfungsregeln grundsätzlich auf die Sachnormen des ZGB zurückgegriffen werden kann, wobei es im Einzelfall nötig ist, nachzuprüfen, ob das Wohnsitzrecht für die Zwecke des internationalen Vertragsrechts relevant ist.

aa) Syrisches materielles Wohnsitzrecht

Der arabische Gesetzgeber hat das deutsche Wohnsitzrecht als Vorbild berücksichtigt. "So soll das deutsche Wohnsitzrecht der §§7-11 BGB, insbesondere

---

Rechtsstellung von Ausländern in den arabischen Ländern, Kairo 1968 (zitiert: Rahman, Int. Wohnsitz), hier S. 32 ff.

[117] Fraglich ist, ob diese Entscheidung auf das ganz Kollisionsrecht übertragbar wäre. Die arabischen IPR Autoren sind der Meinung, dass das Kassationsgericht auch im Kollisionsrecht einer Bestimmung des Wohnsitzes legi fori zugeneigt ist. Vgl. SADIQ, Internationaler Wohnsitz, S. 765 ff.

[118] Vgl. SADIQ, Internationaler Wohnsitz, S. 698.

[119] Vgl. SADIQ, Internationaler Wohnsitz, S. 699.

[120] Die Unterschiede sind genau wie in der Literatur, vgl. Entscheidung des ägyptischen KassG vom 1.6.1977, 1354-1360.

weil es mehrere Wohnsitze und Wohnsitzlosigkeit kennt, dem klassischen islamischen Recht besonders nahe kommen".[121]
Das syrische ZGB regelt den Wohnsitz in Artt. 42-45. Art. 42 regelt den allgemeinen Wohnsitz, Art. 43 besondere Wohnsitze der beruflichen Niederlassung, einen gesetzlichen Wohnsitz von Verschollenen, Abwesenden, Entmündigten und Minderjährigen (Art.44)und einen vertraglich begründeten Wohnsitz

(Art. 45).

bb) Allgemeiner Wohnsitz Art. 42 ZGB

> „ Der Wohnsitz ist der Ort, an dem sich die Person für gewöhnlich aufhält"

Nach Art. 42 S. 1 ZGB wird ein allgemeiner Wohnsitz begründet, wenn ein subjektiver und ein objektiver Tatbestand erfüllt sind. Ein objektiver Tatbestand wird ausdrücklich im Art. 42 ZGB für den gewöhnlichen Aufenthalt gefordert. Auf der anderen Seite wird ein subjektives Merkmal nicht ausdrücklich im Art. 42 ZGB verlangt, ist aber von der syrische Rechtsprechung und Rechtslehre als konstitutiver Bestandteil des Wohnsitzbegriffes anerkannt.[122] Man muss den Willen zum dauerhaften Aufenthalt haben. Wenn dieser Wille einmal festgestellt wird, geht ein Wohnsitz auch dann nicht verloren, wenn der Aufenthaltsort für längere Zeit verlassen wird, solange der Wille zur Aufgabe des bisherigen Wohnsitz nicht bekundet wird.[123] Es ist dabei nicht zu berücksichtigen, ob der Aufenthalt in einem Staat legal ist oder nicht.[124]

Der allgemeine Wohnsitz im Art. 42 ZGB geht verloren, wenn der tatsächliche Aufenthalt aufgehoben wird oder wenn der Wille des Aufenthalts bekundet wird, den Wohnsitz nicht mehr an dem bisherigen Ort zu haben.[125]

cc) Geschäftssitz Art. 43 ZGB

> Art. 43 Abs. 1 lautet: „Der Ort, an dem die Person ein Handelsgeschäft oder ein Gewerbe betreibt, ist im Hinblick auf die mit dem Handelsgeschäft oder dem Gewerbe zusammenhängende Geschäftsführung als ihr Wohnsitz zu betrachten".

Art. 43 ZGB greift unabhängig von dem Willen der Person, er setzt keinen dauernden Aufenthalt voraus.[126] Der Geschäftssitz nach Art. 43 ZGB bezieht sich im syrischen materiellen Recht nur auf geschäftlich veranlasste Tätigkeiten. Im syrischen internationalen Vertragsrecht wird er auf Schuldverträge mit grenz-

---

[121] Vgl. JUNG, HOLGER, Ägyptisches internationales Verlagsrecht, Hamburg 1999 (zitiert: Jung, Ägyptisches IVR), hier S. 29.
[122] Vgl. FAHMI, IPR, S. 254.
[123] Vgl. RAHMAN, Internationaler Wohnsitz, S. 11.
[124] Vgl. SADIQ, Internationaler Wohnsitz, S. 741ff.
[125] Vgl. RAHMAN, Internationaler Wohnsitz, S. 21.
[126] Vgl. SADIQ, Internationaler Wohnsitz, S. 737.

überschreitenden Elementen, die im Zusammenhang mit dem Geschäftsbetrieb stehen, angewendet.[127]

dd) Gewählter Wohnsitz Art. 45 ZGB

Art. 45 ZGB regelt einen besonders vereinbarten Wohnsitz:

> Abs. 1: „Ein Wohnsitz darf für die Vornahme eines bestimmten Rechtsgeschäftes genommen werden".
> Abs. 2: „Der Beweis des Wohnsitzes kann nur durch Schriftform erfolgen."
> Abs. 3: „Der für die Vornahme eines Rechtsgeschäftes gewählte Wohnsitz gilt als Wohnsitz in Bezug auf alle Rechtsgeschäfte, die mit diesem Geschäft zusammenhängen, einschließlich der Zwangsvollstreckung, es sei denn, es wurde ausdrücklich bestimmt, dass dieser Wohnsitz auf bestimmte Rechtsgeschäfte beschränkt ist."

Nach Art. 45 ZGB können die Parteien einen Wohnsitz bei Abschluss eines Rechtsgeschäftes vereinbaren. Als Folge wird der gewählte Wohnsitz als Wohnsitz für alle mit dem Rechtsgeschäft zusammenhängenden Handlungen gültig. Ein gewählter Wohnsitz bedeutet damit auch eine stillschweigende Gerichtsstandsvereinbarung.[128]

c) Sitz der Juristischen Person

Der syrische Gesetzgeber hat besondere Regeln für den Sitz der Juristischen Person geschaffen. Diese Regel ist anders als die für natürliche Personen geltende Wohnsitzregel. Allerdings bieten sich für das Kollisionsrecht zwei Lösungen in Bezug auf den Sitz einer Gesellschaft, eine materiellrechtliche Lösung und eine international privatrechtliche Lösung:

aa) Materiellrechtliche Bestimmung (Art. 55 Abs. 2 lit. D ZGB)

Art. 55 ZGB definiert den Sitz einer Gesellschaft wie folgt:

> „Als ihr Wohnsitz gilt der Ort, an dem sich ihr Verwaltungssitz befindet. Für den Bereich des Sachenrecht bestimmt sich der Wohnsitz der in Syrien tätigen Gesellschaft mit ausländischem Hauptsitz nach dem Ort, in dem sich ihre örtliche Verwaltung befindet."

Nach Art. 55 Abs. 2 lit. D ZGB hat eine Gesellschaft mit unselbständigen Niederlassungen ihren Verwaltungssitz am Sitz der Hauptverwaltung. Falls eine Gesellschaft ihren Hauptsitz im Ausland, in Syrien aber Zweigniederlassungen

---

[127] Vgl. JUNG, Ägyptisches IVR, S. 31.
[128] Vgl. FERID, MURAD/ SONNENBERGER, HANS JÜRGEN, Das Französische Zivilrecht, Band 1, Erster Teil, Heidelberg 1994 (zitiert: FERID- SONNENBERGER), hier Bd.1, 1D Rn. 179.

hat, wird als Anknüpfungsmerkmal für diese Gesellschaft der Sitz, an dem sich ihre syrische örtliche Verwaltung befindet, anerkennt.[129]

bb) Internationalprivatrechtliche Bestimmung Art. 12 Abs. 2 ZGB

> Art. 12 Abs. 2 ZGB lautet: „Hingegen bestimmt sich die Rechtsstellung der ausländischen juristischen Personen, wie Handelsunternehmen, Gesellschaften oder andere Vereinigungen, nach dem Recht des Staates, in dem sich ihre tatsächliche Hauptniederlassung befindet. Üben sie ihre Haupttätigkeit in Syrien aus, findet syrisches Recht Anwendung."

Art. 12 Abs. 2 regelt den Wohnsitz der Gesellschaften auf internationaler Ebene und verweist auf das Recht des Staates, in dem die Gesellschaft ihre Hauptniederlassung hat. Eine Ausnahme gilt, wenn die Gesellschaft ihre Haupttätigkeit in Syrien hat; in diesem Fall ist das syrische Recht anzuwenden.[130]

cc) Unterschiede zwischen den beiden Lösungen

Die beiden Lösungsansätze führen zu unterschiedlichen Ergebnissen, wenn sich der Hauptverwaltungssitz einer Gesellschaft im Ausland befindet, aber ihre Haupttätigkeit in Syrien entfaltet. In diesem Fall würde gem. Art. 55 Abs. 2 lit. D ZGB das Recht des Staates, in dem die Gesellschaft ihre Hauptverwaltung hat, angewendet. Die Ausnahmevorschrift des Art. 55 Abs. 2 lit. D ZGB findet hier keine Anwendung, da diese Vorschrift ausdrücklich auf Fragen des materiellen Rechts beschränkt ist und keine Bedeutung im internationalen Vertragsrecht hat (nur Abs. 2, S. 2).[131]

Art. 12 Abs. 2 ZGB ist im Bezug auf internationale Verträge irrelevant, weil er das Personalstatut einer Gesellschaft, wie z.B. ihre Entstehung, ihre Rechtsfähigkeit, ihr Erlöschen, immer nach dem syrischen Recht regelt, sobald die Firma in Syrien tätig ist.[132] Anders als Art. 12 Abs. 2 ZGB definiert Art. 55 Abs. 2 lit. D S. 1 ZGB ausdrücklich den Sitz der Gesellschaft. Diese Definition ist auch für das internationale Privatrecht relevant. Allerdings ist die Ausnahme im Art. 55 Abs. 2 lit. D S. 2 ZGB (der Sitz einer Gesellschaft, die ihre Hauptverwaltung im Ausland, aber in Syrien eine Zweigniederlassung hat) ausdrücklich nur für den Bereich des Sachenrechts anzuwenden.[133]

Der gemeinsame Wohnsitz als Anknüpfungsmerkmal wurde stark kritisiert, weil dieser in internationalen Verträgen keine wichtige Rolle spielt. Die Parteien des internationalen Vertrags haben nämlich selten den gleichen Wohnort und falls

---

[129] Vgl. Dieb, IPR, S. 180.

[130] Vgl. Dieb, IPR, S. 187.

[131] Vgl. JUNG, Ägyptisches IVR, S. 34.

[132] Vgl. SADIQ, IPR, S. 419. Als Beispiel ist die Suezkanal- Gesellschaft zu nennen, die ihre Hauptverwaltung in Paris hatte, ihren Unternehmenszweck aber ausschließlich in Ägypten hat. Deswegen würde das ägyptische Verwaltungssitzrecht angewendet. Inzwischen ist die Suezkanalgesellschaft 1956 nationalisiert worden.

[133] Vgl. JUNG, Ägyptisches IVR, S. 34.

sie ausnahmsweise doch durch einen gemeinsamen Wohnsitz verbunden sind, wird das Recht des gemeinsamen Wohnsitzortes wegen Inlandsbezug nicht angewendet.[134]
Es wäre sinnvoll, Art. 12 Abs. 2 S. 2 ZGB zu reformieren. Das würde internationale Transaktionen sicherer machen, weil an das Recht des Hauptverwaltungssitzes immer und ohne Ausnahme verwiesen würde.

2. Das Recht des Abschlussortes als zweites alternatives Anknüpfungsmerkmal

a) Allgemeines

Nach Art. 20 Abs. 1 S. 2 ZGB kommt der Abschlussort an vierter Stelle als subsidiäres Anknüpfungsmerkmal in Betracht. Dieses Merkmal wird angewendet, wenn die Parteien keine Rechtswahl getroffen haben und auch nicht durch einen gemeinsamen Wohnsitz verbunden sind. Die Anknüpfung an den Ort des Vertragsabschlusses kennt das internationale Vertragsrecht seit der Statutenlehre, allerdings wird sie heute allgemein als veraltet und innerlich unbegründet angesehen. Den Vertrag vom Recht des Abschlussortes regieren zu lassen, ist nur noch eine Verlegenheitslösung, die im Einzelfall zu einem gänzlich unangemessenen Schuldvertragsstatut führen kann. 135 Das Anknüpfungsmerkmal des Rechts des Ortes, an welchem der Vertrag geschlossen wurde, hat auch in syrischen Gerichten Schwierigkeiten verursacht, besonders wenn der Vertrag mittels Fax oder Brief geschlossen wurde. Deswegen führt dieses Anknüpfungsmerkmal nicht immer zu klaren Ergebnissen. Es ist zweifelhaft, ob diese Anknüpfungsmerkmale sinnvoll sind, da der Abschlussort oft nur zufällig ist. Art. 20 ZGB gilt auch für Distanzverträge und Verträge unter Abwesenden. Hier wird die Anknüpfung schwieriger, weil in solchen Verträgen jede Partei ihr eigenes Ortsrecht hat, nämlich das Recht des Staates, in dem sie sich erklärt. Beurteilt man einen unter Abwesenden geschlossenen Schuldvertrag nach dem Recht des Abschlussortes, so stellt sich die Frage, wo die Annahmeerklärung abgesandt wird, dort, wo die anbietende Partei von der Annahme erfährt, oder dort, wo ihr die Annahme zugeht.Zur Klärung dieser Fragen im syrischen IPR wird man mangels verfügbarer syrischer Rechtsprechung und Literatur auf die Regeln des syrischen materiellen Schuldvertragsrecht über das Zustandekommen von Verträgen unter Abwesenden zurückgreifen müssen, um Anhaltspunkte für eine Lösung zu finden.Die syrische materielle Rechtsnorm ist Art. 98 ZGB: Ein Vertrag unter Abwesenden kommt – mangels abweichender vertraglicher Vereinbarung oder entgegenstehender Gesetze - an dem Ort (und zu dem Zeitpunkt) zustande, an dem die Annahme stattgefunden hat.[136]

---

[134] Vgl. DIEB, IPR, S. 335.
[135] Vgl. JUNG, Ägyptisches IVR, S. 36.
[136] Auf diese Weise lässt sich die Grundregel des Art. 20 ZGB auch bei Distanzverträgen konkretisieren.

b) Verträge unter Abwesenden im syrischen materiellen Recht

Im syrischen materiellen Recht wird bei der Bestimmung des Abschlussortes zwischen Verträgen unter Abwesenden und den in einer Vertragssitzung geschlossenen Verträgen unterschieden.

aa) Grundsatz Art. 98 Abs. 1 ZGB

> Art. 98 ZGB lautet: „Der Vertragsabschluss unter Abwesenden gilt als an dem Ort und zu der Zeit erfolgt, als die Annahme stattgefunden ist, es sei denn, dass eine Vereinbarung oder eine gesetzliche Bestimmung etwas anderes bestimmen“[137].

Zu beachten ist, dass der telephonisch oder mit Hilfe gleichartiger Kommunikationsmittel geschlossene Vertrag trotz räumlicher Trennung nicht als Vertrag unter Abwesenden behandelt wird. Er wird den Verträgen, die in Anwesenheit der Parteien geschlossen werden, gleichgestellt (Art. 95 Abs. 1 S. 2).

bb) Vertragsabschluss durch Schweigen (Art. 99 ZGB)

> Art. 99 ZGB Abs. 1: „Deuten die Natur des Geschäftes, der Handelsbrauch oder andere Umstände darauf hin, dass der Anbietende keine ausdrückliche Kundgabe der Annahme erwartet, so gilt der Vertrag als geschlossen, falls das Angebot nicht in angemessener Zeit abgelehnt wird.”
>
> Art. 99 ZGB Abs. 2: „Schweigen gilt als Annahme, sofern es eine vorherige Geschäftsbeziehung zwischen den Parteien gab und das Angebot in Zusammenhang mit dieser Geschäftsbeziehung steht oder falls das Angebot für den anderen lediglich vorteilhaft ist."

Art. 99 Abs. 1 ZGB entspricht fast wörtlich der Übersetzung des schweizerischen Art. 6 Obligationsrecht (OR) mit dem einzigen Unterschied, dass der Handelsbrauch in Art. 99 Abs. 1 ZGB als eigenständige Fallgruppe genannt wird. “Dass Art. 98 Abs. 1 ägyptisches ZGB Schweigen auf einen Antrag als Annahme fingiert, ist nicht unzweifelhaft. Bei unbefangenem Lesen des Gesetzestextes scheint der Annehmende nicht von einer Annahmeerklärung entbunden zu sein. Lediglich der Zugang der Erklärung wäre, ganz ähnlich wie bei § 151 BGB, entbehrlich für den Vertragsabschluss”[138].

Manche arabische Autoren sind der Meinung, dass Art. 99 Abs. 1 ZGB nicht erforderlich ist und unterstützen ihre Argumentation mit dem letzten Halbsatz des Art. 99 Abs. 1 ZGB, wonach der Vertrag nur dann nicht zustande gekomen ist, wenn der Antrag durch eine Erklärung ausdrücklich zurückgewiesen wird.[139]

---

[137] Art. 98 ZGB entspricht nicht dem Art. 97 des ägyptischen ZGB, weil dieser an den Ort und die Zeit, zu der der Anbietende Kenntnis von der Annahme erhält, anknüpft.

[138] JUNG, Ägyptisches IVR, S. 41.

[139] Vgl. SANHURI, ABDUL RAZAK, Kommentar zum neuen ägyptischen Zivilgesetzbuch, Band 1, Kairo 1952 (zitiert: SANHURI, ZGB), hier S. 68ff.

cc) Vertragsabschluss in einer ”Vertragssitzung” Art. 95 ZGB

> Art. 95 Abs. 1 S. 1 ZGB lautet: „Wurde das Angebot in während Vertragssitzung abgegeben, ohne dass eine Annahmefrist bestimmt wurde, so wird der Anbieter von seinem Angebot frei, falls die Annahme nicht unverzüglich erfolgte. Das gleiche gilt, wenn das Angebot einem anderen gegenüber telephonisch oder auf ähnlichem Wege abgegeben wurde”.

Art. 95 Abs. 1 S. 1 ZGB regelt den Fall, dass der Vertrag unter Anwesenden geschlossen wird, und gibt vor, wie lange der Anbieter an sein Angebot gebunden ist.[140]

Falls der Vertrag unter Abwesenden abgeschlossen wurde, ist Art. 95 Abs. 1 S. 2 ZGB anzuwenden. Art. 95 Abs. 1 S. 2 ZGB erfasst den Vertragsabschluss per Telefax, Internet, Email, usw. Hier kann der Abschlussort nicht ohne Weiteres lokalisiert werden, da die Parteien tatsächlich getrennt sind.

---

[140] Vgl. JUNG, Ägyptisches IVR, S. 42.

III. Objektive Anknüpfung im Vergleich zwischen den beiden Rechtssystemen

Im deutschen IPR ist geregelt, dass bei Fehlen einer Rechtswahl Art. 28 EGBGB angewendet wird: "Soweit das auf den Vertrag anzuwendende Recht nicht nach Art. 27 EGBGB vereinbart worden ist, unterliegt der Vertrag dem Recht dieses Staates, mit dem er die engsten Verbindungen aufweist".

Im syrischen Recht wird in diesem Fall das Recht des Wohnsitzes angewendet, wenn die vertragsschließenden Parteien einen gemeinsamen Wohnsitz haben. Falls dies nicht der Fall ist, wird das Recht des Abschlussortes angewendet. Also hat der syrische Gesetzgeber im Voraus den Fall des Fehlen einer Rechtswahl geregelt. Es ist nicht Aufgabe des Richters, die vertragscharakteristische Leistung zu suchen. Diese Lösung hat den Vorteil, dass die Parteien von vornherein wissen, welches Recht angewendet wird, sollten sie keine Rechtswahl treffen.

Diese syrische Lösung hat in der Praxis aber zu Schwierigkeiten geführt, weil das Wohnsitzrecht oder das Recht des Abschlussortes nicht immer die engste Verbindung zum Vertrag haben. Es kommt darauf an, welche Vertragsart vorliegt oder unter welchen Umständen der Vertrag abgeschlossen wurde. Meistens sind Wohnsitz oder Abschlussort zufällig, deswegen bietet das syrische Recht letztlich keine zufriedenstellende Lösung an.

Ferner ist es wenig sinnvoll, einen Vertrag, der unter Abwesenden geschlossen wurde, nach dem Anknüpfungsmerkmal des Abschlussortes zu behandeln.

Diese beiden Anknüpfungsmerkmale in Art. 20 Abs. 1 S. 1 und 2 ZGB sind ineffizient und unflexibel, weil sie die vertragscharakteristische Leistung ignorieren, und zu undifferenziert, da sie alle Arten von Verträgen gleich behandeln.

Eine Entsprechung zu Art. 28 EGBGB existiert im syrischen IPR nicht. Dies ist ein Manko. Der Richter müsste wie im deutschen Recht die Autorität haben, das Recht mit der engsten Verbindung zum Vertrag anzuwenden, weil diese Regelung flexibler wäre als die syrische gesetzgeberische Lösung. Art. 20 Abs. 1 S. 1 und 2 ZGB können dazu führen, dass ein Recht angewendet wird, das keinen Bezug zum Vertrag hat.

Für die Parteien wäre es unter Umständen vorteilhafter, für den Fall des Fehlens einer Rechtswahl Art. 28 EGBGB und nicht Art. 20 Abs. 1 S. 1 und 2 ZGB anzuwenden. Ich schlage vor, dass der syrische Gesetzgeber das IPR reformiert und einen solchen Artikel einfügt.

Bis dahin sollte der Richter für den Fall, dass weder das gemeinsame Wohnortsrecht noch das Recht des Abschlussortes einen Bezug zum Vertrag haben, die engste Verbindung suchen und die charakteristische Leistung wie in Art. 28 EGBGB als Grundsatz des internationalen Privatrechts anwenden, zumal Art. 26 ZGB eine solche Anknüpfung an ausländisches IPR erlaubt, wenn das syrische IPR keine Lösung zulässt. Art. 26 ZGB lautet:

„Die Grundsätze des internationalen Privatrechts sind im Falle von Gesetzeskonflikten anwendbar, die in den vorhergehenden Bestimmungen nicht vorgesehen sind".

Als zweiter Weg, das Konzept der engsten Verbindung anzuwenden, könnte der syrische Richter dieses Konzept als stillschweigende Rechtswahl betrachten, um Art. 20 Abs. 1 S. 1 und 2 ZGB zu umgehen, zumal die stillschweigende Rechtswahl im syrischen IPR nicht definiert ist.

Art. 20 Abs. 1 S. 1 und 2 ZGB wäre dann anzuwenden, wenn es keine Rechtswahl gibt. In diesem Fall ginge das Prinzip der engsten Verbindung zum Vertrag als stillschweigende Rechtswahl vor. So kann das syrische Gericht die charakteristische Leistung abstellen. Auf jeden Fall ist eine grundlegende Reform des Art. 20 ZGB zu befürworten.[141]

Man sollte hierbei berücksichtigen, dass der Richter in der syrischen Rechtsprechung eher geringe Entscheidungsbefugnisse hat und deswegen Art. 20 Abs. 1 S. 1 und 2 ZGB von dem syrischen Gesetzgeber bevorzugt wird.

Eine Entsprechung für Art. 28 Abs. 5 EGBGB gibt es im syrischen ZGB nicht. Der syrische Richter hat keinen Spielraum. Im Fall, dass das angewendete Recht keine Verbindung zum Vertrag hat, darf er nicht das geeignete Recht suchen, sondern muss das Recht des gemeinsamen Wohnsitzes oder das Recht des Abschlussortes anwenden.

Es wäre praktischer, wenn der syrische Richter eine Korrekturmöglichkeit wie in Art. 28 Abs. 5 hätte, um im Einzelfall von der Anknüpfungsregel in Art. 20 Abs. 1 und 2 ZGB abzuweichen.

---

[141] Der ägyptische Gesetzgeber hat einen Schritt auf diesem Weg gemacht, aber nicht im IPR, sondern im neuen Schiedsrecht Nr. 27 von 1994 und im Art. 39 Abs. 2. Dieser besagt, dass wenn die Parteien keiner Rechtswahl für ihren Vertrag zugestimmt haben, das Schiedsgericht das Recht, das die engste Verbindung zum Vertrag hat, anwenden muss. Wenn der Gesetzgeber das Konzept der engsten Verbindung im Schiedsrecht übernommen hat, muss dieses Konzept auch im IPR angewendet werden.

§ 5 Beschränkung der Rechtswahl

I. Reine Inlandssachverhalte

1. Im deutschen Recht

Art. 27 Abs. 3 EGBGB begrenzt bei reinen Binnensachverhalten die kollisionsrechtliche Freiheit der Parteien. Wichtig ist, dass nur die Wirkung der Rechtswahl beschränkt ist und nicht die Rechtswahl selbst. Wenn die Parteien also ein fremdes Recht für einen inländischen Vertrag wählen, und wenn dieser Vertrag keine objektiven, signifikanten Bezüge zu einem ausländischen Recht hat, ist diese Wahl dennoch zulässig. Allerdings können die Parteien nicht die inländischen deutschen zwingenden Bestimmungen desjenigen Rechts, das auf den Sachverhalt anwendbar ist, ausschalten.[142]

Hier ist der Hauptpunkt, dass der Vertrag keinen echten Auslandsbezug aufweisen darf, also müssen alle Teile des Vertrages mit einem einzigen Staat verbunden sein. Nur diese Lokalisierung oder Einbettung legitimiert die Benutzung der zwingenden Vorschriften dieses Staates.[143]

Art. 27 EGBGB trifft über die Umstände, die relevant und gültig für die echten Auslandsbezüge ist, keine Aussage. Tatsachen, die einen Auslandsbezug beweisen, können in Art. 28 EGBGB unter objektive Anknüpfung fallen, z.B. gewöhnlicher Aufenthalt, Niederlassung, Abschluss- oder Erfüllungsort. Auch die ausländische Staatsangehörigkeit kann ein echter ausländischer Bezug sein.[144]

Die Beschränkung der Rechtswahl in Art. 27 Abs. 3 EGBGB ist nur zulässig, wenn der Auslandsbezug zum Zeitpunkt der Rechtswahl fehlt. Dies gilt auch dann, wenn ein Inlandssachverhalt nachträglich einen Auslandsbezug bekommt, z.B. einen ausländischen Erfüllungsort. In einem solchen Fall sind die zwingenden Bestimmungen des Inlandsrechts zu beachten.[145]

2. Im syrischen Recht

Im syrischen Recht gibt es keine dem Art. 27 Abs. 3 EGBGB ähnliche Regel. Deswegen liegt diese Entscheidung immer noch im richterlichen Ermessen.

Die syrischen Gerichte haben mehr oder weniger ähnlich entschieden: Wenn der Vertrag ein inländischer Vertrag ist, ist das ausländische gewählte Recht als Vertragsrecht nicht gültig, sondern nur als vertragliches Abkommen, welches keinen Verstoß gegen die zwingenden Normen für das angewendete Recht enthalten darf. Demnach gelten die zwingenden Normen des angewendeten Rechts vor dem gewählten Recht.[146]

---

[142] Vgl. STAUDINGERKOMM-MAGNUS, 12. Auflage, Art. 27 Rn. 115.

[143] Vgl. STAUDINGERKOMM-MAGNUS, 12. Auflage, Art. 27 Rn. 120.

[144] Vgl. SOERGEL-VHOFFMANN, Art. 27 Rn. 87 ff.

[145] Vgl. DICEY-MORRIS, S. 1219 ff.

[146] Vgl. SIUFY, IPR, S. 810.

3. Inlandssachverhalt im Vergleich

Im syrischen IPR wird für inländische Verträge die Rechtswahl beschränkt und nicht nur die Rechtswahlwirkung wie im deutschen IPR. Die syrischen Gerichte haben die Rechtswahl für die inländischen Verträge ignoriert. Deshalb ist bei dieser Rechtswahl das syrische materielle Recht anzuwenden und nicht nur die inländischen syrischen zwingenden Normen.147 Art. 27 Abs. 3 EGBGB bezieht sich nicht nur auf die inländischen zwingenden Normen, sondern auch auf ausländische Normen in einem Vertrag, der z.B. lediglich Bezüge zu Frankreich aufweist, muss der deutsche Richter zwingend das französische Recht anwenden.148Aus dem Text des Art. 20 ZGB ergibt sich nicht eindeutig, ob die Parteien z.B. auch ein neutrales Recht ohne Bezug zum Vertrag wählen dürfen.Nach der Rechtsprechung müssen die Vertragsparteien ein Recht wählen, das einen Bezug zum Vertrag hat. Der Gesetzgeber erlaubt die Rechtswahl innerhalb des Kollisionsrechts. Wenn das gewählte Recht keinen Bezug zum Vertrag hat, haben die Parteien die Rechtswahlmöglichkeit missbraucht und ihre Rechtswahl ist nichtig.149Die Regel ist, dass die Wahl eines neutralen Rechts ungültig ist. Es gibt allerdings auch Ausnahmen von dieser Regel für besondere internationale Verträge, z.B. für internationale Transport- und Kaufverträge.150Als Rechtswahlbeschränkung werden aus besonderen Gründen im EGBGB Verträge weder auf Rechtswahlanknüpfung noch auf objektive Anknüpfung verwiesen, sondern auf besondere Regeln: Art. 29 EGBGB gilt z.B. für die Verbraucherverträge und Art. 30 EGBGB für die Arbeitsverträge. Das Ziel dieser Sonderregeln ist der Schutz der schwächeren Vertragspartei, nämlich des Verbrauchers und des Arbeitnehmers.Auch im Versicherungsvertragsrecht ist die Rechtswahl teilweise stark eingeschränkt.151Art. 37 EGBGB enthält mehrere Ausnahmen. Außer der Ausnahme in Art. 20 Abs. 2 ZGB (Verträge bezüglich der Grundstücke verweisen auf das Recht des Lageorts) enthält das syrische IPR keine anderen gesetzlichen Ausnahmen zum Schutz der schwächeren Vertragspartei wie Art. 29 und 30 EGBGB. Solche Ausnahmen liegen im Ermessen des Richters. Der Gesetzgeber muss Gesetze über die Anknüpfungsregel für Arbeits- und Verbraucherverträge erlassen, weil die Rechtswahl Anknüpfung für diese Verträge sein kann und zu ungerechten Ergebnissen für die schwächere Vertragspartei führen kann.[152]

[147] Vgl. SIUFY, IPR, S. 360 ff.
[148] Vgl. MÜNCHKOMM-MARTINY, Art. 27 Rn. 66.
[149] Vgl. SADIQ, IPR, S. 357.
[150] Vgl. SIUFY, IPR, S. 812.
[151] Vgl. KROPHOLLER, IPR §52 II 5.
[152] Die meisten syrischen Gerichte verweisen die Arbeitsverträge auf das Recht des Ortes, wo der Arbeitnehmer seine Arbeit erfüllt. Vgl. DIEB, IPR, S. 332. In Ägypten, wo es einen dem syrischen Art. 20 vergleichbaren Artikel gibt, haben die Gerichte die Arbeitsverträge auf das Recht des Ortes, an dem der Arbeitgeber seine Niederlassung hat, verwiesen. Siehe Entscheidung des ägyptischen Revisionsgerichts Nr. 17 vom 5.4.1967.

II. Zwingende Normen

1. Einleitung

Die zwingenden Normen oder Eingriffsnormen können in Bezug auf drei Rechtsordnungen anerkennt werden. Zuerst können die Eingriffsnormen des Vertragsstatuts als lex causae beachtet werden. Zweitens auf der Ebene der lex fori und drittens kann man auch die zwingenden Normen einer drittstaatlichen Rechtsordnung anerkennen.

Die zwingenden Normen erfassen die Vorschriften, die im Staat ihres Erlasses nicht der Parteidisposition unterliegen. Sie müssen auch unabhängig vom an sich anwendbaren Recht Geltung beanspruchen.[153]

Die Verbindlichkeit der zwingenden Normen kann nur der jeweilige Erlassstaat anordnen. Nach dem Recht dieses Staates ist zu entscheiden, ob eine Norm zwingenden Charakter hat und ob die Anwendung dieser zwingenden Norm nur intern oder auch international zu beachten ist.[154] Der Unterschied zwischen den internen und den internationalen zwingenden Normen ist sehr wichtig, da die internationalen zwingenden Normen immer gelten, auch wenn aufgrund subjektiver oder objektiver Anknüpfung an sich eine andere Rechtsordnung als jene des Eingriffsrechts anzuwenden ist. Die internen zwingenden Normen können einfach ausgeschaltet werden, wenn die Parteien eine andere Rechtsordnung als das Eingriffsrecht wählen.

Die zwingenden Normen sind mit dem Erlassstaat stark verbunden. Dieser Staat hat großes Interesse, diese Normen anzuwenden und das hat Vorrang vor der Wahl eines fremden Rechts. Das Kollisionsrecht des angerufenen Gerichts entscheidet aber, in welchem Umfang zwingende Normen in Fällen mit Auslandsbezug zu beachten sind.[155]

Die Anwendung der zwingenden Normen unterscheidet sich von der im Fall des ordre public, da die Perspektive und die Zielrichtungen beider Konzepte unterschiedlich sind. Der ordre public verfolgt die Außenperspektive und blickt auf die Akzeptanz des fremden Rechts, die zwingende Norm hat dagegen Innenperspektive und erweitert den Geltungsanspruch des internen Rechts. Beide Konzepte stehen nebeneinander und können theoretisch gleichzeitig angewendet werden. Die Wirkung der beiden Konzepte ist trotz der unterschiedlichen Zielrichtung im Ergebnis ähnlich·[156]

---

[153] Vgl. STAUDINGERKOMM-MAGNUS, 13. Auflage, Art. 34 Rn. 10.

[154] Vgl. DICEY-MORRIS, Rn. 32.

[155] Vgl. STAUDINGERKOMM-MAGNUS, 13. Auflage, Art. 34 Rn. 12.

[156] Vgl. STAUDINGERKOMM-MAGNUS, 13. Auflage, Art. 34 Rn 40.

2. Zwingende Normen im EGBGB

a) Allgemein

Das EGBGB erwähnt zwingende Normen in vier Vorschriften: In Art. 27 Abs. 3 S. 1 in Art. 29 Abs. 1 in Art. 29 a, Art. 30 Abs. 1 und Art. 34. Alle Vorschriften haben die Gemeinsamkeit, dass sie das Vertragsstatut, das durch Rechtswahl oder subjektive Anknüpfung zustand kam, durch zwingendes Recht korrigieren können. Art. 34 EGBGB ist aber in seinem Anwendungsbereich anders als die anderen Vorschriften zu beachten. Art. 34 will das Vertragsstatutrecht nicht nur korrigieren, sondern ganz ausschalten. Das gewählte oder objektiv geltende Vertragsrecht soll inländischen Rechtsvorstellungen weichen. Die inländischen Eingriffsnormen wollen vor allem wirtschafts- und sozialpolitische Ziele in Deutschland einheitlich verwirklichen und nehmen deswegen keine Rücksicht auf einen Auslandsbezug des Falles oder die Geltung fremden Rechts. Hier ist deutlich zwischen Art. 34 und den anderen zwingenden Vorschriften im EGBGB zu unterscheiden, da er nicht den Schutz besonderer Personengruppen, wie Art. 29, 30 EGBGB, bezweckt, sondern primär staatliche Interessen durchsetzt. Es ist nicht einfach, das Rangverhältnis zwischen Art. 34 und Art. 29, 30 EGBGB zu erkennen. Nach überwiegender Auffassung in der deutschen Literatur haben die internationalen zwingenden Normen im Sinne des Art. 34 EGBGB grundsätzlich relativen Vorrang vor dem nach Art. 29, 30 EGBGB geltenden Recht. Es kommt auf eine Abwägung der beteiligten Regelungsinteressen an. Nach dieser Auffassung ist das von den Artt. 29, 30 EGBGB berufene Recht gleichwohl anzuwenden, wenn es dem Verbraucher oder dem Arbeitnehmer günstiger als deutsche internationale Eingriffsnormen ist. [157]

b) Anwendungsbereich und Voraussetzungen des Art. 34 EGBGB

aa) Anwendungsbereich

Art. 34 EGBGB befasst sich nur mit der Geltung zwingender Vorschriften des deutschen Rechts als lex fori. Im Kernpunkt für Art. 34 EGBGB ist zu erkennen, welche Inlandsvorschriften international zwingend sind. Art. 34 EGBGB erscheint anders als die Vorbildvorschrift Art. 7 EVÜ, da er die Anwendung der ausländischen zwingenden Normen gegenüber einem abweichenden Vertragsstatut, wie in Art. 7 Abs. 1 EVÜ geregelt ist, nicht genommen hat. Das soll nicht heißen, dass die fremden zwingenden Normen vor einem deutschen Gericht nicht beachten werden können, sondern der Fall ist zu Zeit ohne gesetzliche Grundlage zu lösen.[158]
Nach Art. 34 EGBGB kommen nur solche Bestimmungen in Betracht, die international zwingenden Charakter haben. Art. 34 EGBGB verlangt auch, dass diese Normen den Sachverhalt regeln.

---

[157] Vgl. MÜNCHKOMM-MARTINY, Art. 34 Rn. 120.
[158] Vgl. SOERGELKOMM-VHOFFMANN, Art. 34 Rn. 2.

bb) Voraussetzungen

Art. 34 EGBGB verlangt, dass die angewendete Vorschrift des deutschen Rechts zwingend sind. Gleichgültig ist, ob die zwingenden Normen dem deutschen Privatrecht- oder dem öffentlichen Recht angehören. Gleichgültig ist auch, ob es sich um gesetzlich fixierte Normen oder um zwingendes Richterrecht handelt.[159] Art. 34 verlangt ferner, dass die zwingenden Normen internationalen Charakter haben, sonst werden diese Normen nicht als Eingriffsnormen im Sinne des Art. 34 beachtet. Interne Unabdingbarkeit einer Norm genügt nicht, es muss der Geltungswille der Norm auch für internationale Fälle trotz der Anwendung eines fremden Rechts vorhanden sein.
Das deutsche Recht kann bestimmen, welche zwingenden Normen internationalen Charakter haben.[160] Die internationalen zwingenden Normen werden ausdrücklich von dem Gesetzgeber genannt. Ist dies nicht der Fall, dann müssen sie durch Auslegung ermittelt werden. Nach allgemeiner Auffassung entscheidet der Zweck der jeweiligen Bestimmung über ihre entweder nur nationale oder internationale Reichweite.[161]

Art. 34 hat nach der herrschenden Meinung in der deutschen Literatur eine weitere Voraussetzung und verlangt einen hinreichenden Inlandsbezug. Nur wenn der gegeben ist, sind die internationalen zwingenden Normen des deutschen Rechts anzuwenden.[162] Die deutsche Rechtsprechung verlangt auch bei der Anwendung des Art. 34 EGBGB einen hinreichenden Inlandsbezug. Dieser kann nicht einheitlich festgelegt werden. Er richtet sich vielmehr nach der Eigenart der jeweiligen Verträge und Geschäfte, für die die zwingenden Normen ohne Rücksicht auf fremdes Recht gelten.[163]

c) Rechtsfolge des Art. 34 EGBGB

Wenn die Voraussetzungen des Art. 34 gegeben sind, dann ist die entsprechende deutsche Vorschrift ohne Einschränkung anzuwenden. Der Richter hat in diesem Fall keinen weiteren Ermessensspielraum, sie teilweise oder überhaupt nicht zu beachten. Das Vertragsstatut kann nur dort angewendet werden, wo sich dem Eingriffsrecht keine privatrechtliche Folge der Eingriffsnormen entnehmen lässt, sondern nur ein Verbot, wie z.B. das Genehmigungserfordernis für bestimmte Wertsicherungsklauseln zwischen Gebietsansässigen, gilt.[164]

---

[159] Vgl. STAUDINGERKOMM-MAGNUS, 13. Auflage, Art. 34 Rn. 49-50.
[160] Vgl. KROPHOLLER, IPR, §52 VII 1.
[161] Vgl. STAUDINGERKOMM-MAGNUS, 13. Auflage, Art. 34 Rn. 53.
[162] Vgl. KROPHOLLER, IPR, §52 VIII 1.
[163] Vgl. STAUDINGERKOMM-MAGNUS, 13. Auflage, Art. 34 Rn. 81.
[164] Vgl. STAUDINGERKOMM-MAGNUS ,13. Auflage, Art. 34 Rn. 82-83.

d) Internationale zwingende Normen des deutschen Rechts

aa) Grundstücksverträge

Die zwingenden deutschen Bodenverkehrsnormen sind für inländische Grundstücke auch bei Geltung ausländischen Vertragsrechts anzuwenden. Zu beachten ist insbes. §2 Grundstücksverkehrsgesetz, §§19, 24 ff BauGB.[165]

bb) Wohnraummietrecht

Die zwingenden Mieterschutznormen des deutschen Rechts, insbesondere zum Kündigungsschutz werden trotzt des geltenden Vertragsstatuts angewendet, sofern die Wohnung in Deutschland liegt.[166]

cc) Immobilientimesharing

Sofern die Immobilie im Gebiet des europäischen Wirtschaftsraums liegt oder der Anbieter in diesem Gebiet seine Werbung gezeigt hat und der Erwerber hier seinen Sitz hat, gelten in diesem Fall bei Timesharingverträgen die zwingenden Normen des Teilzeitwohnrechtgesetzes vom 20.12.1996.[167]

dd) Darlehen

Die Vorschriften des Verbraucherkreditgesetzes und § 609 a BGB werden ohne Rücksicht auf das Vertragsstatut angewendet, da die Verbraucherdarlehn mit den Verbraucherverträgen des Art. 29 gleich zu behandeln sind.[168] Die Ingmar-Entscheidung des EuGH spricht auch dafür, dass das Verbraucherkreditgesetz und § 609 a BGB jedenfalls gegenüber drittstaatlichem Recht als international zwingend zu beachten sind.[169]

ee) Makler- und Handelsvertreterverträge

Das gesetzliche Vermittlungsverbot darf als internationale zwingende Norm angesehen werden, wenn eine Vermittlungstätigkeit auf dem deutschen Markt stattgefunden hat.[170]
Für die Handelsvertreterverträge gilt die EU-Handelsvertreterrichtlinie als zwingende Norm. Die Parteien können diese Richtlinien nicht durch die Wahl des Rechts eines nicht EU-Staates ausschalten. Die EU-Handelsvertreterrichtlinien sind gegenüber drittstaatlichem Recht internationale zwingende Normen iSd. Art. 34 EGBGB. Allerdings sind diese Richtlinien für die EU-Staaten nicht

---

[165] Vgl. MÜNCHKOMM-MARTINY, Art. 34 Rn. 108.
[166] Vgl. KROPHOLLER, IPR, § 52 VII 2 d.
[167] Vgl. STAUDINGERKOMM- MAGNUS, 13. Auflage, Art. 34 Rn. 89.
[168] Vgl. SOERGELKOMM-VHOFFMANN, Art. 34 Rn. 61.
[169] Vgl. STAUDINGERKOMM- MAGNUS, 13. Auflage, Art. 34 Rn. 90.
[170] Vgl. STAUDINGERKOMM- MAGNUS, 13. Auflage, Art. 34 Rn. 93.

mehr einfach zwingende Normen, wenn die vom Vertragsstatut berufen werden.[171]

ff) Bank- und Börsengeschäfte

Als internationale zwingende Normen sind beim Investmentgeschäfte § 1 Auslandsinvestmentgesetz, das ein Widerrufsrecht beim Vertrieb ausländischer Investmentanteile an der Haustür vorsieht, zu betrachten.[172]
Bei der Girosammelverwahrung im Ausland ist § 65 Abs. 4 Depotgesetz als internationale zwingende Norm zu betrachten.[173] Bei Börsentermingeschäften wird § 62 des Börsengesetzes als internationale Eingriffsnorm angesehen.[174]

gg) Wettbewerbsrecht

Das europäische Kartellrecht hat Vorrang vor dem nationalen Recht und wird zuerst eingeschaltet, wenn der europäische Markt berührt ist. Die zwingenden deutschen Kartellnormen sind anzuwenden, wenn sie mit dem europäischen Kartellrecht verbunden sind oder der Binnenmarkt nicht berührt ist. Insoweit fällt das deutsche Kartellrecht unter die von Art. 34 EGBGB gemeinten Eingriffsnormen.[175]

hh) Außenwirtschaftsregulierungen

Die staatlichen Ein- oder Ausfuhrbeschränkungen und die Embargos sind Standardbeispiele für Eingriffsnormen. Allerdings haben die europäischen Gemeinschaftsgesetze bzw. die Staatsverträge grundsätzlich Vorrang vor den deutschen zwingenden Normen. Deutschland kann Ein- und Ausfuhrbeschränkungen oder Verbote nach dem Außenwirtschaftsgesetz nur dann erlassen, wenn die ausschließliche Kompetenz der EU gemäß § 113 EGV nicht eingreift.[176]

e) Berücksichtigung ausländischer Eingriffsnormen

aa) Allgemeines

Art. 34 EGBGB bezieht sich nur auf die deutschen Eingriffsnormen als lex fori. Fraglich ist aber, ob die ausländischen Einriffsnormen als lex causae oder die Reglungen von Drittstaaten vor den deutschen Gerichten beachtet werden können. Art. 7 Abs. 1 EVÜ hat die Anwendung ausländischer Eingriffsnormen durch Sonderanknüpfung erlaubt. Der deutsche Gesetzgeber hat diese Regeln bewusst nicht übernommen, da er sie als unbestimmt und unklar bezeichnet hat.

---

[171] Dieses Ergebnis folgt aus der Ingmar-Entscheidung des EuGH RiW 2001, S. 133.
[172] Vgl. SOERGEL-VHOFFMANN, Art. 34 Rn. 71.
[173] Vgl. STAUNDINGERKOMM- MAGNUS, 13. Auflage, Art. 34 Rn. 102.
[174] Vgl. OLG Frankfurt RiW 1997, S. 600.
[175] Vgl. STAUNDINGERKOMM- MAGNUS, 13. Auflage, Art. 34 Rn. 106.
[176] Die EG-Verordnung zum Irak-Embargo war innerstaatlich unmittelbar anzuwenden. Vgl. Bittner RiW 1994 S. 505.

Bei der Qualifikation der ausländischen Eingriffsnormen sind die inländischen wie die ausländischen Eingriffsnormen zu interpretieren. Die Eingriffsnormen müssen deswegen unabhängig von dem anwendbaren Recht gelten. Sie müssen primär Gemeinwohnziele und nicht in erster Linie den Ausgleich individueller Interessen bezwecken. Das ausländische Recht muss selber entscheiden, ob eine Regel zu den internationalen Eingriffsnormen gehört oder nicht.

bb) Die Grundlagen für die Anwendung ausländischer Eingriffsnormen

Die Eingriffsnormen der lex causae oder die eines dritten Staates können durch eine kollisionsrechtliche Sonderanknüpfung beachtet werden. Dieser Lösung sind Art. 7 EVÜ und Art. 19 Schweizer IPR-Gesetz gefolgt.[177] Nicht klar ist innerhalb der Sonderanknüpfung, welche Voraussetzungen gegeben sein müssen, um die Eingriffsnormen ausländischer Staaten gegen das Vertragsstatut durchzusetzen.[178]

Die ausländischen Eingriffsnormen können auch bei der Anwendung des materiellen Verlagrechts berücksichtigt werden. Diese Methode hat die deutsche Rechtsprechung oft angewendet und ist ein sehr flexibles Instrument, um fremde Eingriffsnormen zu beachten. Allerdings sind die Ergebnisse schwer vorauszusehen, weil die Begründungen für die Berücksichtigung von einem Sachverhalt zum anderen wechseln.[179]

Die Sonderanknüpfung bietet mehr Klarheit und sichert eine bessere Voraussehbarkeit der Ergebnisse. Auf der anderen Seite bietet die materiellrechtliche Berücksichtigung größtmögliche Flexibilität und der Richter kann im Bezug auf die Besonderheit jeden Sachverhalts entscheiden, ob die Eingriffsnormen eines Drittstaates anzuwenden sind oder nicht.[180]

---

[177] Die hM der heutigen deutschen Lehre ist dieser Auffassung. Vgl. KROPHOLLER, IPR, § 52 IX 3.

[178] Die Eingriffsnormen müssen teilweise mit dem Sachverhalt eng verbunden sein. Vgl. MÜNCHKOMM-MARTINY, Art. 34 Rn. 33. Nach anderen Autoren muss eine enge Verbindung zwischen den ausländischen Eingriffsnormen und der inländischen Rechtsordnung hinzutreten. Vgl. KROPHOLLER, IPR, § 52 IX 4. Nach anderen Autoren muss es keine enge Verbindung geben, sondern es muss der ausländische Staat die Macht haben, die Eingriffsnormen anzuwenden und der Zweck dieser Eingriffsnormen muss international akzeptiert werden und mit den Zecken des deutschen Rechts kompatibel sein. Vgl. SOERGEL-VHOFFMANN, Art. 34 Rn. 89.

[179] Nach der deutschen Rechtsprechung wurde ein Verstoß gegen die US amerikanischen Embargos für nichtig gehalten, obwohl der Kaufvertrag dem deutschen Recht unterlag, weil das Embargo nicht nur im Interesse der USA, sondern des gesamten freiheitlichen Westens und damit auch Deutschlands lag. Die Verträge, die Bestechung oder Schmiergeldzahlung im Ausland vorsahen und gegen dortiges Recht verstießen, werden als sittenwidrig iSd. § 138 BGB angesehen. Vgl. STAUDINGERKOMM-MAGNUS, 13. Auflage, Art. 34 Rn. 122.

[180] STAUDINGERKOMM-MAGNUS, 13. Auflage, Art. 34 Rn. 139-141.

cc) Konkurrenzverhältnis zwischen unterschiedlichen Eingriffsnormen

Eine Konkurrenz zwischen den Eingriffsnormen der lex fori, der lex causae und dritter Staaten kann vorkommen, wenn verschiedene Eingriffsnormen einen Sachverhalt gleichzeitig regeln wollen. Zu jeder dieser Rechtsordnungen kann auch eine hinreichend enge Beziehung bestehen. Grundsätzlich haben die inländische Eingriffsnormen Priorität vor Eingriffsnormen der lex causae oder denen dritter Staaten.[181]

Ein Konkurrenzverhältnis kann zwischen den Eingriffsnormen der lex causae und denen dritter Staaten entstehen. In diesem Fall hat keine Eingriffsnorm grundsätzlich Vorrang. Hier muss von Fall zu Fall entschieden werden, welche Eingriffsnorm den Vorrang verdient.[182]

3. Die Zwingende Normen im syrischen IPR

a) Die Gesetzgebung

Das syrische IPR enthält keine kodifizierte Vorschrift, die Eingriffsnormen ausdrücklich regelt. Das ägyptische ZGB hat die zwingenden Normen ebenfalls noch nicht in einer qua Vorschrift geregelt. So ist die Rechtslage in anderen arabischen Rechtsordnungen, die die zwingende Normen noch nicht ausdrücklich geregelt haben. Nur das tunesische ZGB hat die zwingende Norm in einer Vorschrift geregelt. Diese Vorschrift könnte als Vorbild für andere arabische Länder angesehen werden. Art. 38 tunesisches ZGB vom 26.11.1998 lautet:

> „Abgesehen vom angewendeten Recht nach den Kollisionsregeln müssen die tunesischen zwingenden Normen angewendet werden. Ob sie angewendet werden oder nicht, entscheidet der Zweck dieser Normen. Der Richter wendet die ausländischen zwingenden Normen an, die nicht nach den Anknüpfungsregeln gelten und einen Bezug zum Sachverhalt haben. Das ausländische Recht ist auch dann zu berücksichtigen, wenn es öffentlich-rechtlichen Charakter hat".

Art. 38 tunesisches ZGB hat klar gemacht, dass die tunesischen zwingenden Normen beachtet werden müssen. Entscheidend für die Anwendung ist der Zweck der jeweiligen Norm, ob man sie international und abgesehen von der Kollisionsnorm anwenden will. Die Vorschrift hat die Anwendung ausländischer zwingender Normen der lex causae und dritter Staaten anerkannt. Nach dem Zweck dieser ausländischen zwingenden Normen ist zu entscheiden, ob sie international zu berücksichtigen sind oder nicht. Außerdem muss das Recht, zu dem diese zwingende Norm gehört, einen Bezug zum Sachverhalt haben.

---

[181] Art. 7 Abs. 1 EVÜ ist dieser Richtung gefolgt. Vgl. STAUDINGERKOMM-MAGNUS, 13. Auflage, Art. 34 Rn. 147.

[182] Vgl. MÜNCHKOMM-MARTINY, Art. 34 Rn. 120.

Art. 38 tunesisches ZGB hat auch festgelegt, dass die Anwendung der ausländischen zwingenden Normen zu berücksichtigen ist, auch dann, wenn diese Normen zum öffentlichen Recht gehören.[183]
Der tunesische Gesetzgeber hat sich für die kollisionsrechtliche Sonderanknüpfung entschieden. Vorraussetzung für diese Anwendung ist eine enge Verbindung des Sachverhalts zu der Eingriffsordnung und die Notwendigkeit, diese Normen anzuwenden. Der entscheidende Normzweck ist der Zweck der jeweiligen Bestimmung. Das tunesische Gesetz ist keinen besonderen Kriterien gefolgt, um die internationale zwingende Norm zu qualifizieren.

b) Die Literatur

Die Anwendung der Eingriffsnormen wird bei manchen arabischen Autoren durch den ordre public ersetzt. Es wird zwischen der negativen Funktion des ordre public, der die Anwendung fremden Rechts ganz oder teilweise ausschließt und der positiven Funktion unterschieden. Die positive Funktion des ordre public kommt zum tragen, wenn das angewendete Recht ausgeschlossen wird. Sie wird vor die Kollisionsvorschrift geschaltet. In diesem Fall reflektiert die Funktion des ordre public die fundamentalen Normen von sozialpolitischem und rechtlichem Charakter. Diese Normen werden positiv und unabhängig vom Vertragsstatut angewendet.
Der negative internationale ordre public greift nach der Anwendung der Kollisionsnormen ein, also nachdem das Vertragsstatut ermittelt wurde. Die positive Funktion des internationalen ordre public, die „lois d'ordre public", ist dagegen gegenüber der Verweisung auf ein anderes Recht immun.[184]
Die zwingenden Normen könnten im Ergebnis ähnlich wirken wie der ordre public in seiner positiven Funktion. Trotzdem sollte man zwischen der Anwendung des ordre public und der zwingenden Norm unterscheiden, denn Perspektive und Zielrichtung beider Konzepte sind nicht gleich. Ihre Anwendung kann in der Praxis eine ähnliche Wirkung haben, aber man sollte zwischen den beiden Konzepten theoretisch unterscheiden. Die arabische Literatur hat die zwingenden Normen wie folgt charakterisiert:

> „Vorschriften, die untrennbar mit dem Wirtschaften und gesellschaftlichen Einreifen des Staates verbunden sind und die den Schutz des wirtschaftlichen und gesellschaftlichen Fundamentes bezwecken, auf dem die Gesellschaft des Forumstaates beruht".[185]

---

[183] Vgl. UKASCHA, ABDALAL, Kollisionsrecht, Beirut 2001.
(ZITIERT: UKASCHA, Kollisionsrecht) hier, S. 551-552.
[184] Die Differenzierung zwischen der negativen und positiven Funktion des ordre public wird von der französischen Rechtsprechung übernommen. Die positive Funktion wird „Lois d'ordre public" genannt. Vgl. SALAMA, AHMAD ABDULKARIM, Eingriffsnormen und öffentliches Recht im internationalen Privatrecht, Kairo 2000 (zitiert: SALAMA, Eingriffsnormen) hier, S. 33-39.
[185] Vgl. SALAMA, Eingriffsnormen, S. 40 f.

c) Zwingende Normen der lex causae und der Drittstaaten

Die arabische Rechtslehre ist gegenüber der Anwendung ausländischer zwingender Normen sehr aufgeschlossen.[186]
Die frühere arabische Rechtslehre hat nur die zwingenden Normen der lex causae angewendet.[187] Zur Zeit zweifelt keiner mehr an der Anwendung der zwingenden Normen von Drittstaaten, ungeachtet, ob diese Normen öffentlichrechtlichen oder privatrechtlichen Charakter haben.[188]
So verweisen die Kollisionsnormen auf das ausländische Recht in seiner Gesamtheit. Alle relevanten Normen in diesem ausländischen Recht sind also zu beachten.
Die zwingenden Normen eines Drittstaates sind unter einer Voraussetzung zu berücksichtigen, wenn nämlich der Sachverhalt mit der dritten Rechtsordnung eng verbunden ist.[189]
Die arabische Literatur ist für die kollisionsrechtliche Sonderanknüpfung, um die zwingenden Normen der lex causae und Drittstaaten zu berücksichtigen. Der tunesische Gesetzgeber ist ausdrücklich dieser Linie gefolgt.[190]
Falls mehrere Eingriffsnormen einen Sachverhalt gleichzeitig regeln wollen, haben die Eingriffsnormen der lex fori Vorrang.
Unterstützung aus der arabischen Rechtsprechung kann man noch nicht finden, da sich die arabischen Gerichte bislang noch nicht mit der Anwendung ausländischen zwingenden Normen beschäftigt haben.
Im Fall eines Konkurrenzverhältnisses zwischen den Eingriffsnormen der lex causae und e dritter Staaten hat keine von diesen Eingriffsnormen absoluten Vorrang, sondern es kommt auf den Sachverhalt und den Bezug zwischen dem Sachverhalt und der Rechtsordnung der ausländischen Eingriffsnormen an.[191]

---

186 Vgl. JAKUT, MAHMUD, Die Freiheit der Partei auf der Suche nach dem Recht für den internationalen Vertrag, Alexandria 2000, S. 159-205.

187 Vgl. HADAAD, HAFIZA AL SEID/ SADIQ, ALI SADIQ HISCHAM, Unterricht im internationalen Privatrecht, Alexandria 2000, (ZITIERT: HADAAD/ SADIQ, IPR), hier,
S. 265.

188 Vgl. ABDUL, MAGED SULEIMAN, Die Theorie der zwingenden Normen im internationalen Privatrecht, S. 133-135.

189 Vgl. SADIQ, Internationale Handelsverträge, S. 316-318.

190 Vgl. HADAAD, IPR, S. 465-470.

191 Vgl. HADAAD/ SADIQ, IPR, S. 369-370.

4. Zwingende Normen im Vergleich

Eine Entsprechung für Art. 34 EGBGB gibt es im syrischen IPR noch nicht. Da sich der syrische Gesetzgeber noch nicht mit der Anwendung der zwingenden Normen beschäftigt hat.

Art. 38 tunesisches ZGB hat die Anwendung nationaler und internationaler Eingriffsnormen behandelt. Diese Vorschrift könnte in anderen arabischen Länder ebenso geachtet werden.

Genau wie Art. 34 EGBGB regelt Art. 38 tunesisches ZGB die zwingenden Normen der lex fori, die abgesehen von den Kollisionsregeln geachtet werden müssen. Art. 38 tunesisches ZGB ist klarer als Art. 34 EGBGB formuliert, da er die Anwendung ausländischer Eingriffsnormen ausdrücklich anerkennt. Der tunesische Gesetzgeber kennt eine kollisionsrechtliche Sonderanknüpfung und bietet damit im Vergleich zu Art. 34 EGBGB mehr Klarheit. Entscheidend nach Art. 38 tunesisches ZGB ist der Zweck der Normen, um zu entscheiden, ob eine Norm international zwingend anzuwenden ist. Anders als Art. 34 EGBGB hat Art. 38 tunesisches ZGB ausdrücklich geregelt, dass als Voraussetzung für die Berücksichtigung ausländischer zwingender Normen das ausländische Recht einen Bezug zum Sachverhalt haben muss. Art. 38 tunesisches ZGB berücksichtigt die ausländischen zwingenden Normen, abgesehen davon, ob sie zum öffentlichen Recht oder zum privaten Recht gehören. Dieser Linie wird auch in der deutschen Literatur gefolgt. Es scheint, als ob der tunesische Gesetzgeber Art. 7 EVÜ und Art. 19 des Schweizer IPR vor Augen hatte, als er Art. 38 tunesisches ZGB erließ. Zusätzlich hat Art. 38 tunesisches ZGB klar und ausdrücklich die Anwendung ausländischer zwingender Normen, die zum öffentlichen Recht gehören, anerkannt. Art. 7 EVÜ enthält keine entsprechende Regel.

In der arabischen Literatur wird manchmal die Anwendung der Eingriffsnormen als positive Funktion des ordre public angesehen. Sie verlangt, die inländischen zwingenden Normen vor die Kollisionsvorschriften zu schalten und positiv, unabhängig vom Vertragstatut anzuwenden. Die zwingenden Normen könnten im Ergebnis eine ähnliche Wirkung wie die Anwendung des ordre public in seiner positiven Funktion haben, trotzdem muss man theoretisch zwischen den beiden Konzepten unterscheiden. Außerdem kann man die Anwendung ausländischer Eingriffsnormen nach der positiven Funktion des ordre public solange nicht anwenden, bis man einen einheitlichen internationalen ordre public hat.

Art. 34 EGBGB gilt nur für die zwingenden Normen, die internationalen Charakter haben. Die arabische Literatur macht keine klaren Unterschiede zwischen inländischen und ausländischen Eingriffsnormen. Es wird auch in der arabischen Literatur nicht klar definiert, was zu zwingenden Normen gehört. Zur diesen Vorschriften könnten auch die Vorschriften, die dem Staat eine bessere Position gegenüber privaten und ausländischen Firmen verschaffen, gehören, etwa einzelne Wirtschaftsgesetze, arbeitsrechtliche Vorschriften und Verbraucherschutzgesetze.

III. Ordre public

1. Im deutschen Recht Art. 6 EGBGB

a) Allgemein

Wenn die Anwendung des anwendbaren Recht (als Rechtswahl oder als objektive Anknüpfung) gegen den deutschen ordre public verstößt (Art. 6 EGBGB), wird die entsprechende Rechtsnorm nicht angewendet. Wenn das ausländische Recht die wesentlichen Grundsätze der deutschen Rechtsordnung verletzt, dann muss dieses ausländische Recht zum Teil oder komplett ausgeschlossen werden.[192]

b) Voraussetzungen des ordre public gemäß Art. 6 EGBGB

aa) Ergebniskontrolle: Die Wirkung des ordre public richtet sich nicht gegen die betreffende ausländische Norm, sondern nur gegen ihre Wirkung im konkreten Fall. Die Vorbehaltsklausel des ordre public ist keine verfassungsrechtliche Normenkontrolle.

bb) Inlandsbeziehung: Der Fall muss eine Inlandsbeziehung aufweisen, ohne sie würde die Nichtanwendung des ausländischen Rechts zu einer abstrakten Beurteilung seines Inhalt werden. Um die ausländische Norm auszuschließen, genügt es nicht, eine beliebige Beziehung zum Inland zu haben.[193]

cc) Relativität des ordre public: Dies bedeutet, dass je stärker die Inlandsbeziehung des Falls ist, um so weniger kommt es zu fremdartigen Ergebnissen. Je geringer diese Beziehung, desto befremdlicher muss das Ergebnis der Anwendung eines ausländischen Rechtssatzes sein, damit der ordre public eingreift.[194]

dd) Zurückhaltende Handhabung: Für die Anwendung des ordre public kann man keine exakten Regeln vorgeben, er ist lediglich als Notventil gedacht.

ee) Konkretisierung des ordre public: Es ist nicht einfach, Grundsätze des ordre public festzulegen. Es handelt sich um einen gewissen nationalen Bestand von Fundamentalsätzen, die sich insbesondere in den Grundrechten der Verfassung finden. Art. 6 EGBGB spricht kurz und bündig von wesentlichen Grundsätzen des deutschen Rechts. Auch für das Deutsche Internationale Verfahrensrecht wurde diese Umschreibung gewählt (§ 328 I Nr. 4 ZPO, § 16 a Nr. 4 FGG).
Die deutsche öffentliche Ordnung widerspricht nicht jeder Rechtsanwendung, die bei einem Inlandsfall grundrechtswidrig wäre. Vielmehr ist, wie auch das BVerfG hervorhebt, bei Sachverhalten mit Auslandsberührung eine differenzier-

---

[192] Vgl. STAUDINGERKOMM-MAGNUS, 12. Auflage, Art. 27 Rn. 17.
[193] Vgl. KROPHOLLER, IPR, § 36 II.
[194] Vgl. KROPHOLLER, IPR, § 36 II.

te Anwendung der Grundrechte angebracht. Das Gericht verweist darauf, dass der Verfassungsgeber selbst bei der Ausprägung einzelner Grundrechte zwischen Deutschen und Ausländern unterscheidet.[195]
Spezielle Vorbehaltsklausen des ordre public sind unter Art. 6 EGBGB als wesentliche Grundsätze des deutsche Rechts berücksichtigt, so z. B. Art. 13 II (Sicherung der Eheschließungsfreiheit), Art. 13 III 1 (Grundsatz der obligatorischen Zivilehe), Art. 17 II (Scheidung nur durch Urteil), Art. 40 III Nr. 1 und 2 (Grundvorstellungen zur Bestimmung der Schadenshöhe) EGBGB.′
Art. 6 EGBGB ist als Generalklausel vom Gesetzgeber konzipiert worden, wobei immer neue Einzelregeln konkretisiert werden.
Art. 6 EGBGB bezieht sich ausdrücklich auf die deutsche öffentliche Ordnung, was aber die Berücksichtigung internationaler herrschender Auffassungen nicht ausschließt, z.B. wenn die ausländische Norm gegen allgemeines Völkerrecht verstößt. Art. 25 GG macht das Völkergewohnheitsrecht jedenfalls als Wertmaßstab zum Bestandteil der innerstaatlichen Ordnung. In diesem Fall werden ausländische Normen oder Gesetze wegen eines Verstoßes gegen das Völkerrecht ausgeschlossen.[196]
Außerdem können internationale Standards mit oder ohne völkerrechtlichen Rang im Rahmen des Art. 6 EGBGB berücksichtigt werden, z.B. die Anerkennung der internationalen Menschenrechte sonstige Rechtsgrundsätze zurückgegriffen werden.[197]
In Deutschland hat das Europäische Gemeinschaftsrecht Vorrang vor dem deutschen Recht. Es kann auch die Anwendung des materiellen Rechts eines anderen EU-Mitgliedstaates gegen den deutschen ordre public verstoßen, soweit dieser eine einschlägige EU-Richtlinie nicht fristgerecht umgesetzt hat.

c) Unterscheidung zwischen negativer und positiver Funktion des ordre public

Es wird zwischen negativer und positiver Funktion des ordre public unterschieden. Von der negativen Funktion spricht man, wenn die Anwendung der fremden Normen dem ordre public widerspricht. In diesem Fall wird die Anwendung dieser Norm ausgeschlossen. Von der positiven Funktion des ordre public spricht man, wenn einzelne Vorschriften des inländischen Rechts bevorzugt zur Geltung gebracht werden.[198]

---

[195] BVerfG 4.5.1971, BVerfG 31, 58 (77), in: IPRspr. 1971, Nr. 39, S. 113.
[196] Vgl. LG Hamburg 22.1.1973, AWD 1973, 163, in: IPRspr. 1973, Nr. 112.
[197] Siehe dazu Beispiele aus der deutschen Rechtsprechung in JAYME: Methoden der Konkretisierung des ordre public im IPR, München 1989, S. 49 ff.
[198] Vgl. SPICHHOFF, ANDREAS, Der ordre public im internationalen Privatrecht, Neuwied/Frankfurt 1989, S. 370f.

d) Rechtsfolgen

Das Eingreifen des ordre public hat unterschiedliche Rechtsfolgen. Wenn es sich um eine bloße Eingriffsnorm öffentlicher Art handelt (z.B. ein Außenhandelsverbot oder eine Devisenvorschrift), wird die fremde Norm einfach nicht angewandt. Im übrigen bleibt der Sachverhalt seinem festgestellten Statut unterworfen.
In anderen Fällen soll die Nichtanwendung ausländischen Rechts gerade Raum für die Anwendung solchen inländischen Rechts schaffen, von dem in unerträglicher Weise abgewichen wird oder das unbedingt angewandt sein will. Die Wirkung des ordre public ist hier eindeutig: das inländische Recht setzt sich durch.
Wenn eine modifizierte Anwendung des ausländischen Rechts nicht möglich oder nicht befriedigend ist, muss auf ein Ersatzrecht zurückgegriffen werden. Ersatzrecht ist in diesem Fall die positive Wirkung des ordre public, im deutschen Recht ist grundsätzlich die lex fori anzuwenden. Das hat der BGH[199] entschieden. Die Aufstellung dieses Grundsatzes durch den BGH dient der Rechtssicherheit und der Vorhersehbarkeit durch die Parteien. Der Grundsatz der lex fori kommt als Ersatzrecht nur zur Anwendung, wenn Inlandsbeziehungen bestehen. Bei schwachen Inlandsbeziehungen ist auf die Ideale der kollisionsrechtlichen Gerechtigkeit und die internationale Entscheidungsgleichheit als Ausnahme vom Grundsatz der lex fori zu denken.[200] Eine weitere Ausnahme von der lex fori als Ersatzrecht ist die Situation, in der das ausländische Recht ausgeschlossen ist und die Anwendung des inländischen Rechts äußerst unbefriedigend wäre. Nach der Rechtsprechung des BGH ist ausnahmsweise ein anderes Ersatzrecht heranzuziehen, wenn der Sachverhalt keine oder nur eine vergleichsweise unbedeutende Verbindung zum Inland aufweist, auch, wenn das inländische materielles Recht eine in rechtsvergleichender Sicht "ausgefallene" Lösung anbietet. In solchen Fällen gibt es verschiedene Ausweichmöglichkeiten. Als Beispiel ist die Anwendung des wahrscheinlich geltenden oder nächstverwandten Rechts zu nennen. Wenn die Anwendung dieses wahrscheinlich geltenden oder nächstverwandten Rechts nicht möglich oder nicht befriedigend ist, gilt im deutschen Recht die Hilfsanknüpfung des eigenen Kollisionsrechts.[201]

---

[199] BGH 16.10.1977, BGHZ 69, 387, IPRspr. 1977 Nr. 98b.
[200] KROPHOLLER, IPR § 31 III 1.
[201] Vgl. KROPHOLLER, IPR § 31 III 1.

2. Ordre public im syrischen Recht

a) Im syrischen IPR Art. 30 ZGB

Im syrischen IPR regelt Art. 30 ZGB den ordre public. Das ausländische angewendete Recht wird ausgeschlossen, wenn es einen Verstoß gegen den syrischen ordre public enthält. Art. 30 ZGB lautet:

> „Die Anwendung des ausländischen Rechtes aufgrund der vorhergehenden Artikel ist ausgeschlossen, wenn es dem ordre public oder den guten Sitten Syriens widerspricht"[202].

Das ausländische Recht kann allerdings ausnahmsweise komplett ausgeschlossen werden, wenn das ausländische Recht als Einheit berücksichtigt werden muss und es nicht möglich ist, dieses Recht zu teilen.[203]
Wenn im syrischen Recht das ausländische angewendete Recht wegen eines Verstoßes gegen den ordre public ausgeschlossen wird, ist grundsätzlich die lex fori anzuwenden.[204]
Der kuwaitische Gesetzgeber hat dies in Art. 73 des Gesetzes Nr. 5 von 1963 und der tunesische Gesetzgeber in Art. 36 Abs. 5 IPR geregelt.
Wenn der Sachverhalt keine passende Regel im syrischen Rechtssystem hat, weil es sich um einen unbekannten Fall handelt, darf der Richter ausnahmsweise auf die internationale Entscheidungsungleichheit und die Kollisionsgerechtigkeit zurückgreifen.[205]

b) Im syrischen materiellen Recht

Neben Art. 30 ZGB, der für die internationale privatrechtliche und die ordre public-Ebene gedacht ist, enthält das ZGB Vorschriften für den internen ordre public, nämlich in Art. 136 ZGB:

> „Entbehrt die Verpflichtung eines Grundes oder verletzt ihr Grund den ordre public oder die guten Sitten, so ist der Vertrag nichtig".[206]

Schwierig ist es, den Begriff der guten Sitten zu konkretisieren. In der arabischen Rechtsprechung liegen nicht genügend Urteile vor, um diese Frage zu beantworten. Klar ist, dass der internationale privatrechtliche ordre public enger zu interpretieren ist als der inländische.[207]
Das islamische Recht beeinflusst den international privatrechtlichen ordre public hinsichtlich der Frage nach der Zulässigkeit und der Höhe von Zinsen.

---

[202] Entspricht Art. 28 ägyptisches ZGB, Art. 28 libysches ZGB, Art. 32 irakisches ZGB, Art. 29 jordanisches ZGB, Art. 11 ZGB der VAE.
[203] Vgl. MANSUR, IPR, S. 140, SADIQ, IPR, S. 342.
[204] Vgl. FAHMI, IPR, S. 516; ABDULLAH, IPR, S. 548; RIAD, IPR, S. 152.
[205] Vgl. UKASCHA, IPR, S. 623.
[206] RIAD, IPR, S. 117.
[207] Vgl. SADIQ, IPR, S. 316 f.

Die Zinsnahme, die arabische „Riba", ist nach den islamischen Regeln, die im Koran und der Hadith vorgegeben sind, klar verboten. Die meisten arabischen Wirtschaftsgesetze und Zivilgesetzbücher sind aber nicht vom islamischen Recht abhängig, mit Ausnahme von Saudi Arabien. Dass es nach dem Zivilrecht der arabischen Länder kein absolutes Zinsnahmeverbot gibt, widerspricht natürlich klar dem islamischen Recht.[208]
Viele arabische Juristen fordern, den Widerspruch zwischen dem Zivilrecht und der islamischen Riba zu beseitigen. Das bedeutet meist nichts anderes, als die Zinsnahme gesetzlich zu verbieten. Diese Diskussion war besonders aktuell, als die ägyptische Verfassung im Jahr 1980 überarbeitet wurde. Die neue Verfassung sah das islamische Recht als Hauptquelle der Gesetzgebung und nicht mehr als nur eine mögliche Quelle der Gesetzgebung gesehen.[209]
Die Zinsnamegegner begründen ihre Auffassung damit, dass der Gesetzgeber nach Art. 2 der ägyptischen Verfassung alle rechtlichen Vorschriften in Einklang mit dem islamischen Recht zu formulieren hat. Die Vorschriften, die Zinsnahme erlauben, sind deswegen verfassungswidrig und nichtig. Manche ägyptischen Gerichte sind dieser Auffassung gefolgt und haben Verträge, die Zinsnahme erlauben, für nichtig erklärt.[210]
Das Problem wurde dem ägyptischen Verfassungsgerichtshof vorgelegt, der diese Frage nicht abschließend beantwortet hat. Man fand lediglich eine vermittelnde Lösung: Der Verfassungsgerichthof entschied, dass Art. 2 der ägyptischen Verfassung von 1982 nicht auf das ägyptische ZGB von 1949 anzuwenden ist, da die Verfassungsbestimmungen keine rückwirkende Kraft haben.[211]
Das ägyptische Kassationsgericht ist dieser Rechtsprechung gefolgt.[212] Wie wir sehen, haben die ägyptischen obersten Gerichte, die in der arabischen Welt am meisten beachtet werden, sich nicht eindeutig generell über die Zulässigkeit oder Verbot geäußert. Die Urteile wollten die heute geltenden Vorschriften, die Zinsnahme erlauben, weiter zulassen. Die Vereinbarkeit der Zinsnahme mit dem islamischen Recht haben die Gerichte nicht diskutiert und werden es in naher Zukunft auch sicher nicht tun. Die arabischen Zivilgesetzbücher enthalten Vorschriften, die mit dem islamischen Recht nicht vereinbar sind. Der arabische Gesetzgeber und die Rechtsprechung haben sich bis jetzt nicht offen gesagt, dass das islamische Recht für manche rechtlichen Sachverhalte - wie die Zinsnahme - nicht angemessen sind.

---

[208] Vgl, RIDA, RASHID MOHAMMED, Riba und Geschäfte im Islam, Kairo 1960, hier S. 117.
[209] Vgl. Art. 2 der ägyptischen Verfassung vom 22.5.1980.
[210] Vgl. ASHMAWI, MOHAMMED, Riba und Zinsen im Islam, Kairo 1988, hier S. 95 ff; MALLAT, CHIBLI, The debate on riba and interest in twentieth century jurisprudence: Islamic Law and Finance, London/Dordrecht/Bosten 1988, hier S. 55 ff; AMERELLER, FLORIAN, Hintergründe des "Islamic Banking". Rechtliche Problematik des Riba-Verbotes in der Scharia und seine Auswirkungen auf einzelne Rechtsordnungen arabischer Staaten, Berlin 1995, hier S. 55 ff.
[211] Ägyptischer VerfGH 4.5.1985.
[212] Ägyptisches KassG, Versammlung Nr. 41, S. 145-148.

Die Zinshöhe kann für den internationalen ordre public von Bedeutung sein, da das arabische Recht[213] die Zinsnahmehöhe je nach Art der Geschäftsbeziehungen limitiert.
In einer Entscheidung hat das ägyptische Kassationsgericht eine Zinsbestimmung des ägyptischen Handelsrechts zum Bestandteil des internationalen ordre public erklärt.[214] Es hat die Anwendung dies UN-Übereinkommens über die Anerkennung und Vollstreckung ausländischer Schiedssprüche (Art. 1 Abs. 5 lit. B UNÜ) abgelehnt, da der Schiedsspruch Zinsen von mehr als 5% zusprach, die das ägyptische Handelsrecht für Rechtshängigkeitszinsen gibt.[215]
Das ägyptische Kassationsgericht ging davon aus, dass sich die 5%-Grenze des Art. 226 des ägyptischen ZGB zwingend durchsetzt, der interne ordre public mit dem internationalen ordre public (Art. 28 ägyptisches ZGB) zusammenfällt. Das Gericht hat die Zinsenhöhe im ZGB zum Bestandteil des internationalen ordre public erklärt. Diese Entscheidung ist nicht religiös motiviert.[216]
Das ägyptische Kassationsgericht hat in anderen Urteilen die Zinshöhe nicht nur für Rechtshängigkeitsgeschäfte (wie in Art. 226 ägyptisches ZGB), sondern auch für Zinshöhevereinbarungen im Sinne des Art. 227 Abs. 1 ZGB festgelegt, der lautet:

> „Die Vertragschließenden dürfen einen anderen Zinssatz vereinbaren, sei es für den Verzug oder jeden anderen Fall, in dem Zinsen bedungen sind, sofern der Zinssatz nicht 7% überschreitet. Werden höhere Zinsen vereinbart, sind sie auf 7% herabzusetzen und das zuviel Bezahlte muss zurück bezahlt werden."[217]

Die Rechtslage ist anders zu behandeln, falls es sich um die Zinshöhe bei Bankdarlehen handelt. Die Höhe des Darlehenszinses richtet sich nicht nach dem ZGB, sondern nach den besonderen Regeln des ägyptischen Zentralbankgesetzes Nr. 120 von 1975. Gemäß Art. 7 lit. D dieses Gesetzes kann die ägyptische

---

[213] Z.B. nach dem syrischen Recht nicht mehr als 9%, Art. 228 Abs. 1 ZGB und nach dem ägyptischen Recht 7%, Art. 227 Abs. 1 ägyptisches ZGB.

[214] Entscheidung vom 21.5.1990, in: ELWAN, OMAIA, Der Scheck im ägyptischen Recht, Heidelberg 1992, (zitiert: ELWAN, Scheckrecht) hier, S. 83.

[215] Art. 226 ägyptisches ZGB lautet: "Ist der Gegenstand der Verbindlichkeit eine Geldsumme und ist zum Zeitpunkt der Beanspruchung die Höhe bekannt und ist der Schuldner im Verzug mit der Erfüllung, so ist er verpflichtet, dem Gläubiger als Verzugsschaden Zinsen zu zahlen, deren Höhe 4% in bürgerlichen rechtlichen Angelegenheit und 5% in handelsrechtlichen Angelegenheit beträgt. Diese Zinsen fallen mit dem Tage der Rechtshängigkeit an, sofern eine Abrede oder der Handelsbrauch keinen anderen Zeitpunkt bestimmen. Das Vorstehende gilt nur, sofern das Gesetz nichts anderes bestimmt." Diese Vorschrift entspricht wörtlich Art. 227 syrisches ZGB.

[216] Es wurde auch vermutet, dass die Entscheidung des ägyptischen KassG von 1990 eine religiöse Motivation hat. Vgl. ELWAN, Scheckrecht, S. 83. Siehe auch JUNG, Ägyptisches IVR, S. 104.

[217] Diese Vorschrift entspricht Art. 228 Abs. 1 syrisches ZGB, allerdings mit Erhöhung der Zinshöhe von 7% auf 9%.

Zentralbank den Höchstzinssatz autonom ohne an die Beschränkungen des ZGB gebunden zu sein.[218] Nach dem Zentralbankgesetz dürfen sich auch die ausländischen Banken auf das Gesetz berufen.
Das ägyptische Zentralbankgesetz hat mit Sicherheit große Bedeutung für den inländischen ordre public, ob es auch internationale Bedeutung nach Art. 28 ägyptisches ZGB hat, ist nicht klar. Die Entscheidung des ägyptischen Kassationsgerichts, Artt. 226, 227 als internationalen ordre public zu berücksichtigen, ist ein Hinweis darauf, dass das Zentralbankgesetz international gelten soll.

3. Ordre public im Vergleich

Auch im arabischen und syrischen IPR wird zwischen negativer und positiver Wirkung des ordre public unterschieden. Als Voraussetzung, für die Anwendung des Art. 30 ZGB wird diskutiert, ob der Fall einen Bezug zum syrischen Recht haben muss.Es gibt keine einheitliche Rechtsprechung oder Literatur zu dem Problem, allerdings ist die herrschende Meinung in der arabischen IPR-Literatur so dass ein Bezug zur lex fori nicht erforderlich ist, um die Wirkung des ordre public auszulösen. Der Richter kann das ausländische Recht ausschließen, auch wenn der Fall keinen Bezug zu seinem Land hat. Allein der tunesische Gesetzgeber hat diese Ansicht gemäß Art. 36 Abs. I IPR geregelt. Wie im deutschen IPR wird nur die Wirkung der ausländischen Norm im konkreten Fall ausgeschlossen, nicht aber die Norm oder das Gesetz im allgemeinen.[219]
In der negativen Wirkung des ordre public kann das ausländische Recht komplett oder zum Teil ausgeschlossen sein, wenn es in einem Fall um einen internationalen Vertrag geht und z.B. eine Bezahlung mit Gold vereinbart wurde. Während das angewendete ausländische Recht diese Zahlung erlaubt, ist sie im syrischen Recht verboten, weil eine Zahlung mit Gold dem syrischen ordre public widerspricht. Hier ist nur die Zahlung mit Gold nichtig, der Vertrag ist jedoch noch wirksam.220
Also wird in einem solchen Fall nur der Teil des ausländischen Rechts, nämlich der, der dem ordre public widerspricht, ausgeschlossen. Dieser Lösung wird auch im neuen tunesischen IPR gefolgt, nämlich in Art. 36 Abs. 4 IPR.
Der syrische Richter hat bei der Anwendung des Art. 30 ZGB einen großen Spielraum, allerdings darf er nur objektive Voraussetzungen nutzen, wenn er das ausländische Recht nach Art. 30 ZGB ausschließen will. Die Anwendung des Art. 30 ZGB wird vom syrischen Revisionsgericht streng kontrolliert. In der arabischen, genau wie in der deutschen IPR-Literatur, gibt es keine besonderen Kriterien, um den ordre public klar festzustellen. Statt dessen hat der ordre public flexible Kriterien, die unter verschiedenen Umständen und Zeitpunkten geändert werden können.

---

[218] Vgl. ELWAN, Scheckrecht, S. 83.
[219] Vgl. HADAAD, IPR, S. 266 ff.
[220] Vgl. HADAAD, IPR; S. 271, ABDULLAH, IPR, S. 549.

Der ordre public spielt im syrischen internationalen Familien- und Erbrecht eine wichtigere Rolle als im internationalen Vertragsrecht, wo das islamische Recht (Scharia) kaum von Bedeutung ist. Im Familienrecht wird das ausländische Recht ausgeschlossen, wenn das Recht eine Ehe zwischen einer moslemischen Frau und einem nicht-moslemischen Mann erlaubt. Im Erbrecht wird das ausländische Recht ausgeschlossen, wenn das angewendete ausländische Recht den Erbfall zwischen einem Moslem und einem Andersgläubigen erlaubt.[221]
Der ordre public hat in den Bereichen Familien- und Erbrecht nicht in allen arabischen Rechtssystemen die gleiche wichtige Rolle. In Syrien und Ägypten ist er wichtig, im Libanon sind viele ausländische Gesetze gültig, die im syrischen IPR einen Verstoß gegen den ordre public darstellen. Dies liegt darin begründet, dass das islamische Recht im Bereich Familie nicht zu dem libanesischen ordre public gehört, das die Mehrheit der libanesischen Bevölkerung nicht Moslemisch ist[222]
Die lex fori ist also in beiden Rechtssystemen als Ersatzrecht gültig, wenn das anzuwendende ausländische Recht ausgeschlossen ist. Ausnahmen von der lex fori sind allerdings möglich, wenn der Sachverhalt keinen Inlandsbezug enthält (im deutschen Recht) oder wenn der Sachverhalt von der lex fori allein nicht gelöst werden kann. In diesen Fällen können die Richter in beiden Rechtssystemen anderen Kriterien folgen.[223]
Anders als im EGBGB sind die Eingriffsnormen im syrischen IPR nicht separat vom ordre public geregelt, weil es keine besonderen gesetzlichen Regeln für die Eingriffsnormen gibt.

Als Ergebnis ist festzuhalten, dass keine Gründe vorliegen, Geschäfte mit arabischen Partnern wegen der Zinshöhenbegrenzung zu vermeiden, gerade Bankdarlehen sind Vorteilhaft , da das ZGB für solche Geschäfte nicht gilt. Außerdem dürfen sich die ausländischen Banken auf ihre Gesetze berufen. Sonstige Darlehen gemäß Art. 228 Abs. 1 syrisches ZGB sind Zinsvereinbarungen und dürfen das 9%-Limit nicht überschreiten. Dieses Limit kann auch auf internationaler Ebene nach Art. 30 syrisches ZGB angewendet werden.

---

[221] Siehe weitere Beispiele in: UKASCHA, IPR, S. 523 ff.

[222] In der arabischen IPR-Literatur wird zwischen islamischem ordre public und nicht islamischem ordre public unterschieden. Der islamische ordre public enthält alle Regeln, die für Moslems und Andersgläubige gelten.

[223] Im marokkanischen IPR gilt nicht die lex fori als Ersatzrecht, sondern die Ideale der kollisionsrechtlichen Gerechtigkeit und der internationalen Entscheidungsgleichheit, vgl. HADAAD, IPR, S. 276. Andere arabische IPR- Autoren stellen fest, dass als Ersatzrecht nicht die lex fori, sondern das Recht, mit dem der Sachverhalt am engsten verbunden ist, gilt. Siehe SADIQ, IPR, S. 216.

§ 6 Weitere Aspekte im Vergleich zwischen EGBGB und ZGB

I. Rück- und Weiterverweisung

1. Art. 35 I EGBGB

Art. 35 I EGBGB verbietet eine Rück- und Weiterverweisung im internationalen Vertragsrecht. Die Parteien müssen direkt auf das materielle Recht eines Staates verweisen, dürfen sich also nicht auf eine Verweisung auf das IPR beschränkten. Art. 35 Abs. 1 EGBGB legt fest, dass der Renvoi im deutschen internationalen Vertragsrecht ungültig ist, egal ob das anzuwendende Recht über Rechtswahl nach Art. 27 EGBGB oder über die objektive Anknüpfung nach Art. 28 EGBGB bestimmte wurde.

Art. 35 Abs. 1 EGBGB ist nur im Bereich des internationalen Vertragsrechts und nur ausnahmsweise anzuwenden, weil Art. 4 EGBGB der Grundsatzartikel für den Renvoi ist. Grundsatz ist das Prinzip der Gesamtverweisung in Art. 4 I 1 EGBGB.

2. Art. 4 EGBGB

"Danach ist bei einer Verweisung auf das Recht eines anderen Staates grundsätzlich auch dessen IPR anzuwenden. Damit ist nicht nur die Rückverweisung, sondern auch die Weiterverweisung anerkannt".[224]

Dieser Renvoi wird durch Art. 4 I 1 begrenzt, wenn er dem Sinne der deutschen Verweisung widerspricht, z.B. wenn das deutsche IPR unmittelbar auf die engste Verbindung verweist.

Die Beachtung des Renvoi kann auch dazu führen, dass dem Sinn der deutschen inländischen Verweisung widersprochen wird, jedenfalls im Personen-, Familien- und Erbrecht. Hier wird auch die Wirkung des Renvoi begrenzt.

Für die Rechtswahl schließt Art. 4 II EGBGB die Rück- und Weiterverweisung aus. Der Grund für diese Regelung liegt darin, dass Parteien, die ein Recht wählen, in aller Regel das materielle Recht meinen. Hätten sie die Möglichkeit, eine Rechtsordnung mitsamt dem Kollisionsrecht zu wählen, dann wäre der Renvoi unmöglich.

Im Personen-, Familien- und Erbrecht hat der Renvoi eine wichtige Bedeutung, hier gilt Art. 4 EGBGB uneingeschränkt.

Für das außervertragliche Schuld- und Sachenrecht ist die Grundregel des Art. 4 EGBGB vom Gesetzgeber nicht eingeschränkt worden, so dass ein Renvoi grundsätzlich zu beachten ist.

3. Art. 29 ZGB

Im syrischen IPR regelt Art. 29 ZGB den Renvoi genau so wie Art. 35 Abs. 1 EGBGB. Allerdings ist Art. 29 ZGB nicht nur für vertragliche Schuldverhältnisse gültig, sondern gilt für das gesamte IPR.

---

[224] KROPHOLLER, IPR, § 24 II 1.

Im syrischen IPR werden im Fall der Verweisung auf ein ausländisches Recht dessen innerstaatliche Bestimmungen unter Ausschluss derjenigen über internationales Privatrecht angewendet. Art. 29 ZGB besagt:

> „Im Fall der Verweisung auf ein ausländische Recht müssen dessen innerstaatlichen Bestimmungen unter Ausschluß derjenigen über internationales Privatrecht angewendet werden.“.[225]

Der Grund, warum der arabische Gesetzgeber den Renvoi nicht anerkannt hat, ist in der Kolonialzeit zu finden, als Ägypten und andere arabische Länder europäische Kolonien waren. Zu dieser Zeit zogen viele Ausländer in die arabischen Länder. Im Bereich Familienrecht verweist das arabische IPR auf die Staatsangehörigkeit. Viele europäische Rechtsordnungen haben dagegen auf das Wohnsitzrecht zurückverwiesen, das heißt, dass das islamische Recht im Bereich Familien- und Erbrecht für die Ausländer, die in Syrien oder Ägypten gewohnt haben, angewendet werden musste. Um die Anwendung zu umgehen, haben die Gerichte den Renvoi nicht anerkannt, sondern sofort innerstaatliche Normen angewendet.[226]

In der heutigen Zeit ist die arabische IPR-Literatur über die Anerkennung des Renvoi uneinig. Manche Autoren favorisieren die Lösung des Gesetzgebers und unterstützen, dass der Renvoi ungültig ist, weil er zu einer unsicheren Rechtslage führen kann.[227]

Andere haben nur die Rückverweisung und nicht die Weiterverweissung, anerkannt besonders im Personenstatut, weil der Richter in diesem Fall sein Recht anwenden kann. Sie argumentieren, dass der Richter ein ausländisches Recht nur dann anwenden darf, wenn der ausländische Gesetzgeber diese Anwendung erlaubt.[228]

Andere IPR- Autoren sind der Meinung, dass der Renvoi nicht als gesetzlicher Grundsatz geregelt werden soll, sondern von der Anknüpfungsregel abhängt und davon, ob die Rück- und Weiterverweisung dem Sinn der Anknüpfungsregel widerspricht. Diese Autoren unterstützen eine Renvoi-Regel wie in Art. 4 EGBGB. Sie schlagen vor, in einer zukünftigen IPR-Reform den Art. 4 EGBGB in das arabische IPR zu übernehmen.[229]

---

[225] Entspricht Art. 27 ägyptisches ZGB, Art. 31 irakisches ZGB, Art. 72 kuwaitisches ZGB, Art. 27, libysches ZGB, Art. 22, jordanisches ZGB, Art. 16 I, sudanesisches ZGB. Die libanesische Rechtsprechung hat die Rück- und Weiterverweisung anerkannt Vgl. ABDULLAH, IPR, S. 204. Das IPR der VAE hat nur die Rückverweisung anerkannt, nicht aber die Weiterverweisung, Art. 26 II des Zivilprozessrechts der VAE.

[226] Vgl. HADAAD, IPR, S.168.

[227] Dieser Meinung ist DIEB, IPR, S. 101 ff.

[228] Vgl. ABDULLAH, IPR; S. 161 ff.

[229] Vgl. HADAAD, IPR S.170 vgl. Sadiq, IPR, S. 114 ff; vgl. ABDULLAH, IPR, S. 298 ff.

4. Die Verweisung auf Mehrrechtsstaaten (Art. 35 II EGBGB, Art. 28 ZGB)

Im Fall der Verweisung auf Mehrrechtsstaaten soll das Recht in diesem Staat bestimmen, welches Recht anzuwenden ist. Diesen Fall haben Art. 28 ZGB und Art. 35 II EGBGB gleich geregelt.
Verweisungen auf Mehrrechtsstaaten beziehen sich nach Art. 35 Abs. 2 EGBGB auf das fremde interlokal angewendete Recht.
Wenn das anzuwendende Recht Recht eines Staats ist, dessen Zivilrecht nicht einheitlich, sondern räumlich gespalten ist (wie in den USA und Kanada), gilt die Rechtsordnung dieser Gebietseinheit als Recht eines selbständigen Staates.
Art. 28 ZGB besagt:

> „Verweisen die vorhergehenden Bestimmungen auf das Recht eines Staates, in welchem mehrere Rechtssysteme bestehen, so ist das durch das Recht dieses Staates bestimmte System anzuwenden."[230]

Ein praktisches Problem entsteht besonders im Personenstatutsrecht, wenn das syrische IPR auf einen Staat, der mehr als ein Rechtssystem hat, und dieses Recht wiederum auf das Recht eines anderen Staates verweist. Hier entsteht ein Renvoi, der im syrischen IPR ungültig ist, z.B. wenn das syrische IPR auf das Staatsangehörigkeitsrecht in den USA verweist, und das amerikanische Recht auf das Wohnsitzrecht verweist. Muss der Richter diese Verweisung akzeptieren?
Die Literatur und die Rechtsprechung lösen dieses Problem nicht einheitlich. Manche Autoren sind der Meinung, dass das syrische Recht angewendet werden sollte, anderen meinen, dass der Richter einen solchen Renvoi als Ausnahme anerkennen sollte. Die herrschende Meinung schlägt vor, dass der syrische Richter andere Anknüpfungsnormen für den Sachverhalt heranzieht, z.B. Wohnsitzortrecht statt Staatsangehörigkeitsrecht.[231]
Wenn das ausländische Rechtssystem das Problem dieser Teilrechtsordnung nicht löst, kommt im EGBGB das Prinzip der engsten Verbindung zum Zuge. Art. 4 Abs. 3 S. 3 lautet: Wird auf das Recht eines Staates mit mehreren Teilrechtsordnungen verwiesen, ohne die Massgebende zu bezeichnen, so bestimmt das Recht dieses Staat, welche Teilrechtsordnung anzuwenden ist. Fehlt eine solche Regelung, so ist die Teilrechtsordnung anzuwenden, mit welcher der Sachverhalt am engsten verbunden ist.

---

[230] Entspricht Art. 26 ägyptisches ZGB, Art. 23 algerisches ZGB, Art. 31 II irakisches ZGB, Art. 71 von Gesetz Nr. 5 1961 in Kuwait, Art. 26 libysches ZGB, Art. 25 ZGB der VAR.
[231] Vgl. verschiedene Lösungen in HADAAD, IPR, S. 198 ff.

II. Form des Vertrags

1. Art. 11 EGBGB

Für die formelle Gültigkeit eines Rechtsgeschäftes verweist Art. 27 Abs. 4 EGBGB auf Art. 11 EGBGB. In seinen Absätzen 1 bis 4 inkorporiert Art. 11 den Art. 9 des EG-Schuldvertragsübereinkommens, so dass gemäß Art. 36 EGBGB das Gebot einheitlicher Auslegung zu beachten ist. Abweichungen von Art. 11 sind für die Form der Eheschließung in Art. 13 III und für Verbraucherverträge in Art. 29 III niedergelegt. Speziell die Form letztwilliger Verfügungen regelt das Haager Testamentsformübereinkommen von 1961 bzw. Art. 26 EGBGB.

Grundsatz des Art. 11 ist die Alternativität. Die Alternativität als Grundsatz des Art. 11 EGBGB bedeutet, dass Geschäfts- und Ortsrecht gleichrangig sind. Ein Rechtsgeschäft ist grundsätzlich formgültig, wenn es den Formerfordernissen des Geschäfts- oder Ortsrechts entspricht. Geschäftsrecht ist das Recht, das auf den Gegenstand des Rechtsverhältnisses anzuwenden ist, also z.B. das nach Artt. 27 oder 28 EGBGB ermittelte Vertragsstatut. Das Ortsrecht ist das Recht des Staates, in dem das Rechtsgeschäft vorgenommen wird.[232]

Im internationalen Vertragsrecht regelt Art. 11 II den Fall, dass Verträge zwischen Personen geschlossen werden, die sich in verschiedenen Staaten befinden. Der Vornahmeort ist nicht in jeder der beiden Willenserklärungen gesondert zu beachten, sondern wird nach Art. 11 II einheitlich für den gesamten Vertrag bestimmt, da viele Formvorschriften den Vertrag als Ganzes erfassen wollen und nicht nur die eine oder andere Erklärung.[233]

Im Interesse der Verkehrserleichterung sieht Art. 11 II auch hier eine Alternativität zwischen den Rechten der beiden Staaten vor, in denen sich die Vertragsparteien zum Zeitpunkt des Vertragsabschlusses befinden. Diese Alternativität gilt selbst, wenn nur die Erklärung der einen Partei nach ihrem Ortsrecht einer besonderen Form bedarf. Bei Vertragsabschluss durch einen Vertreter ist als Vornahmeort gemäß Art. 11 III EGBGB der Aufenthaltsort des Vertreters zu beachten.

Für Grundstücksverträge bestehen nach Art. 11 IV EGBGB Ausnahmen vom Grundsatz der Alternativität. Für diese Verträge bestimmt in den vom Gesetz gezogenen Grenzen ausschließlich die lex rei sitae die Formerfordernisse. Für obligatorische Verträge über Grundstücke und über Nutzungsrechte an Grundstücken gelten die zwingenden Formvorschriften des Belegenheitsortes, wenn diese ohne Rücksicht auf den Abschlussort und das Geschäftsrecht Anwendung fordern. Die Vorschrift, die Art. 9 VI EVÜ in das EGBGB übernimmt, bezieht sich entsprechend ihrer Herkunft nur auf schuldrechtliche und nicht auf dingliche Verträge, für einseitige Rechtsgeschäfte gilt sie ebenfalls nicht.[234]

---

232 Vgl. KROPHOLLER, IPR §41 III 5.

233 Vgl. Bericht GIULIANO- LAGARDE zu Art. 19 EVÜ, BT-Drucksache 10/ 503, 63.

234 Vgl. KROPHOLLER, IPR, § 41 III 6.

Die Frage, ob die Formvorschriften der lex rei sitae unbedingt anzuwenden sind, ist nach dem Recht des Belegenheitsort zu beurteilen. Das deutsche Recht erhebt diesen Anspruch für schuldrechtliche Verträge über inländische Grundstücke nicht, auch für ausländische Grundstücke verbleibt es bei der in Art. 11 I festgelegten Alternativität, sofern die ausländische lex rei sitae nicht ausschließlich angewendet werden soll.[235]
Der Renvoi ist im Rahmen des Art. 11 EGBGB ausgeschlossen. Die in Art. 11 EGBGB ausgesprochene Verweisung auf die "Formerfordernisse" bestimmter Rechte ist als Verweisung auf Sachvorschriften im Sinne des Art. 3 I 2 EGBGB zu verstehen. Sofern allerdings für die Ermittlung des Geschäftsrechts ein Renvoi zu beachten ist, wirkt dieser auch für die Form. Allerdings ist die Beachtung des Renvoi für die Schuldverträge ungültig.[236]
Die Abgrenzung von Form und Inhalt ist nicht immer einfach. Um der inländischen Rechtssicherheit wie der internationalen Entscheidungsgleichheit willen, ist zunächst vom normalen Gebrauch des Wortes "Form" auszugehen. Korrekturen gemäß der Funktion oder dem Sinne der kollisionsrechtlichen Anknüpfung der Form sind unvermeidlich.
Nach Art. 11 EGBGB ist ein schuldrechtlicher Vertrag dann formgültig, wenn das Rechtsgeschäft den Formerfordernissen des gewählten Rechts entspricht oder den Formerfordernissen des Staates, in dem er zustande kommt.

2. Art. 21 ZGB

Im syrischen IPR gibt es in Art. 21 ZGB vier fakultative Anknüpfungsmerkmale, um die Formgültigkeit eines Vertrages zu beurteilen. Der Vertrag ist nach Art. 21 ZGB formgültig, wenn eines der Anknüpfungsmerkmale vorliegt.
Art. 21 ZGB lautet:

> „Die Verträge unter Lebenden sind, was ihre Form anbetrifft, dem Recht des Ortes unterworfen, an welchem sie vorgenommen sind. Sie können auch dem Recht, das ihren Inhalt bestimmt, wie auch dem Recht des Wohnsitzortes der Parteien oder ihrem gemeinsamen Heimatrecht unterworfen werden".[237]

Der syrische Gesetzgeber wollte den Parteien durch Art. 21 ZGB Flexibilität und praktische Lösungen ermöglichen, damit ihr Vertrag die formale Gültigkeit behält.

[235] Vgl. KROPHOLLER, IPR, § 41 III 6.
[236] BergRegE, BT-Drucksache 10/ 504, 48.
[237] Entsprechend Art. 20 ägyptisches ZGB, zum Teil Art. 19 algerisches ZGB, Art. 20 libysches ZGB, Art. 63 kuwaitisches ZGB. Nur in Art. 26 irakisches ZGB gibt es als einzige Lösung das Ortsrecht.

3. Form des Vertrags im Vergleich

Das deutsche und das syrische IPR sehen beide das Geschäfts- und Ortsrecht als Anknüpfungsregeln für die Form der Rechtsgeschäfte vor. Allerdings ist in Art. 21 ZGB nur die Form der Verträge geregelt, während in Art. 11 EGBGB allgemeiner die Form von Rechtsgeschäften geregelt ist.
Art. 21 ZGB enthält zusätzlich zwei Regeln bezüglich der Form des Vertrages, die nicht in Art. 11 EGBGB geregelt sind, nämlich das Recht des Wohnsitzortes der Parteien oder das Recht ihrer gemeinsamen Heimat.
Anderes als Art. 11 EGBGB regelt Art. 21 ZGB den Fall, dass ein Vertrag zwischen Personen, die sich in verschiedene Staaten befinden, geschlossen wird, nicht. In diesem Fall ist das syrische materielle Recht anzuwenden.
Im Gegensatz zu Art. 11 III EGBGB ist in Art. 21 ZGB der Fall, dass ein Vertreter einen Vertragsabschluss tätigt, nicht geregelt.
Eine Art. 11 III EGBGB entsprechende Regelung findet sich im syrischen materiellen Recht in Art. 105 ZGB. In diesem Artikel hat der Vertreter die Hauptrolle, wenn es um die Gültigkeit eines Vertrags, der durch Vertreter geschlossen ist, geht. Gemäß Art. 105 ZGB ist bei Vertragsabschluss durch Vertreter der Aufenthaltsort des Vertreters oder sein Heimatrecht zu berücksichtigen.
Ebenfalls anders als Art. 11 IV EGBGB hat Art. 21 ZGB die Grundstücksverträge von der Formgültigkeit nicht ausgeschlossen. Die Form der Grundstücksverträge ist nach Art. 21 ZGB entweder an den Vertragsstatut, die lex loci contractus, das am Wohnsitz geltende Recht der Parteien oder an das gemeinsamen Heimatrecht der Parteien anzuknüpfen.

III. Rechts- und Geschäftsfähigkeit

1. Art. 7 EGBGB

Für die Rechts-, Geschäfts- und Handlungsfähigkeit gilt Art. 7 EGBGB. Er gilt nur für natürliche, nicht für juristische Personen. Die Rechts- und Geschäftsfähigkeit beurteilen sich gemäß Art. 7 EGBGB nach dem Heimatrecht.
Der Anwendungsbereich des Art. 7 I 1 EGBGB umfasst die Voraussetzungen der vollen oder beschränkten Geschäftsfähigkeit. Auch die Wirkung geistiger Gebrechen auf die Geschäftsfähigkeit bemessen sich nach Art. 7 I1 EGBGB.[238]
Die Folgen eines Mangels der von Art. 7 EGBGB erfassten allgemeinen Geschäftsfähigkeit sind ebenfalls dem Heimatrecht zu entnehmen. Es entscheidet, ob das Rechtsgeschäft nichtig, schwebend unwirksam oder anfechtbar ist und wer genehmigen oder anfechten kann.
In Art. 7 II EGBGB wird der Statutenwechsel geregelt. Wer einmal eine der in Art. 7 I1 EGBGB angesprochenen Fähigkeiten erlangt hat, soll durch einen Wechsel der Staatsangehörigkeit in dieser Rechtsstellung nicht beeinträchtigt werden. Allerdings ist Art. 7 II EGBGB nur für die deutsche Staatsangehörigkeit gültig ("Erwerb oder Verlust der Rechtsstellung als Deutscher"). Diese Formulierung in Art. 7 II EGBGB will den "Eindruck eines Eingriffs in fremde Rechtsordnungen" vermeiden, da allseitige Kollisionsnormen ohnehin keinen Eingriff in fremde Rechtsordnungen darstellen.[239] Allerdings sollte die einseitige Gesetzesformulierung die sachgerechte allseitige Anwendung des Grundsatz "semel major, semper major" jedenfalls nicht hindern. Nach dieser Meinung bleibt beispielsweise nicht nur ein achtzehnjähriger Deutscher volljährig, der unter Verlust der deutschen die Staatsangehörigkeit Österreichs erwirbt, wo die Altersgrenze bei 19 Jahren liegt, sondern etwa auch ein achtzehnjähriger Franzose, der Österreicher wird. Dasselbe gilt, wenn ein achtzehnjähriger Staatenloser seinen gewöhnlichen Aufenthalt aus Frankreich nach Österreich verlegt.[240]

2. Art. 12 EGBGB

Im Bereich des internationalen Vertragsrechts hat Art. 12 EGBGB eine große Bedeutung. Art. 12 I EGBGB gilt als Einschränkung des Staatsangehörigkeitsprinzips, das als angewendetes Recht für Rechts- und Geschäftsfähigkeit einer natürlichen Person nach Art. 7 I EGBGB zuständig ist.
Art. 12 EGBGB übernimmt Art. 11 des EG-Schuldvertrags Übereinkommens. Dass Art. 12 nur von Verträgen spricht, liegt daran, dass diese Formulierung dem EG-Schuldvertrags Übereinkommen entnommen wurde.
Art. 12 I EGBGB gibt vor, dass bei Verträgen zwischen Anwesenden das Vertrauen auf die Rechts- und Geschäftsfähigkeit nach dem Recht des Abschlussor-

---

[238] Vgl. KROPHOLLER, IPR, §42 I1.
[239] Vgl. KROPHOLLER, IPR, §42 I 2.
[240] Vgl. KROPHOLLER, IPR, § 42 I2.

tes entschieden wird. Das heißt, eine natürliche Person, die nach dem Recht des Abschlussortes geschäftsfähig wäre, kann sich nur dann auf ihre aus einem anderen Recht abgeleitete Geschäftsunfähigkeit berufen, wenn der Vertragspartner diese bei Vertragsabschluss kannte oder kennen musste.[241] Die unfähige Vertragspartei muss also beweisen, dass sein Vertragspartner von seiner Geschäftsunfähigkeit wusste oder hätte wissen müssen, sonst ist der Vertrag, der nach dem Recht des Abschlussortes ohnehin gültig ist, wirksam.
Art. 12 EGBGB benennt nicht nur - wie Art. 7 EGBGB - die Rechts- und die Geschäftsfähigkeit, sondern auch die Handlungsfähigkeit. Die Verwendung dieses Ausdrucks hat keine Bedeutung, weil die Wendung "Rechts-, Geschäfts- und Handlungsunfähigkeit" offenbar nur die missglückte Übersetzung des nicht klar konturierten französischen Begriffs "incapacité" in Art. 11 EVÜ ist.[242]

3. Art. 12 ZGB

Im syrischen IPR bestimmt Art. 12 ZGB die Rechts- und Geschäftsfähigkeit.[243]
Art. 12 ZGB lautet:

> (1) „Der Personalstand und die Handlungsfähigkeit der Person bestimmen sich nach ihrem Heimatrecht. Ist aber bei einem vermögensrechtlichen Vertrag, der in Syrien geschlossen wurde und hier wirksam werden soll, die eine Vertragspartei geschäftsunfähiger Ausländer, dessen Geschäftsunfähigkeit auf einer unbekannten Ursache beruht, welche von dem anderen Vertragsteil nicht leicht durchschaut werden kann, so bleibt diese Ursache ohne Einfluß auf seine Geschäftsfähigkeit."
>
> (2) „Die Rechtsstellung der ausländischen juristischen Personen, Gesellschaften, Vereine, Stiftungen und sonstiger, wird durch das Gesetz des Staates bestimmt, auf dessen Gebiet sich der Sitz der tatsächlichen Hauptverwaltung der juristischen Person befindet. Entfaltet diese juristische Person aber ihre Haupttätigkeit in Syrien, so ist das syrische Gesetz anzuwenden."[244]

Wenn also die Geschäftsfähigkeit eines Vertragspartners fraglich ist, ist nach dem syrischen IPR nicht das Vertragsstatut nach Art. 20 ZGB anzuwenden, sondern das gemäß Art. 12 ZGB zu ermittelnde Recht. Es ist grundsätzlich an die Staatsangehörigkeit anzuknüpfen (Art. 12 Abs. 1 S.1 ZGB).
Art. 12 Abs. 1 S. 2 ZGB kommt z.B. zur Anwendung, wenn eine ausländische Partei einen vermögensrechtlichen Vertrag in Syrien schließt und sie nach ihrem

---

[241] Vgl. KROPHOLLER, IPR, § 42 3a.

[242] STAUDINGERKOMM- HAUSMANN, 12. Auflage, Art. 12 Rn. 22.

[243] Unter "Fähigkeit" sind zwei arabische Begriffe zu verstehen: der erste heißt *ahliya wujub* und entspricht dem Begriff "Rechtsfähigkeit" im deutschen Recht und bezeichnet die Fähigkeit, Träger von Rechten und Pflichten zu sein. Der zweite Begriff, *ahliya ada*, ist mit der deutschen "Geschäftsfähigkeit" vergleichbar.

[244] Entspricht Art. 11 ägyptisches ZGB; Art. 11 libysches ZGB, Art. 18 irakisches ZGB, Art. 12 jordanisches ZGB, Art. 11 ZGB der VAE.

Heimatrecht nicht geschäftsfähig ist. Trotzdem behält der Vertrag seine Gültigkeit, solange die ausländische Partei nach dem syrischen Recht geschäftsfähig ist, der Vertrag in Syrien geschlossen wurde und solange die andere Partei von der Geschäftsunfähigkeit keine Kenntnis hatte.
Art. 12 I ZGB behandelt ausschließlich die Geschäftsfähigkeit.[245] Die Rechtsfähigkeit wird hingegen im syrischen IPR akzessorisch angeknüpft und untersteht dem Statut, das den Erwerb, die Übertragung oder den Verlust des in Frage stehenden Rechtes regelt. Beim Erwerb eines obligatorischen Rechts bzw. der korrespondierenden Verpflichtung ist also das Vertragsstatut anzuwenden.
Das syrische Recht kennt eine Unfähigkeit für bestimmte Rechtsakte. Ob einer Person bestimmte Rechtsakte untersagt sind und welche Folgen ein Verstoß nach sich zieht, regelt das Vertragsstatut.[246]
Art. 12 II regelt die Rechtsstellung von ausländischen juristischen Personen. Es gilt die Sitztheorie: Nur wenn die ausländische juristische Person ihre Haupttätigkeit in Syrien hat, ist das syrische Recht anzuwenden.

4. Rechtsfähigkeit, Geschäftsfähigkeit im Vergleich

Art. 7 EGBGB regelt nur die Rechts- und Geschäftsfähigkeit natürlicher Personen. Art. 12 II ZGB regelt die Rechts- und Geschäftsfähigkeit ausländischer juristischer Personen und knüpft an das Sitz- und Hauptniederlassungsrecht an.
Die Geschäftsfähigkeit einer natürlichen Person ist in beiden Rechtssystemen an das Heimatrecht anzuknüpfen (Art. 7 I EGBGB, Art. 12 I ZGB).
Entsprechende Regeln für Art. 7 II EGBGB gibt es im syrischen IPR nicht. Der syrische Gesetzgeber hat den Statutwechsel nicht ausdrücklich geregelt und es gibt diesbezüglich keine einheitliche Rechtsprechung.
Verkehrsschutz wird in beiden Rechtssystemen gewährt (Art. 12 I EGBGB Art. 12 I S. 2 ZGB). Das Staatsangehörigkeitsprinzip wird eingeschränkt. Allerdings wird in Art. 12 I EGBGB und bei internationalen Verträgen das Vertrauen auf die Rechts- und Geschäftsfähigkeit nach dem Recht des Abschlussortes geschützt, wobei im syrischen IPR Art. 12 I S. 2 ZGB nur für die Verträge gilt, die in Syrien geschlossen wurden.

[245] Vgl. SADIQ, IPR, S. 591.
[246] Vgl. UKASCHA, IPR, S. 799.

§ 7 Besondere Vertragstypen im Vergleich

I. Immobilienverträge

Für die schuldrechtlichen Grundstücksverträge gilt gemäß Art. 28 Abs. 3 EGBGB das Recht des Belegenheitsortes; dieses Recht ist anzuwenden, solange es keine Rechtswahl gibt. In Art. 20 Abs. 2 ZGB ist für die schuldrechtlichen Grundstücksverträge das Recht des Belegenheitsortes anzuwenden, egal ob eine Rechtswahl existiert. D.h., im syrischen IPR ist eine Rechtswahl für Grundstücksverträge nicht zulässig und das Recht des Belegenheitsortes immer anzuwenden.[247]

Art. 20 Abs. 2 ZGB gilt für schuldrechtliche Verträge, die sich auf Immobilien beziehen (z.B. Grundstückskauf, Pacht, Miete, Verträge im Zusammenhang mit dinglichen Rechten etc.). Für diese Immobilien gilt nicht das Recht des Abschlussortes, sondern zwingend die lex rei sitae. Insoweit gelten keine Besonderheiten. Für die Frage, welche Art von Verträgen im einzelnen unter Art. 20 Abs. 4 ZGB fällt, wird man die Entwicklung in der syrischen Rechtsprechung abwarten müssen.

> Art. 20 Abs.(2): „Verträge bezüglich der Liegenschaften unterliegen jedoch dem Gesetz des Ortes, wo die Liegenschaften gelegen sind".

Die syrische Lösung bietet hier eine größere Rechtssicherheit, da das jeweilige Recht des Belegenheitsortes zwingend angewendet wird. Die Lösung des deutschen IPR hat dagegen den Vorteil, dass die Parteiautonomie respektiert wird.

---

[247] Vgl. Dieb, IPR, S. 188.

II. Internationale Verbraucherverträge

1. Art. 29 EGBGB im deutschen Recht

a) Entstehungsgeschichte und früheres Recht

Art. 29 EGBGB wurde, wie Artt.27-37 EGBGB, bei der IPR-Reform von 1986 übernommen. Art. 29 Abs. 1 entspricht mit kleinen Veränderungen Art. 5 Abs. 1 und 2 EVÜ, Art. 29 Abs. 2 entspricht Art. 5 Abs. 3 EVÜ. Art. 29 Abs. 3 übernimmt Art. 9 Abs. 5 EVÜ und Art. 29 Abs. 4 erfasst schließlich Art. 5 Abs. 4 und 5 EVÜ.[248] Vor dieser IPR-Reform von 1986 waren weder das internationale Vertragsrecht noch das Kollisionsrecht der internationalen Verbraucherverträge geregelt.

b) Verhältnis des Art. 29 EGBGB zu anderen Kollisionsregeln

aa) Verhältnis zu Art. 27 EGBGB

Art. 29 steht mit Art. 27 EGBGB in keinem Konkurrenzverhältnis. Soweit es sich um materielle Voraussetzungen einer Rechtswahl handelt, verweist in diesem Fall Art. 29 auf Art. 27 EGBGB. Deshalb gilt auch eine ausdrückliche oder stillschweigende Rechtswahl für Verbraucherverträge. Die Wirksamkeit dieser Rechtswahl beurteilt sich nach Art. 27 Abs. 4 EGBGB.[249]
Das Verhältnis zwischen Art. 29 und Art. 27 Abs. 3 EGBGB könnte in manchen Fällen problematisch sein, da Art. 27 Abs. 3 EGBGB bei reinen Inlandsfällen das zwingende Inlandsrecht gegenüber einer abweichenden Rechtswahl in kraft lässt. In Art. 29 Abs. 1 EGBGB wurde auch gegenüber einer Rechtswahl das zwingende Recht der "eigentlich geltenden" Rechtsordnung durchgesetzt. Allerdings nur, soweit es für den Verbraucher günstig ist.[250] Der besondere Schutzzweck des Art. 29 EGBGB und sein Charakter als spezielle Regelung beweist, dass Art. 29 EGBGB Vorrang vor Art. 27 Abs. 3 EGBGB hat.[251]

bb) Verhältnis zu Art. 28 EGBGB

Gegenüber Art. 28 hat Art. 29 EGBGB als speziellere Vorschrift stets Vorrang. Insbesondere kann die Ausweichklausel des Art. 28 Abs. 5 EGBGB nicht auf Art. 29 EGBGB übertragen werden.[252]

cc) Verhältnis zu Art. 34 EGBGB

Art. 34 EGBGB enthält nicht alle zwingenden Verbraucherschutzvorschriften, sondern nur solche, für die erkennbar ist, dass sie ohne Rücksicht auf das anwendbare Recht gelten sollen. Diese Vorschriften hat aber Art. 29a EGBGB zu-

---

[248] Vgl. STAUDINGERKOMM-MAGNUS, 13. Auflage, Art. 29 Rn. 8.
[249] Vgl. STAUDINGERKOMM-MAGNUS, 13. Auflage, Art. 29 Rn. 19.
[250] Vgl. ERMAN-HOHLOCH, Art. 29 Rn. 8.
[251] Vgl. SOERGEL-VHOFFMANN, Art. 29 Rn. 30.
[252] Vgl. STAUDINGERKOMM-MAGNUS, 13. Auflage, Art. 29 Rn. 21.

sammengefasst und damit verbleibt für Art. 34 EGBGB im internationalen Verbraucherschutzrecht nur ein sehr begrenzter Anwendungsbereich.[253]

c) Anwendungsvoraussetzungen des Art. 29 EGBGB

aa) Allgemein

Art. 29 EGBGB regelt nicht alle Verträge, an denen der Verbraucher teilnimmt. Der Anwendungsbereich dieses Artikels ist auf Lieferung und Dienstleistungsverbraucherverträge und zu deren Finanzierung abgeschlossene Verträge beschränkt. Zudem müssen solche Verträge unter bestimmten Bedingungen abgeschlossen werden und an ihnen als Leistungsempfänger ein Verbraucher beteiligt sein.[254]

bb) Verbraucherbeteiligung

Um Art. 29 EGBGB anzuwenden zu können, ist eine Verbraucherbeteiligung an dem geschlossenen Vertrag nötig. Der Verbraucher wird nach dem EVÜ als "Person, die zu einem Zweck, der nicht der beruflichen oder gewerblichen Tätigkeit des Berechtigung zugerechnet werden kann" definiert.[255]
Der EuGH hat in Bezug auf Art. 13 EVÜ entschieden, dass der Verbraucherbegriff grundsätzlich eng auszulegen sei, weil die Anwendung der besonderen Verbraucherschutzregelung als Ausnahme gesehen werden soll.[256] Art. 29 EGBGB erfasst wie Art. 13 EVÜ Verträge, die "eine Einzelperson zur Deckung ihres Eigenbedarfs beim Privatverbrauch schließen"[257].
Art. 29 EGBGB regelt nicht die beruflichen oder gewerblichen Geschäfte des Berechtigten.[258] Der beruflichen Tätigkeit sind die Geschäfte zuzurechnen, die insbesondere Freiberufler wie Ärzte oder Anwälte im Rahmen ihrer Berufstätigkeit abschließen.[259]
Falls der Verbraucher seine Forderung ändert, die aus einem privaten zu einem Geschäftszweck wechselt, änderte das nichts an der Rechtslage, da die Forderung aus einem Verbrauchergeschäft stammt. Dies ist nach dem für diese Geschäfte geltenden Recht zu behandeln.[260]

---

[253] Vgl. StaudingerKomm- Magnus, 13. Auflage, Art. 29 Rn. 27.
[254] Vgl. MünchKomm-Martiny, Art. 29 Rn. 8.
[255] Vgl. StaudingerKomm- Magnus, 13. Auflage, Art. 29 Rn. 31
[256] EuGH SLG 1997 I 3767, Benicasa- Dentalkit.
[257] EuGH SLG 1993 I 139 Rn. 20, Sherson- Lehmann Hutton/TVB.
[258] Eine berufliche Tätigkeit wie z.B. die Anschaffung der persönlichen Arbeitskleidung oder des eigenen Arbeitswerkzeugs durch Arbeitnehmer.
Gewerblich sind Geschäfte, die im Rahmen und für Zwecke eines Geschäfte oder Gewerbebetriebs abgeschlossen werden. Vgl. Erman- Hochloch, Art. 29 Rn. 22.
[259] Vgl. MünchKomm-Martiny, Art. 29 Rn. 5.
[260] Vgl. StaudingerKomm- Magnus, 13. Auflage, Art. 29 Rn. 37.

Wenn der Vertrag einem privaten sowie beruflichen Zweck dient, dann entscheidet der überwiegende Zweck, um zu wissen, ob es sich um einen Verbrauchervertrag handelt.[261]
Es ist nicht entschieden, ob der Vertragspartner des Verbrauchers gewerblich-beruflich sein muss oder ob Art. 29 EGBGB auch Geschäfte zwischen Privaten erlaubt. "Nach der Erstreckung des Art. 29 EGBGB auf private Anbieter werden der Wortlaut der Vorschrift, der Zweck umfassenden Verbraucherschutzes und auch der Umstand angeführt, dass oft nicht erkennbar ist, ob es sich um einen professionellen oder privaten Anbieter handelt"[262]. Als Ergebnis könnten auch Geschäfte zwischen Privaten unter Art. 29 EGBGB fallen; allerdings ist dieses Problem in der Praxis eher selten, da Geschäfte zwischen Privaten unter den Abschlussvoraussetzungen des Art. 29 Abs. 1 Nr. 1-3 EGBGB offenbar selten sind.[263]
Andere Autoren behaupten, dass bei Geschäften unter Privaten der Leistungsempfänger gegenüber dem Anbieter nicht schutzbedürftig sei. Eine Verbraucherschutzrichtlinie der EU hat gefordert, dass der Anbieter gewerblich oder beruflich handeln müsse.[264]
Ob es sich um einen Verbrauchervertrag oder einen geschäftlich/ beruflichen Vertrag handelt, wird nach dem Verwendungszweck zum Zeitpunkt des Vertragsschlusses beurteilt. In der Regel wurden nur die natürlichen und nicht die juristischen Personen als Verbraucher gesehen.[265]

d) Erfasste Vertragstypen

Art. 29 EGBGB regelt nicht alle Verträge, in denen ein Verbraucher als Leistungsempfänger handelt, sondern nur die Verträge über Warenlieferung und die Dienstleistung sowie deren Finanzierung.[266] Er stellt auch für die Verbraucherversicherungsverträge eigene Kollisionsregeln auf. Allerdings wurde eine analoge Erstreckung der Vorschrift auf andere als die Verbraucherverträge grundsätzlich von der Rechtsprechung abgelehnt.[267] Die Versorgungsverträge wie Gas, Wasser und Stromlieferungsverträge fallen auch unter Art. 29 EGBGB.[268]

---

[261] Vgl. DICEY-MORRIS, Rn. 33-005.
[262] STAUDINGERKOMM- MAGNUS, 13. Auflage, Art. 29 Rn. 40.
[263] Vgl. STAUDINGERKOMM- MAGNUS, 13. Auflage, CISG Art. 2 Rn. 18.
[264] Vgl. STAUDINGERKOMM- MAGNUS, 13. Auflage, Art. 29 Rn. 28.
[265] Die Rechtsprechung des EuGH unterstützt diese Richtung zur Klauselrichtlinie.
[266] Vgl. MÜNCHKOMM-MARTINY, Art. 29 Rn.8.
[267] Vgl. BGHZ 135,133 IN STAUDINGERKOMM- MAGNUS, 13. Auflage, Art. 29 Rn. 45
[268] Vgl. STAUDINGERKOMM-MAGNUS, 13. Auflage, Art. 29 Rn. 51.

aa) Lieferung beweglicher Sachen

Art. 29 EGBGB erfasst nicht alle Lieferungsverträge, sondern nur Verträge, die die Lieferung von beweglichen Sachen enthalten. Nicht erfasst werden dagegen die Miete oder sonstige reine Überlassungsverträge wie Pacht, Leihe etc.[269]

bb) Dienstleistungsverträge

Dienstleistungsverträge fallen unter Art. 29 EGBGB. Eine Leistung bedeutet in diesem Zusammenhang jede regelmäßig gegen Entgelt erbrachte gewerbliche, kaufmännische, handwerkliche oder berufliche Tätigkeit [270]

cc) Finanzierungsverträge

Problematisch sind Kreditverträge, weil nach Wortlaut und dem systematischen Zusammenhang des Art. 29 EGBGB nur bestimmte Kreditverträge erfasst werden, nämlich nur Verträge zur Finanzierung eines solchen Verbrauchergeschäftes. Art. 29 EGBGB greift nicht für jegliche Art von Kreditverträge[271]
Als Ergebnis fallen Kredit- und Darlehensverträge nur unter Art. 29 EGBGB, wenn sie zur Finanzierung eines solchen Geschäfts, das nach Art. 29 EGBGB zu regeln ist, dienen.

e) Ausnahme und Rückausnahme (Abs. 4)

Art. 29 Abs.4 EGBGB nimmt manche Dienstleistungsverträge vom Anwendungsbereich der Vorschrift aus. Der Grund für diese Regel ist, dass bei diesen Verträgen (Beförderungs- und die Dienstleistungsverträge), die im Ausland geschlossen wurden, die Verbindung zum ausländischen Recht enger ist als zum Aufenthaltsrecht des Verbrauchers.

aa) Beförderungsverträge (Abs. 4 S1 Nr. 1)

Art. 29 EGBGB gilt nicht für die Beförderungsverträge (Personen- und Güterbeförderungsverträge jedweder Art zu Land, Luft und Wasser) mit einer Ausnahme für die Pauschalreiseverträge. Die Beförderungsverträge wurden wegen ihrer Besonderheiten und die Existenz der zahlreichen Transportrechtskonventionen vom Geltungsbereich dieses Art. 29 EGBGB ausgeschlossen. Beförderungsverträge sind auch für kollisionsrechtlichen Verbraucherschutz nicht geeignet.[272] Als Ergebnis bleibt es für die Beförderungsverträge bei der Anwendbarkeit der

---

[269] Vgl. SOERGEL-VHOFFMANN, Art. 29 Rn. 5.

[270] Vgl. REICH, Norbert, Die Freiheit des Dienstleistungsverkehrs als Grundfreiheit, ZHR 1989, Rn. 155.

[271] Vgl. STAUDINGERKOMM-MAGNUS, 13. Auflage, Art. 29 Rn. 54. Allerdings hat der EuGH entschieden, dass die Gewährung eines Kredits eine Dienstleistung darstellt. EuGH RiW, 1998, 397.

[272] GIULIANO-LAGARDE, S. 57.

Art. 27 und 28 EGBGB. Eine Ausnahme gilt für die Verträge, die einen Bezug zum EU-Gebiet haben, dann ist Art. 29a anwendbar.

bb) Dienstleistungen im Ausland (Abs. 4 S. 1 Nr. 2)

Art. 29 EGBGB gilt nicht für alle Dienstleistungsverträge, die ein Verbraucher im Ausland abschließt, beispielsweise während eines Urlaubes. Ein typisches Beispiel ist der Unterbringungsvertrag mit einem Hotel, der vor Ort abgeschlossen wird. Allerdings muss der Vertragspartner des Verbrauchers diese Verträge im Ausland erfüllen. Dies ist Voraussetzung des Art. 29 Abs. 4 S. 1 Nr. 2 EGBGB.[273] Art. 29 EGBGB gilt auch nicht für reine Ferienhausmietverträge mit ausländischen Vermietern, diese Verträge fallen auch nicht unter die Ausnahme in Abs. 4, da Art. 29 EGBGB Überlassungsverträge nicht erfasst.[274] Die Verträge zur Finanzierung von Dienstleistungen fallen nicht unter die Ausnahmen des Abs. 4, da Art. 29 Abs. 1 EGBGB zwischen Dienstleistungen und ihrer Finanzierung unterscheidet. Die Finanzierungsverträge haben im allgemeinen einen engen Bezug zum Verbraucherstaat, da der Verbraucher sie oft dort erfüllt.[275] Andere Finanzierungsdienstleistungsverträge wie z.B. Ermittlungstätigkeiten von Banken bei Geldanlagen oder Börsen fallen nur dann unter die Ausnahmeregelung des Abs. 4 Nr. 2, wenn ihre Dienstleistung allein im Ausland erbracht wurde.

cc) Rückausnahme für Pauschalreisen (Abs. 4 S. 2)

Art. 29 Abs. 4 S. 2 EGBGB macht eine Rückausnahme für Pauschalreisen und stellt diese Verträge dem Art. 29 Abs. 1-3 EGBGB. Die Pauschalreiseverträge werden als "Verträge, bei denen die Unterbringung neben der Beförderung für die Reisenden bei objektiver Sicht ihren eigenen Reisewert hat und nicht lediglich untergeordnete Nebenleistung der Beförderung ist".[276] Pauschalreisen sind normalerweise solche Reisen, die länger als 24 Stunden dauern. Sie fallen auch dann unter Art. 29 Abs. 1-3, wenn die Reiseleistung nur im Ausland erbracht oder begonnen wurde. Erforderlich ist nur, dass der Vertrag unter den Voraussetzungen des Abs. 1 Nr. 1-3 zustande gekommen ist.[277]

f) Sachliche Anwendungsvoraussetzungen

Der Kerngedanke des Art. 29 ist, dass der Verbraucher geschützt ist, solange er in seinem Aufenthaltsstaat ist. Das internationale Element in Art. 29 EGBGB besteht darin, dass der ausländische Anbieter in die Rechtssphäre des Verbrauchers eindringt. Der Verbraucher muss den berechtigten Eindruck eines Inlandsgeschäftes erhalten. Dieser Eindruck kann auch dann berechtigt sein, wenn bei

[273] Vgl. MÜNCHKOMM-MARTINY, Art. 29 Rn. 16.
[274] Vgl. ERMAN-HOHLOCH, Art. 29 Rn. 24.
[275] Vgl. PALANDT-HELDRICH, Art. 29 Rn. 2, ebenso ERMAN-HOHLOCH, Art. 29 Rn. 24.
[276] Vgl. STAUDINGERKOMM-MAGNUS, 13 Auflage, Art. 29 Rn. 63.
[277] Vgl. GIULIANO-LAGARDE, S. 57.

Vertragsschluss klar ist, dass wesentliche Teile der Vertragserfüllung mit dem Verbraucherstaat verbunden sind.[278]
Art. 29 EGBGB kann nur greifen, wenn der Vertrag einen engeren Bezug zum Aufenthaltsstaat des Verbrauchers enthält, und wenn das der Fall ist, gelten diese Vorschriften alternativ und nicht kumulativ.

aa) Angebot oder Werbung im Verbraucherstaat (Abs. 1 Nr. 1)

Die erste Alternative des Art. 29 Abs.1 EGBGB ist, dass der Anbieter Schritte unternommen hat, um seine beweglichen Sachen oder Dienstleistungen im Land des Verbrauchers zu verkaufen. Art. 29 Abs.1 Nr.1 verlangt dafür, dass dem Vertragsschluss ein ausdrückliches Angebot oder eine Werbung des Anbieters im Land des Verbrauchers voranging.

aaa) Angebot

Der Begriff „ausdrückliches Angebot" in Abs. 1 Nr.1 ist nicht als Vertragsangebot im Rechtssinne zu verstehen, sondern umfasst auch eine an den Empfänger persönliche gerichtete invitatio ad offerendum sowie an einen unbestimmten Personenkreis gerichtete Angebote.[279] Dieses Angebot muss der Verbraucher in seinem Aufenthaltsstaat erhalten. Dabei reicht es, dass der Verbraucher das Angebot durch Zugang im elektronischen Briefkasten bekommt und dem Vertragspartner als Absendendem zugerechnet werden kann.

bbb) Werbung

Der Begriff Werbung ist schwer zu definieren. Der Begriff in Art. 29 schließt Werbung in Medien wie Presse, Fernsehen, Telefonwerbung, Kino, Plakat, Brief, Prospekte ein.[280] Die Werbung muss im Aufenthaltsland des Verbrauchers veröffentlicht werden.
Werbung oder Angebote auf einer Website sind grundsätzlich nach Art. 29 EGBGB zu beurteilen, da dieses Medium weltweit und im Aufenthaltsstaat des Verbrauchers verfügbar ist.[281]
Wenn der Anbieter ein globales Medium benutzt, muss er mit dem Verbraucherrechtsschutz der verschiedenen Rechtssysteme der Welt rechnen. Er kann nicht nur die Vorteile des Internet nutzen, sondern muss konsequent sein und kann nicht behaupten, dass er in dem Aufenthaltsstaat des Verbrauchers nicht werben

---

[278] Vgl. STAUDINGERKOMM-MAGNUS, 13. Auflage, Art. 29 Rn. 65.
[279] Vgl. MÜNCHKOMM-MARTINY, Art. 29 Rn.19.
[280] Vgl. GIULIANO-LAGARDE, S. 56. Nach diesem Bericht es ist nicht genug, wenn die Werbung in einer ausländischen Zeitung erscheint, die auch im Verbraucherstaat verkauft wird. Nur wenn der eine Sonderausgabe für das Verbraucherstaat erscheinen lass. Nach anderen Autoren ist es genug, wenn der Anbieter die Werbung gezielt auf den Verbraucherstaat ausgerichtet hat und es genügt, dass er sich eines dort tatsächlich verbreiteten Mediums bedient hat. Vgl. SOERGEL-VHOFFMANN, Art. 29 Rn. 18.
[281] Vgl. Dicey-Morris, IPR, Rn. 33.

wollte.[282] Eine einschränkende Ansicht sieht die Werbung im Internet nur als Werbung im Aufenthalt des Verbrauchers, wenn sie auf dieses Land speziell ausgerichtet ist.[283] Allerdings ist diese Ansicht mit Art. 29 EGBGB nicht vereinbar.[284]
Für die Anwendbarkeit des Art. 29 Abs. 1 Nr.1 EGBGB ist nicht erforderlich, dass sich der konkrete Vertragsschluss ursächlich auf die Werbung des Anbieters zurückführen lässt. Es reicht, wenn die Werbung oder das Angebot einerseits dem Anbieter zuzurechnen ist und andererseits der Verbraucher ein Geschäft über einen Artikel abgeschlossen hat, welcher in dem Angebot oder der Werbung angepriesen wurde.[285]

ccc) Vertragsschlusshandlungen des Verbrauchers

Art. 29 EGBGB greift nur, wenn der Verbraucher alle erforderlichen Rechtshandlungen zum Abschluss des Vertrages in seinem Aufenthaltsstaat vorgenommen hat. Diese Voraussetzung ist dann erfüllt, wenn der Verbraucher entweder sein Angebot oder seine Annahmeerklärung in seinem Aufenthaltsstaat abgegeben hat.[286] Allerdings greift Art. 29 Abs. 1 nicht mehr, wenn der Verbraucher einen Vertreter schaltet, um die Erklärung in einem anderen Staat als dem Aufenthaltsstaats des Verbrauchers abzugeben.[287]
Erklärungen, die von dem Verbraucher über das Internet abgegeben werden, werden im Aufenthaltsstaat des Verbraucher abgegeben, wenn er die dort tatsächlich einspeist. Und es ist gleichgültig, ob der Verbraucher einen privaten oder einen gewerblichen Rechner benutzt hat.[288]

bb) Entgegennahme der Bestellung im Verbraucherstaat (Abs. 1 Nr. 2)

Art. 29 Abs. 1 Nr. 2 EGBGB greift, wenn der "Leistungsanbieter oder sein Vertreter[289] die Bestellung des Verbrauchers in dessen Aufenthaltsstaat entgegenge-

---

[282] Vgl. MANKOWSKI, PETER, Das Internet im internationalen Vertrags- und Deliktrecht, RabelsZ 63 1999, S. 239.
[283] Vgl. BORGES, GEORGE, Weltweite Geschäfte und deutscher Verbraucherschutz, ZIP 1999, S. 570.
[284] Der Anwendungsbereich des Art. 29 EGBGB ist durch die Richtlinie über den elektronischen Geschäftsverkehr geregelt (220/31/EG vom 8:6:200), da nach Art. 3 Abs. 3 dieser Richtlinie die Verbraucherverträge ausgeschlossen sind. Als Ergebnis würden die Verbraucherverträge nicht nach dem Recht des Aufenthaltsstaats des Anbieters beurteilt und damit gilt das Herkunftslandprinzip für sie nicht.
[285] Vgl. MANKOWSKI, PETER, zur Auslegung des Art. 13 EuGVÜ RiW 1997, S. 992.
[286] Das ist auch der Fall, wenn der Verbraucher seine Erklärung von einem Booten in den Staat des Anbieters überbringen lässt. Vgl. ERMAN-HOHLOCH, Art. 29 Rn. 11.
[287] Vgl. SOERGEL-VHOFFMANN, Art. 29 Rn. 19.
[288] Vgl. DICEY-MORRIS, Rn. 33-013. Wenn der Verbraucher seine Erklärung per Ferneinwahl vom Ausland in seinem Aufenthaltsstaat eingibt, dann entscheidet der Ort der Ferneinwahl.
[289] Unter dem Begriff "Vertreter" ist nicht nur der wirksam Bevollmächtigte zu verstehen, sondern auch jede Person, die der Anbieter mit der Entgegennahme von Bestellungen betraut hat, vgl. STAUDINGER- MAGNUS, 13. Auflage, Art. 29 Rn. 78.

nommen hat". Diese Vorschrift erfasst alle Fälle, in denen der Anbieter oder sein Vertreter die Willenserklärung des Verbrauchers in dessen Staat mündlich oder schriftlich erhalten hat.[290]
Art. 29 Abs. 1 Nr.2 EGBGB wird nicht greifen, wenn der Verbraucher seine Bestellung im Ausland eingibt, aber in seinem Aufenthaltsstaat an den Anbieter eine Auftragsbestätigung sendet. Hier liegt keine hinreichende Vertragsaktivität des Anbieters vor. Das ist der Kerngedanke der Nr. 2, dass der Anbieter im Verbraucherstaat präsent oder aktiv ist.[291]

cc) Organisierte Verkaufsfahrten (Abs. 1 Nr. 3)

Art. 29 Abs. 1 Nr. 3 EGBGB erfasst die dritte Alternative der Abschlussmodalitäten des Artikels. Diese Vorschrift gilt nur für Warenkaufverträge und erfasst damit vor allem Fälle der "Kaffeefahrt" über die Grenze, bei der ein Verkaufsunternehmen einen Bus-, Bahn-, Schiffs- oder Lufttransport ins Ausland organisiert, um seine Kunden dort oder schon unterwegs zu Geschäftsabschlüssen zu veranlassen. Nr. 3 greift, wenn "der Verbraucher aus seinem Staat in einen anderen Staat gereist ist, und dort seine Bestellung aufgegeben hat, sofern diese Reise vom Verkäufer mit dem Ziel herbeigeführt worden ist, den Verbraucher zum Vertragsschluss zu veranlassen". Nach diesen Vorschriften gibt der Verkäufer seine Willenserklärung außerhalb seines Aufenthaltsstaates ab. Er kann trotzdem den Schutz seines Rechtssystems erhalten, solange der Verkäufer ihn an den fremden Ort gebracht hat. Allerdings greift Nr. 3 nur, wenn der Verkäufer diese Reise organisiert hat.[292]
Die organisierte Reise muss mit dem Ziel, den Verbraucher zum Vertragsschluss zu veranlassen, durchgeführt werden. Es könnte aber passieren, dass der Verbraucher aus einem Drittstaat zum Abschlussort gelangt ist. In diesem Fall greift Nr. 3 nicht mehr.[293]

---

[290] Vgl. MÜNCHKOMM-MARTINY, Art. 29 Rn. 22, Bei Bestellungen über das Internet entscheidet der Ort, an dem die Empfangseinrichtung des Anbieters für den Verbraucher erkennbar wird, wie z.B. das Land, das in der Internetadresse lokalisiert werden kann.

[291] Solche Präsentation oder Aktivität, z.B. eine Niederlassung, eine Agentur oder ein Messestand des Verbrauchers im Aufenthaltsstaat des Verbrauchers, Vgl. MÜNCHKOMM-MARTINY, Art. 29 Rn. 22.

[292] Der Verkäufer muss nicht selber die Beförderung durchführen, es genügt auch, wenn er sie veranlasst und von Dritten durchführen lässt. Dagegen greift Nr. 3 nicht, wenn der Verkäufer sich eine von Dritten selbständig und unabhängig organisierte Reise lediglich für eigene Geschäftsabschlüsse zunutze macht. Vgl. MANKOWSKI, Strukturfragen des internationalen Verbrauchervertragsrechts, RIW 1993, S. 496.

[293] Deswegen wurden die Kaffeefahrten deutscher Urlauber, die Anbieter in Spanien organisierten, nicht mehr unter Nr. 3 erfasst. Vgl. STAUDINGERKOMM-MAGNUS, 13. Auflage, Art. 29 Rn. 82.

g) Erweiterung der Rechte des Art. 29 EGBGB?

Die kasuistische Aufzahlung in Art. 29 Abs.1 Nr. 1-3 EGBGB erfassen nicht alle Fälle, in denen die Verbindung des Vertrages zum Aufenthaltsstaat des Verbrauchers stark ist. Das gilt für die Fälle, in denen der Verbraucher bei einem Messestand im Urlaubsland zum Vertragsabschluss animiert wird. Der dortige Unternehmer wird allerdings im Aufenthaltsstaat des Verbrauchers seine Leistung erfüllen. [294] Um diese Probleme zu überwinden, haben die Rechtsprechung und die Literatur mehrere Wege zur Abhilfe vorgeschlagen.

aa) Direktwirkung europäischer Richtlinien

Die deutschen Gerichte haben das EG-Richtlinienrecht, das in deutsches Recht umgesetzt war, unmittelbar und unabhängig von seiner Umsetzung in anderen EU-Staaten angewendet. Allerdings ist diese Rechtsprechung kritisch, weil die unumgesetzten Richtlinien in der Regel im privaten Verkehr ohne Umsetzung nicht anzuwenden sind, solange kein Verstoß gegen das Gemeinschaftsrecht vorliegt.[295]

bb) Ausdehnung des Art. 27 Abs. 3 EGBGB

Manche deutschen Gerichte haben Art. 27 Abs. 3 EGBGB interpretiert und einen im Ausland abgeschlossenen Verbrauchervertrag als reinen Inlandsvertrag betrachtet, wenn er nur im Land des Verbrauchers erfüllt wird.[296] Allerdings werden die europäischen Wirtschaftsraumstaaten nicht mehr als ausländische Staaten für den Bereich des Verbraucherschutzes und für die europäischen Verbraucherschutzrichtlinien betrachtet. Als Ergebnis kann man nicht mehr die Ausdehnung des Art. 27 Abs. 3 EGBGB nutzen.

cc) Ausdehnung des Art. 31 Abs. 2 EGBGB

Eine weitere Auffassung will Art. 31 Abs. 2 EGBGB entnehmen, dass sich der Verbraucher auf sein Heimatrecht berufen kann, wenn er im Ausland in seiner Sprache angesprochen und zum Vertragsschluss veranlasst wird und sein Recht im Gegensatz zum Vertragsstatut eine Widerrufsmöglichkeit vorsieht.[297] Man

[294] Diese Probleme erfassen insbesondere die so genannten Gran-Canaria-Fälle, in denen der Anbieter mit den deutschen Urlaubern in Spanien einen Kaufvertrag geschlossen hat. Allerdings wurde dieser Vertrag in Deutschland von ansässigen Unternehmen erfüllt. Der Anbieter hat damals die Situation genutzt, dass Spanien keine EG-Richtlinien über Haustürgeschäfte umgesetzt hatte und daher kein Widerrufsrecht für derartige Geschäftsabschlüsse kannte. Deswegen wurden die Käufe deutscher Urlauber in Spanien vertraglich spanischem Recht unterstellt, da keine Vorschriften des Art. 29 Abs. 1 Nr. 1-3 diese Fälle erfasst hat. Vgl. STAUDINGERKOMM- MAGNUS, 13. Auflage, Art. 29 Rn. 84.

[295] Vgl. MANKOWSKI, Zur Analogie im internationalen Schuldvertragsrecht, IPRax, 1991, S. 305.

[296] Vgl. OLG. Frankfurt, in: IPRax 1990, S. 236

[297] Vgl. STAUDINGERKOMM-MAGNUS, 13. Auflage, Art. 29 Rn.88

kann die Ausdehnung des Art. 31 Abs. 2 EGBGB nicht als Regel nehmen, weil Art. 31 EGBGB nur die Voraussetzungen für die Zustimmung zum Vertrag, nicht aber die nachträgliche Beseitigung der Wirkungen einer Willenserklärung regelt.

dd) Verbraucherrecht als Eingriffsrecht

Eine andere Möglichkeit ist nach Art. 34 EGBGB, das inländische Verbraucherschutzrecht gegenüber einem ausländischen Vertragsstatut durchzusetzen. Allerdings kann diese Theorie im Allgemeinen nicht anerkannt werden, weil nicht jede zwingende Verbraucherschutzvorschrift des deutschen Rechts als international zwingende Eingriffsnorm gelten kann. Dazu bedarf es weiteren Voraussetzungen.[298]

ee) Analogie

Manche Autoren und Rechtsprechungen vertreten die Auffassung, dass Art. 29 analog auf vergleichbare Fälle anzuwenden ist, auch für die Fälle, die nicht von Nr. 1-3 erfasst werden.[299] Zur Erweiterung des internationalen Verbraucherschutzes hat de lege lata[300] vorgeschlagen, dass die Analogietheorie für das Gebiet der internationalen Verbraucherverträge vertretbar ist, insbesondere, wenn die gesamte Vertragsdurchführung[301] im Aufenthaltsstaat des Verbrauchers stattfindet. In diesem Fall hat auch der im Ausland abgeschlossene Vertrag eine starke Verbindung mit dem Aufenthaltsstaat des Verbrauchers dies ist allerdings nicht in Art. 29 Nr. 1-3 EGBGB geregelt.[302] Andererseits wird die Analogietheorie stark angegriffen, weil Art. 29 kasuistisch und deshalb abschließend gefasst worden ist. Deswegen sei Art. 29 EGBGB nicht analogiefähig.[303]

h) Rechtsfolgen der Rechtswahl

aa) Einschränkung der Wirkung der Rechtswahl

Wie in Art. 27 EGBGB ist auch in Art. 29 EGBGB eine Rechtswahl ohne Einschränkung zulässig und nur die Wirkung der Rechtswahl wurde beschränkt. Für

---

[298] Vgl. STAUDINGERKOMM-MAGNUS, 13. Auflage, Art. 29 Rn. 90.
[299] Vgl. MÜNCHKOMM-MARTINY, Art. 29 Rn. 32a, OLG Stuttgart IPRax 1991, 332.
[300] De lege ferenda ist der Vorschlag der Groupe Européen de droit international privé.
[301] Z.B. Warenauslieferung, Warenherstellung, Zahlung und deren Entgegennahme, Reklamationsabwicklung etc. Vgl. STAUDINGERKOMM-MAGNUS, 13. Auflage, Art. 29 Rn. 94.
[302] Dieser Meinung stehen weder die Materialien noch das Gebot der einheitlichen Auslegung einer solche Analogie entgegen. Eine Analogie ist auch im Rahmen der einheitlichen Auslegung zulässig, wenn Sinn und Zweck einer Normen dazu benötigt werden, ihre planwidrigen Lücken zu schließen. Der Zweck des Art. 29 EGBGB zielt darauf, dem Verbraucher dann sein eigenes Recht zu erhalten, wenn das Vertragsgeschehen mit dem Aufenthaltsstaat des Verbrauchers hinreichend eng verbunden ist. Vgl. STAUDINGERKOMM-MAGNUS, 13. Auflage, Art. 29 Rn. 94.
[303] Vgl. LG Hamburg RIW 1999, S. 392.

die Rechtswahl gelten die Voraussetzungen des Art. 27 EGBGB.[304] Auch bei reinen Inlandsverbraucherverträgen ist die Rechtswahl zulässig. Allerdings lässt sie gemäß Art. 27 Abs. 3 EGBGB zwingendes Inlandsrecht in Kraft treten, sobald dieses dem Verbraucher besseren Schutz gewährt als das gewählte Recht.

bb) Günstigkeitsprinzip

Nach dem Günstigkeitsprinzip darf die Rechtswahl dem Verbraucher nach Art. 29 Abs. 1 EGBGB nicht den Schutz entziehen, den ihm die zwingenden Bestimmungen der Rechtsordnung seines Aufenthaltslandes gewähren.
Weder Art. 29 EGBGB noch Art. 13 EVÜ haben den Begriff „gewöhnliche Aufenthalt" definiert. "Dies ist der Ort, an dem sich der tatsächliche und auf gewisse Dauer angelegte Lebensmittelpunkt des Verbrauchers befindet."[305] Die kurzfristigen Aufenthalte, wie Urlaub und Auslandbesuch sind nicht als gewöhnlicher Aufenthalt zu verstehen und für die Bestimmung des Aufenthaltsrecht als Vertragsstatut ist der Zeitpunkt des Vertragsschlusses zu beachten.
"Zwingende sind alle nicht dispositiven, gesetzlichen oder rechtlichen Regeln im Verbraucherstaat, von denen durch Vertrag nicht abgewichen werden kann".[306] Die zwingenden Vorschriften müssen ferner geeignet und dazu bestimmt sein.[307]
Das Recht des Verbraucherstaats bestimmt, ob und wann eine Vorschrift der Parteidisposition entzogen ist und ob sie dem Verbraucherschutz dienen soll.

cc)Günstigkeitsvergleich

Art. 29 EGBGB fordert einen Günstigkeitsvergleich zwischen dem gewählten Recht und dem Recht des Aufenthaltsstaats des Verbrauchers. Die zwingende Normen im Verbraucherstaat greifen nur, wenn sie dem Verbraucher einen besseren Schutz als das gewählte Recht gewähren. Dieser Günstigkeitsvergleich muss unter dem Aspekt des Verbraucherinteresses erfolgen. Allerdings ist dieser Vergleich nicht in dem Sinne zu verstehen, dass der Verbraucher die Vorteile der zwingenden Normen seines Aufenthaltsstaats und des gewählten Rechts kumulieren kann. Ein abstrakter Gesamtvergleich wird von der Rechtsprechung und IPR-Autoren einheitlich abgelehnt.[308] Ein solcher Vergleich prüft, ob das gewählte Recht oder das objektive geltende Recht als solches günstiger für den Verbraucher ist. Der Günstigkeitsvergleich ist ein konkreter Ergebnisvergleich. Für den Günstigkeitsvergleich kommt es auf den Zeitpunkt an, in dem über die streitige Frage zu entscheiden ist.

---

[304] Vgl. MÜNCHKOMM- MARTINY, Art. 29 Rn. 33.
[305] Vgl. SOERGEL-VHOFFMANN, Art. 28 Rn. 61, Art. 29 Rn. 101.
[306] STAUDINGERKOMM-MAGNUS, 13. Auflage, Art. 29 Rn. 102.
[307] Als zwingende Normen in Bezug zum Verbraucherrecht sind in Deutschland z.B. §305ff, 355 ff, 481 ff, 491 ff BG B nF. anzusehen.
[308] Vgl. SOERGEL-VHOFFMANN, Art. 29 Rn. 31.

i) Objektives Verbrauchervertragsstatut (Abs. 2)

Art. 29 Abs. 2 EGBGB regelt den Fall, dass die Parteien keine Rechtswahl für ihren Verbrauchervertrag getroffen haben. In diesem Fall gilt das Recht des Staates, in dem der Verbraucher seinen Aufenthalt hat und nicht Art. 28 EGBGB. Diese Abweichung von der objektiven Anknüpfung des Art. 28 Abs. 2 EGBGB bietet dem Verbraucher den Rechtsstandard, den er in seiner Rechtsumwelt gewohnt ist.

Art. 29 enthält keine Ausweichklausel wie Art. 28 Abs. 5 EGBGB, weil ohne Rechtswahl das Recht des Aufenthaltsstaates des Verbraucher anzuwenden ist, auch wenn im konkreten Fall eine engere Verbindung zu einer anderen Rechtsordnung besteht.[309] In begrenztem Umfang können Artt. 34 und 6 EGBGB für Abhilfe sorgen, wenn das ausländische Recht den Verbrauchervertrag beherrscht und nur unzureichenden Verbraucherschutz gewährt.[310]

2. Art. 29a EGBGB

a) Entstehungsgeschichte des Art. 29a EGBGB

Art. 29a EGBGB ist am 30.6.2000 ins deutsche IPR eingeführt worden. Er ist anders als Artt. 27-37 EGBGB, weil er nicht aus dem EVÜ stammt, sondern aus verschiedenen EU-Richtlinien. Wegen dieser Besonderheit mussten Art. 36 und Art. 37 EGBGB geändert werden, um Art. 29a EGBGB von ihrem jeweiligen Geltungsbereich auszunehmen.[311]

b) Regelungsgegenstand und Normzweck

Art. 29a EGBGB ist ein Ergebnis des Europäischen Verbraucherschutzrechtes, das zum großen Teil in Richtlinien niedergelegt wurde. Art. 29a EGBGB will den Schutzstandard der jeweiligen Richtlinienaufrechterhalten, insbesondere gegenüber einer Abbedingung durch Rechtswahl.[312] Art. 29a EGBGB geht als Sonderkollisionsregelung über die Grenzen des Art. 29 EGBGB hinweg, weil er statt der Abschlussmodalitäten, die Art. 29 Abs. 1-3 EGBGB fordert, andere Richtlinien anwendet, wenn der Verbrauchervertrag einen engen Bezug zu einem EU- oder EWR- Mitgliedstaat hat. Art. 29a EGBGB knüpft auch nicht allein an das Aufenthaltsland des Verbrauchers an. Die EU-Richtlinien und Art. 29a EGBGB haben den Zweck, eine Umgehung des auf dem Binnenmarkt gel-

---

[309] Vgl. ERMAN-HOHLOCH, Art. 29 Rn. 19.

[310] Vgl. STAUDINGERKOMM-MAGNUS, 13. Auflage, Art. 29 Rn. 114.

[311] Art. 29a hat die folgenden Sonderkollisionsnormen der Richtlinien übernommen.
Art. 6 Abs. 2 der Klausel RL, Art. 12 Abs. 2 der Fernabsatz RL, Art. 9 Timesharingrichtlinie, Art. 7 Abs. 3 Verbrauchsgüterkaufrichtlinien, Art. 11 Abs. 3 Vorschlag einer Fernabsatz-Finanzdienstleistungsrichtlinie. Außer der Fernabsatzrichtlinie und der Verbrauchsgüterkaufrichtlinien waren andere Normen schon im deutschen Recht ähnlich geregelt §12 AGBG und §8 TzWrG.

[312] Vgl. STAUDINGERKOMM-MAGNUS, 13. Auflage, Art. 29a Rn. 11.

tenden Verbraucherschutzniveaus zu verhindern. Die Rechtswahl ist nach Art. 29a EGBGB wie nach Art. 29 EGBGB für Verbraucherverträge gültig. Allerdings würde diese Rechtswahl begrenzt, sofern der Vertrag mit dem EU/EWR-Gebiet eng verbunden ist und die Parteien ein drittstaatliches Recht vereinbart haben. In diesem Fall wird vermutet, dass damit dem Verbraucher schlechteres Recht offeriert werden soll. An die Stelle dieses Rechts lässt Art. 29a gemeinschaftsweit geltende Richtlinien treten.[313]

Gemäß Art. 20 EVÜ geht Art. 29a EGBGB dem Art. 29 EGBGB vor. Führen Art. 29a und Art. 29 EGBGB zu unterschiedlichen Schutzstandards des anwendbaren Verbraucherrechts, dann sollte sich entsprechend der Zielrichtung beider Vorschriften das für den Verbraucher günstigere Schutzniveau durchsetzen.[314]

c) Anwendungsvoraussetzung des Art. 29a EGBGB

aa) Sachliche Anwendungsvoraussetzung

Art. 29a erfasst Verträge, die nach Art. 29 EGBGB keine internationalen Verbraucherverträge sind, wie z.B. Kredit- oder Mietverträge. Die Timesharingrichtlinien regeln bestimmte Immobilienteilzeitnutzung mit einer Mindestlaufzeit von drei Jahren und einer mindestens einwöchigen Berechtigung im Jahr. Die Fernabsatzrichtlinie regelt Warenlieferungs- und Dienstleistungsverträge im Fernabsatz. Die Verkaufsgüterkaufrichtlinie gilt für Kauf- und Werklieferungsverträge. Im Ergebnis entscheidet die Richtlinie, welche Verträge von Art. 29a EGBGB erfasst werden sollen.[315]

Art. 29a EGBGB greift nur (mit Ausnahme von Abs. 3), wenn die Parteien ein Recht wählen, das nicht EU- oder EWR-Recht ist. Wenn die Parteien ein EU- oder EWR-Recht wählen, greift Art. 29a EGBGB nicht mehr. Der Schutz der Europäischen Richtlinie kann nicht angewendet werden, solange diese Richtlinien im nationalen Rechtssystem nicht umgesetzt werden. Wenn die Parteien keine wirksame Rechtswahl getroffen haben, dann gelten in diesem Fall Art. 29a Abs. 1 und 2 nicht mehr. Haben die Parteien das Recht eines EU- oder EWR-Staates gewählt, dann gilt Art. 29a insgesamt nicht mehr.

bb) Persönliche Anwendungsvoraussetzung

Anders als in Art. 29 EGBGB legt Art. 29a EGBGB nicht seinen persönlichen Anwendungsbereich fest, weil er nicht ausdrücklich den Verbraucher nennt. Auf der anderen Seite regelt Art. 29a EGBGB Verträge, die in Richtlinien genannt sind. Und diese Verträge dürfen keine gewerblichen oder beruflichen Verträge

---

[313] Vgl. STAUDINGERKOMM-MAGNUS, 13. Auflage, Art. 29a Rn. 2.

[314] Vgl. KROPHOLLER, IPR, §52 V6.

[315] Vgl. STAUDINGERKOMM-MAGNUS, 13. Auflage, Art. 29a Rn. 30.

sein. Als Ergebnis greift Art. 29a EGBGB nicht ohne Beteiligung eines Verbrauchers als Leistungsempfänger.[316]

cc) Räumliche Anwendungsvoraussetzungen

Art. 29a EGBGB gilt, wenn der Vertrag einen engen Zusammenhang mit einem Staat der Europäischen Union oder einem EWR-Staat hat. Dazu gehören außer den EU-Ländern noch Island, Liechtenstein und Norwegen.
Wenn der Vertrag einen engen Bezug zu mehreren Staaten der EU oder dem EWR enthält, dann sind die Richtlinien in der Fassung desjenigen Staates anzuwenden, mit dem der Vertrag am engsten verbunden ist.[317] In dem Fall, wenn der Vertrag einen engen Bezug zu einem EU- oder EWR-Staat und zur gleichen Zeit zu einem Staat außerhalb dieses Gebiets hat, setzt sich das Richtlinienrecht auch dann durch, wenn der Vertrag im Übrigen mit dem Staat außerhalb des EWR am engsten verbunden ist. Denn das Richtlinienrecht verbietet seine Abwahl, wenn nur ein enger Bezug zum Gemeinschaftsgebiet gegeben ist.[318]

dd) Voraussetzungen des Art. 29a EGBGB

Art. 29a Abs. 2 EGBGB enthält eine Reihe von beispielhaften Umständen, die einen engen Bezug zum Gemeinschaftsgebiet ergeben, ohne abschließend zu sein. Nach dieser Vorschrift müssen der Anbieter und der Abnehmer durch ihren gewöhnlichen Aufenthalt mit dem EU- oder EWR-Gebiet verbunden sein.[319] Für die Aktivität des Anbieters nennt Art. 29a Abs. 2 EGBGB drei Beispiele, ein öffentliches Angebot, eine öffentliche Werbung oder einer ähnliche geschäftliche Tätigkeit als Grund für den Vertragsschluss. Diese Aktivitäten müssen im EU- oder EWR-Gebiet stattfinden und als zweite Voraussetzung muss auch der Verbraucher bei seiner Vertragserklärung seinen gewöhnlichen Aufenthalt in diesem Gebiet haben. Dabei ist es egal, ob der Aufenthaltsort des Verbrauchers identisch mit dem Aufenthaltsorts des Anbieters ist, solange beide im EU-EWR-Gebiet sind.
Art. 29a Abs. 2 EGBGB fordert als weitere Voraussetzung, dass der Vertragsschluss auf die Tätigkeit kausal rückführbar muss.[320]
Art. 29a Abs. 2 EGBGB enthält keine abschließende Regelung, und deswegen kann ein enger Zusammenhang zum EU- oder EWR-Gebiet auch aus anderen Faktoren als nur einer Vertragsvorbereitenden Tätigkeit in diesem Wirtschaftsgebiet bestehen. Um andere Faktoren anzuwenden, sind alle Merkmale, die für die Anknüpfung von Schuldverträgen zu verwenden sind, wie z.B. der Sitz der

---

316 Vgl. MANKOWSKI, Internationales Privatrecht, in: SPINDLER/WEIBE, Internet- Auktion. Rechtliche Rahmenbedingungen, 2001, S. 202.
317 Vgl. STAUDINGER,. Internationales Verbraucherschutzrecht im Blickpunkt der neue Art. 29 a EGBGB, in: RiW 2000, S. 416.
318 Vgl. STAUDINGERKOMM-MAGNUS, 13. Auflage, Art. 29a Rn. 39.
319 Vgl. KROPHOLLER, IPR, §52 V6.
320 Vgl. PALANDT/HELDRICH, Art. 29 a Rn. 3.

Partei, die Lokalisierung des Vertrages durch Abschluss, Erfüllung oder Belegenheitsort, Sprache, Währung etc., geeignet.[321]

d) Rechtsfolgen

aa) Geltung des Richtlinienrechts

Soweit der Vertrag einen engen Bezug zu einem EU- oder EWR-Gebiet enthält und die Parteien ein drittstaatliches Recht gewählt haben, fordert Art. 29a Abs. 1 EGBGB, das Richtlinienrecht (in Abs. 4 genannt) anzuwenden.

bb) Kein Günstigkeitsvergleich

Anders als Art. 29 EGBGB erlaubt Art. 29a keinen Günstigkeitsvergleich, d.h. dass solange die Voraussetzungen für Art. 29a vorhanden sind, müssen die Richtlinien angewendet werden.

e) Sonderanknüpfung für Timesharingverträge Abs. 3

Art. 29 Abs. 3 EGBGB räumt eine Sonderanknüpfung für die Timesharingverträge ein und sieht den Belegenheitsort als engen Zusammenhang mit dem EU- oder EWR-Gebiet, in dem diese Belegenheit konkretisiert ist. Anders als Art. 29a Abs. 1 EGBGB greift Abs. 3 auch, wenn ein drittstaatliches Recht als objektive Anknüpfung und nicht nur als gewähltes Recht angewendet wird.
Art. 29a Abs. 3 EGBGB definiert die Timesharingverträge nicht, deswegen greift in diesem Fall das deutsche materielle Recht, nämlich § 481 Abs.1 BGB.[322]
Art. 29a Abs. 3 EGBGB erlaubt eine Rechtswahl für die Verbraucherverträge. Wenn die Partei das Recht eines EU- oder EWR-Staates gewählt hat, dann gilt das Recht dieses Staates einschließlich der Timesharingrichtlinie, genau wie sie in diesem Land umgesetzt ist.[323]
Falls die Parteien das Recht eines Staates, der kein EU/EWR-Staat ist gewählt haben, dann soll nach Abs. 3 das TzWrG angewendet werden, sofern das Vertragsobjekt in einem EU- oder EWR-Staat liegt.[324]

---

[321] Vgl. STAUDINGERKOMM-MAGNUS, 13. Auflage, Art. 29a Rn.48.
[322] "Notwendig ist ein Vertrag, der ein Nutzungsrecht an einer Wohneinheit für mindestens eine Woche pro Jahr einräumt und eine Laufzeit von mindestens drei Jahren hat. Gleichgültig ist, ob das vertraglich eingeräumt Recht als sachenrechtliche, gesellschaftliche oder schuldrechtliche Berechtigung ausgestaltet ist". STAUDINGERKOMM- MAGNUS, 13. Auflage, Art. 29a Rn. 57ff.
[323] Vgl. PALANDT/HELDRICH, Art. 29a Rn. 24.
Fraglich ist, ob Art. 29a Abs. 1 oder Abs. 3 in diesem Fall gelten soll, weil die Voraussetzung der beiden Vorschriften erfüllt sind. Der Unterschied der Wirkung zwischen den beiden Vorschriften ist, dass nach Abs. 1 die Timesharingrichtlinie in der Fassung desjenigen Staates, zu dem der engste Bezug besteht, der regelmäßig durch die Belegenheit des Objektes indiziert wird. "Nach Abs. 3 ist dagegen unabhängig von der Belegenheit stets das deutsche Recht für Wohnrechtverträge anzuwenden. Folgt man der Ansicht, die Abs. 3 vorrangige Geltung einräumt, dann käme das deutsche Recht beispielsweise auch zum Zug, wenn das Wohngebäude

3. Internationale Verbraucherverträge im syrischen Recht

a) Die Rechtslage

Das syrische ZGB enthält keine besondere Regeln für internationalen Verbraucherverträge. Die Rechtslage ist in den anderen arabischen Länder nicht besser. Die arabischen Gesetzgeber halten besondere Anknüpfungsregeln für Verbraucherverträge noch nicht für nötig. Die Rechtsprechung hilft ebenfalls nicht weiter, da Entscheidungen über internationale Verbraucherverträge nicht zu finden sind. In Abwesenheit besonderer Regeln unterliegen internationale Verbraucherverträge den heutigen Vorschriften des Art. 20 ZGB. Nach diesen Vorschriften wird zuerst an das gewählte Recht angeknüpft und wenn die Parteien keine Rechtswahl getroffen haben, wird an das gemeinsame Wohnsitzortrecht angeknüpft. Falls die Parteien keinen gemeinsamen Wohnsitzort haben, kommt das Recht am Abschlussort in Betracht.

Das Nichtvorhandensein einer ausdrücklich kodifizierten Vorschrift für internationale Verbraucherverträge darf nicht dahin führen, dass der syrische Gesetzgeber den Verbraucher nicht als schwache Partei sieht. Ganz anders ist die Rechtslage im syrischen Sachrecht. Dort hat der Gesetzgeber mehrere Gesetze zum Schutze des Verbrauchers erlassen.[325] Der syrische Staat hat mit seiner sozialistischen Ideologie die Wirtschaft Jahrzehnte lang kontrolliert.[326]

Die internationalen Verbraucherverträge haben in der Vergangenheit im internationalen Privatverkehr keine wichtige Rolle gespielt. Bis zum heutigen Tag kommen die syrischen Verbraucher fast kaum an einen ausländischen Verkäufer und auch der Verkauf über das Internet ist nicht zulässig. Bislang bestand deshalb kein Bedarf, die internationalen Verbraucherverträge anders zu regeln. Dies ändert sich jedoch in Zukunft im Zuge der Globalisierung und der Verbreitung des Internet.

Im Vergleich mit anderen Verträgen auf internationalen Ebenen, z.B. mit Arbeits- oder Bankverträgen, können wir davon ausgehen, dass Art. 20 ZGB in zukünftigen Urteilen nicht unbegrenzt angewendet werden wird. Um zu vermuten, welche Anknüpfung für internationale Verbraucherverträge angewendet werden wird, müssen wir in der Literatur forschen.

b) Die Literatur

Genau wie die Rechtsprechung oder die Gesetzgebung ist die syrisch-arabische Literatur im Bezug auf internationale Verbraucherverträge sehr sparsam. Man

---

in Spanien liegt und die Geltung des Rechts der Isle of Man vereinbart ist. Nach zutreffender Ansicht hat dagegen Abs. 1 Vorrang vor Abs. 3, der nur anzuwenden ist, wenn die Voraussetzungen des Abs. 1 nicht erfüllt sind." STAUDINGERKOMM- MAGNUS, 13. Auflage, Art. 29 Rn. 61.

[325] Siehe eine Reihe von Verbraucherschutzgesetze in, ABU AULA, ALNAMER, Verbraucherschutz im internationalen Privatrecht, Kairo 1998, S. 100-101.

[326] Syrien hatte bis zum Jahr 2003 ein Ministerium, das für Preiskontrollen zuständig war.

findet kaum etwas über internationale Verbraucherverträge und wenn man etwas findet, ist das Geschriebene unbefriedigend. Die arabische Literatur erkennt, dass die Verbraucher auf internationaler Ebene besser geschützt werden. Es werden aber weder der Verbraucher noch Verbraucherverträge definiert. Um die Verbraucher besser zu schützen, wird Folgendes vorgeschlagen:

aa) Verbraucherschutz durch zwingende Normen oder den ordre public

Nach dieser Meinung muss keine besondere Kollisionsregel zu Gunsten des Verbrauchers geschaffen werden. Der Verbraucher könnte nach den zwingenden Normen des Sachrechts geschützt werden. Die Vorschriften, die zu Gunsten des Verbrauchers geschaffen werden, müssen abgesehen von der Anknüpfungsregel und des Vertragsstatuts geachtet werden.[327]
Nach dieser Meinung kann auch der ordre public dem Verbraucher Abhilfe bieten, sofern das ausländische angewendete Recht dem ordre public widerspricht. Hier wird vom ordre public auf wirtschaftlicher Ebene gesprochen und die Vorschriften, die den Verbraucher schützen, sind nach diesem Begriff zu qualifizieren.
Die zwingenden Normen und der ordre public können natürlich in begrenztem Umfang dem Verbraucher besseren Schutz durch die Anwendung der Eingriffsnormen bieten, die den Verbraucher schützen wollen. Sie bieten aber keine Alternative für die Sonderanknüpfungsregel für Verbraucherverträge. Außerdem enthält weder das syrische ZGB noch die meisten arabischen Gesetze kodifizierte Vorschriften für die zwingenden Normen. Diese Meinung erkennt nicht den Unterschied zwischen den nationalen und internationalen zwingenden Normen an, da nicht alle Vorschriften, die die Verbraucher schützen, auf internationaler Ebene angewendet werden können.

bb) Anknüpfung der Verbraucherverträge an das Recht des Aufenthaltsstaates des Verbrauchers

Eine andere Meinung schlägt vor, internationale Verbraucherverträge immer objektiv an das Recht des Aufenthaltsstaates des Verbrauchers anzuknüpfen. Eine Rechtswahl ist für internationale Verbraucherverträge nicht zulässig und diese Art von Verträgen sollen zu Gunsten des Verbrauchers immer an sein Aufenthaltsrecht verweisen.[328]
Diese Argumentation hat Art. 120 des schweizerischen IPR vor Augen. Nach dieser Vorschrift unterliegen internationale Verbraucherverträge unter besonderen Vorrausetzungen dem Recht im Aufenthaltsstaat des Verbrauchers. Eine Rechtswahl räumt Art. 120 des schweizerischen IPR nicht ein.

---

[327] ABDUL RAHMAN, ABDUL HAKIM, Verbraucherschutz im Internationalen Privatrecht, Kairo 1997, S. 105.

[328] Vgl. HUARIE, AHMAD, Der Schutz der schwächeren Partei im internationalen Privatrecht, Kairo 1995, S. 91.

An das Recht des Aufenthaltsstaates des Verbrauchers anzuknüpfen, kann als gute Lösung für eine objektive Anknüpfungsregel angesehen werden. Auf der anderen Seite sollte man die Rechtswahl für internationale Verbraucherverträge nicht verbieten, deswegen scheint Art. 20 EGBGB mit seinem Günstigkeitsvergleich den Verbraucher besser zu schützen als Art. 120 schweizerisches IPR, der so einen Günstigkeitsvergleich nicht ermöglicht.

4. Internationale Verbraucherverträge im Vergleich

Es ist nicht ganz einfach, die kollisionsrechtliche Lage im deutschen Recht, wegen des Nebeneinanders von EVÜ und Richtlinien- IPR zu verstehen. Allerdings ist festzustellen, dass das europäische Verbraucherschutzrecht zum Motor für die Entwicklung eines europäischen Zivilrechts geworden ist. “Seit der Einheitlichen Europäischen Akte (1986) und insbesondere seit dem Vertrag von Maastricht (1992) verfügt die EU auch gemäß Art. 3 t, 153 EGV über eine ausdrückliche Zuständigkeit für den Verbraucherschutz”.[329]

Ein Vergleich zwischen den Anknüpfungsregeln für internationale Verbraucherverträge zwischen dem deutschen und dem syrisch-arabischen Recht ist nicht einfach. In Bezug auf diese Verträge sind beide Rechtssysteme auf verschiedenen Ebenen und Standards angesiedelt. Das EGBGB hat die Verbraucherverträge durch Art. 29 und 29a EGBGB ausführlich behandelt; dazu kommen eine große Menge Rechtsprechung und Literatur. Die Vorschriften der internationalen Verbraucherverträge sind sehr weit entwickelt, was ein gutes Vorbild für jeden Gesetzgeber sein könnte. Ein Vergleich ist in diesem Bereich nicht möglich, da die arabischen Gesetze kein Vergleichsmaterial anbieten. Die arabischen Gesetze sowie die Rechtsprechung und die Literatur haben sich mit internationalen Verbraucherverträgen immer noch nicht richtig befasst. Das könnte daran liegen, dass es keinen Bedarf gab, diese Verträge speziell zu regeln; besonders in Ländern mit einer Wirtschaftspolitik, in denen die Verbraucher keine Möglichkeit hatten, aktiv am Weltmarkt teilzunehmen. Da sich dies nun geändert hat, müssen internationale Verbraucherverträge besonders geregelt werden, zumal der Verbraucher als schwächere Vertragspartei angesehen werden muss und Schutz benötigt. Artt. 29, 29 a EGBGB sollten geachtet werden, da sie eine befriedigende Lösung bieten und diese Verträge reichlich behandelt werden. Man sollte natürlich diese Vorschriften nicht einfach übernehmen, sondern vergleichen und versuchen, sie an nationale Interessen anzupassen. Diese Interessen können sich von heute auf morgen in einem Land wie Syrien ändern.
Bis dahin unterliegen internationale Verbraucherverträge nach Art. 20 ZGB dem gewählten Recht. Falls die Parteien keine Rechtswahl getroffen haben, wird an das gemeinsame Wohnsitzortrecht angeknüpft und wenn die Parteien keinen gemeinsamen Wohnsitzort haben, kommt das Recht am Abschlussort in Betracht.

---

[329] STAUDINGERKOMM-MAGNUS, 13. Auflage, Art. 29 Rn. 11.

Die Anwendung des Art. 20 ZGB ist für internationale Verbraucherverträge komplett unrelevant. Er erkennt den Verbraucher als schwächere Partei nicht an, falls er von seinem Vertragspartner schlecht gestellt wird und bietet keinen Günstigkeitsvergleich, um die Rechtslage des Verbrauchers zu verbessern.

II. Internationale Arbeitsverträge

1. Im deutschen Recht Art. 30 EGBGB

a) Regelungsgegenstand und Normenzweck

Art. 30 EGBGB zielt darauf ab, den Arbeitnehmer zu schützen. Die Rechtswahl ist bei Verbraucher- und bei Arbeitsverträgen grundsätzlich zulässig. Ihre Wirkung wird allerdings beschränkt, wenn sie dem Arbeitnehmer den Schutz entzieht, den ihm die zwingenden Bestimmungen des objektiv geltenden Rechts gewähren. Das objektive Arbeitsvertragsstatut ist das Recht des gewöhnlichen Arbeitsortes. Und wo sich dieser nicht einem einzigen Staat zuordnen lässt, gilt das Recht am Ort der einstellenden Niederlassung. Art. 30 Abs. 2 EGBGB erlaubt in ein anderes Recht anzuwenden, soweit zu ihm engere Beziehungen als zum objektiven geltenden Recht bestehen (sog. Ausweichklausel)[330].

b) Arbeitsverträge und Arbeitsbeziehungen

Art. 30 EGBGB erfasst Arbeitsverträge[331] und Arbeitsverhältnisse, ohne dass diese Begriffe eingeschränkt interpretiert werden. Art. 30 EGBGB regelt Arbeitsverträge, also die Vereinbarungen zwischen Arbeitgeber und Arbeitnehmer, welche eine abhängige, weisungsgebundene und entgeltliche Tätigkeit zum Gegenstand haben. Es spielt keine Rolle, in welchen Gewerben der Arbeitnehmer aktiv ist. Unwichtig ist auch, ob der Arbeitnehmer noch Auszubildender oder Vollzeitbeschäftigter ist.[332] Art. 30 EGBGB gilt trotz seiner missverständlichen Überschrift "Verträge von Einzelpersonen" auch für Gruppenarbeitsverträge.[333] Art. 30 EGBGB ist immer anzuwenden, egal, ob der Arbeitnehmer in privaten, gemeinnützigen, wissenschaftlichen, kulturellen oder gewerblichen Bereichen seine Pflicht erfüllt. Es spielt auch keine Rolle, wo der tatsächliche Arbeitsplatz liegt, weil Verträge über Heimarbeit oder Teilarbeit häufig von Art. 30 EGBGB erfasst werden. Problematisch könnten die Arbeitsverhältnisse der Beschäftigten internationaler Organisation sein. Grundsätzlich wird nach Völkergewohnheitsrechts das eigenständige Dienstrecht der jeweiligen Organisation angewendet.

---

330 "Der zentrale Unterschied der jetzigen Regelung in Art. 30 zum alten IPR- Gesetz besteht darin, dass nunmehr zwischen gewähltem und objektiv geltendem Recht ein Günstigkeitsvergleich durchgeführt werden muss und nur das Recht anzuwenden ist, das für den Arbeitnehmer günstiger ist." Vgl. STAUDINGERKOMM- MAGNUS, 13. Auflage, Art. 30 Rn. 1.

331 " Grundsätzlich müssen für einen Arbeitsvertrag vier Voraussetzung gegeben sein: die Pflicht (die Leistungen gegen Geld zu erbringen; die Weisungsgebundenheit und Fremdbestimmtheit der Tätigkeit; die Einbindung der Verpflichtungen in die Organisation und den Betrieb des Leistungsgläubigers, und die wirtschaftliche und persönliche Abhängigkeit des Verpflichteten", STAUDINGERKOMM- MAGNUS, 13. Auflage, Art. 30 Rn. 36.

332 Vgl. SOERGEL-VHOFFMANN, Art. 30 Rn. 7.

333 Dagegen unterliegen die Gültigkeit internationaler Kollektivvereinbarungen zwischen Vertretungen der Arbeitnehmer und der Arbeitgeber wie die Tarifverträge dem Recht aus Artt. 27, 28 EGBGB. Vgl. STAUDINGERKOMM-MAGNUS, 13. Auflage, Art. 30 Rn. 34.

c) Gewähltes Arbeitsvertragsstatut (Abs. 1)

aa) Allgemeine Punkte zum gewählten Recht

Art. 30 Abs. 1 EGBGB erkennt eine Rechtswahl an und sieht damit die Parteiautonomie für die internationalen Arbeitsverträge vor. Die Vorschrift beschränkt allerdings nur die Wirkung der Rechtswahl und ordnet einen Günstigkeitsvergleich zwischen den zwingenden Normen des gewählten Rechts und dem objektiven geltenden Recht an. Dieser Vergleich dient dem Schutz des Arbeitnehmers, der als schwächere Vertragspartei im sozialen und wirtschaftlichen Sinne gesehen wird.
Die Parteien können jede geltende Rechtsordnung wählen. Die Parteien können ein neutrales Recht, das keinen Bezug zum Vertrag hat, wählen.[334] Die Rechtswahl wird nach Art. 27 Abs. 3 EGBGB beurteilt. Die Parteien können fremdes Recht wählen, aber ihre Wahl wird nur materiellrechtliche Bedeutung haben, wenn der Vertrag Inlandsbezug hat.[335]
In Bezug auf die Tarifverträge gilt Art. 30 EGBGB nicht, da er nur für die individuellen Arbeitsverträge gedacht ist. Das schaltet aber nicht die Anwendbarkeit der Artt. 27, 28 EGBGB auf diese Verträge aus.[336]

bb) Wirkung der Rechtswahl (Günstigkeitsvergleich)

Gemäß Art. 30 EGBGB ist ein Vergleich zwischen dem gewählten und dem objektiven Vertragsstatut erforderlich. Nach diesem Vergleich muss das Recht angewendet werden, das den Arbeitnehmer stärker schützt. Damit sind beide Rechte in Abs. 2 (Recht des Arbeitsortes und Recht der einstellenden Niederlassung) und auch die Ausweichklausel im Art. 30 Abs. 2 HS.2 EGBGB neben dem gewählten Recht zu beachten.
Ein Gesamtvergleich zwischen dem gewählten und dem objektiven Arbeitsvertragsstatut wird in der deutschen Literatur einheitlich abgelehnt, da nur konkrete Bezugspunkte aus den oben genannten Rechtsordnungen miteinander verglichen werden dürfen.[337]

d) Zwingende Bestimmungen nach Art. 30 EGBGB

Die zwingenden Normen i.S.d. Art. 30 EGBGB werden weder in diesem Artikel noch sonst im EGBGB und auch nicht im Bericht von Giuliano/Lagarde definiert. Die zwingenden Normen, die für Art. 30 EGBGB relevant sind, sind nationale Vorschriften, die nur dem deutschen Recht dienen und die sich allein aus

---

[334] Vgl. PALANDT-HELDRICH, Art. 30 Rn. 4.

[335] Vgl. MÜNCHKOMM-MARTINY, Art. 30 Rn. 11.

[336] Vgl. STAUDINGERKOMM-MAGNUS, 13. Auflage, Art. 30 Rn. 63.

[337] Der deutsche Richter hat am Ende Spielraum, um die Entscheidung über die günstigere Rechtsordnung zu treffen. Dafür kann er dem Arbeitnehmer die Möglichkeit geben, das günstigere Recht selbst zu bestimmen. Vgl. MÜNCHKOMM-MARTINY, Art. 30 Rn. 25.

ihm ergeben. Das nationale Recht kann alleine bestimmen, wann und wo und unter welcher Voraussetzung eine Regelung den Arbeitnehmer schützt.[338]
Die zwingenden Normen i.S.d. Art. 30 EGBGB müssen auch den Schutz des Arbeitnehmers bezwecken. Ob diese Schutznormen international zwingend sind, spielt für die Anwendung von Art. 30 EGBGB keine Rolle, weil der Artikel nur greift, wenn der Arbeitnehmer besser geschützt ist.
Der Anwendungsbereich des Art. 30 EGBGB ist von dem Anwendungsbereich des Art. 34 EGBGB zu unterscheiden. Unter Art. 34 EGBGB fallen Internationale Schutznormen, die Allgemeininteressen schützen (wie Mutterschutz z.B.). Art. 30 EGBGB erfasst alle zwingenden Schutznormen des objektiven- deutsch oder ausländischen- Vertragsstatutes. Eine strikte Trennung zwischen Individualschützenden (iSd. Art. 30 EGBGB) und gemeinwohlorientierten (iSd. Art. 34 EGBGB) Normen wird meistens nicht möglich sein: diese sollte allerdings auch in der Praxis unnötig sein, da Art. 34 in Art. 30 EGBGB aufgeht.[339]
Eine Rangkollision zwischen den Normenbereichen der Art. 30 und 34 EGBGB kommt vor, wenn ausländisches Vertragsstatut gilt, und das deutsche Recht nicht durch den Günstigkeitsvergleich im Art. 30 Abs. 2 EGBGB, sondern nach Art. 34 EGBGB anzuwenden ist. Praktische Fälle sind z.B. die Entsendung ausländischer Arbeitnehmer nach Deutschland. In der Regel haben die deutschen internationalen Eingriffsnormen Vorrang vor den zwingenden Bestimmungen des ausländischen Vertragsstatutes. Allerdings sind sie gleich anzuwenden, sofern sie den Arbeitnehmer günstiger schützen und keine erkennbaren Gründe vorliegen, dem Arbeitnehmer die Begünstigung vorzuenthalten.[340] Als Ergebnis wird im deutschen IPR ein Vorrang des Art. 30 vor Art. 34 EGBGB eingeräumt.

c) Beispiele für zwingende Schutznormen im Bezug auf Arbeitsverträge

Als zwingende Vorschriften, die für Art. 30 EGBGB relevant sind, sind z.B. die Kündigungsschutzregeln, der Entgeltanspruch, die Gleichbehandlung der Ge-

---

[338] Hier muss unterschieden werden, ob eine Regelung unabdingbar den Arbeitnehmer schützt oder, ob die Anwendungsvoraussetzungen gegeben sind. Ist das nicht der Fall, scheidet die Regelung als zwingende aus. Wenn die Arbeit z.B. im Inland stattfindet, scheidet das Arbeitsschutzrecht aus. Vgl. MAGNUS, URICH, Englischer Kündigungsschutz auf deutschem Schiff - Probleme des internationalen Seearbeitsrechts, IPRax 1991, S. 386.
[339] "Die Anwendungsbereiche der beiden Vorschriften überschneiden sich, sind aber nicht deckungsgleich. Art. 30 schließt als allseitige Kollisionsnorm alle nicht dispositiven Normen des jeweiligen- auch ausländischen- Vertragsstatut ein, relativiert ihre Geltung aber nach dem Günstigkeitsprinzip, wenn das Vertragsstatut durch Rechtswahl bestimmt wurde. Art. 34 beruft demgegenüber als einseitige Kollisionsnorm im Weg der Sonderanknüpfung nur bestimmte zwingende Normen allein des deutschen Rechts nämlich solche, an deren unbedingter Durchsetzung- ohne Rücksicht auf ein abweichendes Vertragsstatut- ein besonderes staatliches Interesse besteht. Auf einen Günstigkeitsvergleich kommt es hier nicht an. STAUDINGERKOMM-MAGNUS, 13. Auflage, Art. 30 Rn. 193 ff.
[340] Vgl. MÜNCHKOMM-MARTINY, Art. 30 Rn. 29.

schlechter, die Arbeitszeit- und Urlaubsregelung, Jugend-, Mutter-, Schwerbehindertenarbeitnehmerschutzregeln.[341]

f) Beispiele für international zwingende Normen in Bezug auf Arbeitsverträge

Solche Beispiele sind: der Kündigungsschutz für Betriebsverfassungsorgane, der Kündigungsschutz bei Massenentlassungen, der Kündigungsschutz für Schwerbehinderte und Schwangere, die Regelung über Lohnfortzahlung im Krankheitsfall, die Schranken für die Befristung von Arbeitsverhältnissen in § 1 des Gesetzes über arbeitsrechtliche Vorschriften zur Beschäftigungsförderung.[342]

g) Objektives Vertragsstatut (Abs. 2)

Art. 30 EGBGB Abs. 2 knüpft an den gewöhnlichen Arbeitsort an, und wenn der Arbeitnehmer diesen Ort oft wechselt, dann an den Einstellungsort.

aa)Das Recht des Arbeitsortes (lex loci laboris) (Art. 30 Abs. 2 Nr.1 EGBGB)
Das Recht des Arbeitsortes ist das Recht des Staates, in dem der Arbeitnehmer in Erfüllung seines Vertrages gewöhnlich arbeitet. Eine nur vorübergehende Tätigkeit in einem anderen Staat ändert daran nichts. Der Arbeitsort ist zwingend der Ort, an dem die tatsächliche Arbeitsleistung erbracht wird, nicht der Sitz des Betriebes.[343]
Beispiele für das Recht des gewöhnlichen Arbeitsorts
Für die Arbeitnehmer, die in einer Zweigstelle beschäftigt sind, kann entweder die Zweig- oder die Hauptstelle den Schwerpunkt des Arbeitsverhältnisses bilden. Entscheidend ist, wo der Arbeitnehmer seine tatsächliche Arbeitsleistung erbringt (das gilt für die Mitarbeiter multinationaler Unternehmen).[344]
Für die Ortskräfte, die direkt am Ort von ausländischen Arbeitgeber eingestellt werden, gilt das Recht, das am dortigen Arbeitsort gilt, z.B. bei internationalen Bauvorhaben.[345]
Wenn der Arbeitnehmer eine kurzfristige Tätigkeit in anderen Land erfüllt, ändert das nicht den gewöhnlichen Arbeitsort.[346]
Eine vorübergehende Entsendung in einen anderen Staat berührt den gewöhnlichen Arbeitsort nicht, erst wenn der Arbeitnehmer einen neuen gewöhnlichen Arbeitsort in dem anderen Staat begründet. Art. 30 EGBGB fordert keine be-

---

[341] Vgl. SOERGEL-VHOFFMANN, Art. 30 Rn 22.
[342] Vgl. STAUDINGERKOMM-MAGNUS, 13. Auflage, Art. 30 Rn. 111.
[343] Vgl. ERFURTERKOMM-SCHLACHTER, Art. 27 ff Rn. 8.
[344] Vgl. MÜNCHKOMM-MARTINY, Art. 30 Rn. 32.
[345] Vgl. MANKOWSKI, PETER, Arbeitskräfte bei Staaten und staatsnahen Einrichtungen im internationalen Privat- und Prozessrecht, IPRax 2001, S. 123ff.
[346] "So hat ein Arbeitnehmer auch dann noch seinen gewöhnlichen Arbeitsort in einem Staat, wenn er dort seine Berufstätigkeit zu zwei Dritteln, im Übrigen jedoch ständig in anderen Staaten ausübt, aber im Staat der hauptsächlichen Tätigkeit ein Büro besitzt, von dem aus er seine Tätigkeit organisiert und zu dem er nach seiner Auslandstätigkeit zurückkehrt. STAUDINGERKOMM-MAGNUS, 13. Auflage, Art. 30 Rn. 105.

stimmte Frist, innerhalb welcher der Arbeitnehmer eine Tätigkeit in einem anderen Staat erfüllen darf, und erlaubt damit, den Umständen des Einzelfalles gerecht zu werden.[347]

bb) Recht der einstellenden Niederlassung (Abs. 2 Nr. 2)

Art. 30 Abs. 2 Nr.2 EGBGB greift, solange der Arbeitnehmer seinen gewöhnlichen Arbeitsort nicht in ein und demselben Staat hat. Wenn das der Fall ist, gilt das Recht am Ort der einstellenden Niederlassung. Abs. 2 gilt auch für seltene Fälle, so wenn der gewöhnliche Arbeitsort keinem Staat zuzuordnen ist, sondern auf staatsfreiem Gebiet liegt (wie z.B. Arbeit in der Antarktis oder in einer Raumstation).
Das Recht des Niederlassungsortes kommt meistens in Betracht, wenn der Arbeitnehmer in mehreren Staaten arbeitet, wie das etwa bei Monteuren, Reisevertretung eines Unternehmens, Fernbahnpersonal, Zirkus und Schaustellpersonal der Fall ist. Das Recht der Niederlassung greift immer, wenn die Tätigkeit des Arbeitnehmers keinen Schwerpunkt in einem Staat hat, sondern sich die Tätigkeit auf verschiedene Auslandsstationen oder gleichgewichtig auf zwei gewöhnliche Arbeitsorte aufteilt.[348].
Problematisch ist, wenn der Arbeitgeber mehrere Niederlassungen hat oder eine Niederlassung, die keinen Bezug zum Arbeitsvertrag außer des Vertragsabschlusses hat. In diesen Fällen wird an das tatsächliche Niederlassungsrecht angeknüpft.[349]

h) Ausweichklausel (Art. 30 Abs. 2 HS. 2 EGBGB)

Die objektive Anknüpfung an den gewöhnlichen Arbeits- oder an den Niederlassungsort kann in manchen Fällen zu einem Recht führen, das dem Arbeitnehmer schadet. Solche Fälle sind besonders vorstellbar, wenn der Arbeitsvertrag für einen begrenzten Einsatz an einem bestimmten Ort abgeschlossen wurde, in allen übrigen Bezügen ihre Basis in einem anderen Staat hat. Für solche Fälle räumt Art. 30 EGBGB eine Korrekturmöglichkeit ein. Nach dieser Korrekturmöglichkeit tritt das geltende objektive Arbeitsvertragsstatut zurück, wenn die gesamten Umstände ergeben, dass der Arbeitsvertrag eine engere Beziehung zu einer anderen Rechtsordnung aufweist.[350]
Die Ausweichklausel greift auch, wenn die Parteien eine Rechtswahl getroffen haben. Sie ist allerdings eng auszulegen, weil sie als Ausnahmeregel gedacht ist und deswegen sparsam benutzt werden sollte.[351]
Zuletzt muss die Anwendung der Ausweichklausel im Günstigkeitsvergleich berücksichtigt werden, da das Kernziel des Art. 30 EGBGB der Schutz des Ar-

---

[347] Vgl. STAUDINGERKOMM-MAGNUS, 13. Auflage, Art. 30 Rn. 111.
[348] Vgl. STAUDINGERKOMM-MAGNUS, 13. Auflage, Art. 30 Rn. 117-118.
[349] Vgl. SOERGEL-VHOFFMANN, Art. 30 Rn. 43.
[350] Diese Vorschrift ist ähnlich wie Art. 28 Abs. 5.
[351] Vgl. KROPHOLLER, IPR, § 52 V 2b.

beitnehmer ist, deshalb muss auch die Ausweichklausel in seinem Interesse beachtet werden.[352]

i) Besondere Arbeitsverhältnisse

aa) Seearbeitsverträge

Seearbeitsverträge unterstehen dem Recht, das die Parteien gewählt haben. Auf Schiffen unter deutscher Flagge kann also die Geltung ausländischen Arbeitsrechts vereinbart werden.[353] Problematisch ist, welches Recht auf die Seearbeitsverträge im Fall mangelnder Rechtswahl anzuwenden ist. Die herrschende Meinung in der deutschen Literatur knüpft die Seearbeitsverträge an Art. 30 Abs. 2 S. 1 EGBGB an, da das Schiff der gewöhnliche Arbeitsort des Seemannes sei. Wenn man dieser Ansicht folgt, wird grundsätzlich an das Recht des Staates, dessen Flagge das Schiff führt, angeknüpft, da die Rechtsordnung an Bord der Rechtsordnung dieses Staates zuzuordnen ist.[354] Falls das Schiff keinen Bezug zum Flaggenstaat hat, greift Art. 30 Abs. 2 HS. 2 EGBGB die Ausweichklausel und knüpft an das Recht, das engste Verbindung zum Vertrag hat, an.[355] Das deutsche Recht hat allerdings besondere Regeln für ausländische Seeleute, die auf Zweitregisterschiffen arbeiten, erlassen. In diesem Fall gilt § 21 Abs. 4 FlaggRG, der den Parteien erlaubt, das Recht für die ausländischen Seeleute zu wählen, das meisten unter den deutschen Durchschnittsheuern liegt. Um diese Regel anzuwenden, müssen allerdings die Seeleute Ausländer sein und ihr Wohnsitz muss außerhalb des deutschen oder des EU-Gebiets liegen.[356]

bb) Arbeitsverhältnisse von Flug-, Bahn- und Fernfahrpersonal

Eine Rechtswahl nach Art. 30 Abs. 1 EGBGB gilt auch für die Arbeitsverträge von Flug-, Bahn-, Buspersonal, das auf internationalen Strecken arbeitet.[357] Ungeeignet ist die objektive Anknüpfung der Arbeitsverträge des Flug- und Bahnpersonals. Nach der h.M. gilt Art. 30 Abs. 2 Nr. 2. EGBGB (das Recht der einstellenden Niederlassung) für die internationalen Arbeitsverträge, solange das Personal auf internationalen und nicht auf Inlandsstrecken arbeitet.[358]

---

[352] Vgl. DICEY-MORRIS, II 33-068.
[353] Vgl. MANKOWSKI, Seerechtliche Vertragsverhältnisse, S. 502. Die Rechtswahl kann in diesem Fall Art. 27 Abs. 3 (reiner Inlandsfall) und Art. 30 Abs. 2 (das Recht, das für den Arbeitnehmer günstiger ist) ausschalten.
[354] Vgl. KROPHOLLER, IPR, § 52 V. 2 b.
[355] Vgl. STAUDINGERKOMM-MAGNUS, 13. Auflage, Art. 30 Rn. 146.
[356] Vgl. MANKOWSKI, Seerechtliche Vertragsverhältnisse, S. 561 ff.
[357] Vgl. STAUDINGERKOMM-MAGNUS, 13. Auflage, Art. 30 Rn. 146, 161.
[358] Vgl. MÜNCHKOMM-MARTINY, Art. 30 Rn. 33. Nach anderen Autoren müssen diese Arbeitsverträge an das Recht des Ortes, an dem das Flugzeug registriert ist, anknüpfen, da der gewöhnliche Arbeitsort des Flugpersonals das Flugzeug sei. Vgl. MANKOWSKI, Seerechtliche Vertragsverhältnisse, S. 491 ff.

cc) Arbeitsverhältnisse von Diplomaten und Konsuln

Die deutschen Gerichte können nicht in Konflikten zwischen Staaten und ihrem Botschaftspersonal entscheiden, solange dieses Personal hoheitliche Aufgaben erfüllt. Art. 30 EGBGB gilt allerdings für die Arbeitsverträge von Diplomaten, soweit deren Staatenimmunität nicht eingreift.[359]

j) Umfang des Arbeitsvertragsstatuts

aa) Entstehung des Arbeitsverhältnisses

Nach dem Vertragsstatut beurteilen sich z.B. die vorvertraglichen Pflichten, wie Aufklärungspflichten, die Zulässigkeit einer Befristung oder ob einem Betriebsübergang ein bestehendes Arbeitsverhältnis unter dem neuen Betriebsinhaber fortgesetzt wird.[360]

bb) Wirkungen des Arbeitsverhältnisses

Unter Wirkungen des Arbeitsverhältnisses versteht man z.B. die allgemeinen Vertragspflichten beider Parteien. Unter den Arbeitgeberpflichten versteht man die Lohnzahlungspflicht und die Ansprüche auf Lohnfortzahlung im Krankheitsfall.[361] Urlaubsanspruch, Erziehungsurlaub, Arbeitszeit, Arbeitnehmerhaftung, eine eingeschränkte Haftung des Arbeitnehmers gegenüber dem Arbeitgeber sind nach dem Vertragsstatut zu beurteilen. Diese Anknüpfung hat den Vorteil, dass ein Auseinanderfallen von Delikt- und Vertragsstatut und daraus folgende Widersprüche vermieden werden können.[362] Nach h.M. unterliegen die Arbeitnehmererfindungen dem Recht der Arbeitsverträge.[363]

---

[359] Vgl. ABBO, JUNKER, Neuere Entwicklungen im Internationalen Arbeitsrecht, RdA, S. 42, 1998, S. 45 ff.

[360] Vgl. STAUDINGERKOMM- MAGNUS, 13. Auflage, Art. 30 Rn. 215 ff.

[361] Die Lohnfortzahlung im Krankheitsfall gehört zum internationalen deutschen Sozialversicherungsrecht und wird trotz der Anknüpfung an ausländisches Vertragsstatut nach Art. 34 EGBGB eingreifen. In diesem Fall genügt eine ausländische Arbeitsunfähigkeitsbescheinigung. Vgl. MÜNCHKOMM-MARTINY, Art. 30 Rn. 54.

[362] Vgl. STAUDINGERKOMM-MAGNUS, 13. Auflage, Art. 30 Rn. 233.

[363] Vgl. ERMAN-HOHLOCH, Art. 30 Rn. 26.

2. Internationale Arbeitsverträge im syrischen und arabischen Recht

a) Einführung

Die internationalen Arbeitsverträge wurden in den arabischen Ländern immer mit der politischen Lage verknüpft. In den zwanziger bis zu den fünfziger Jahren galt für die Arbeitverträge die Rechtswahlfreiheit und Privatautonomie und dies reflektierte die Ideologie des freien Marktes, die in den ganzen arabischen Ländern verbreitet war. Mit der Juli-Revolution am 23.7.1952 haben sich sowohl die politische als auch die rechtliche und die wirtschaftliche Lage zuerst in Ägypten und danach in den ganzen arabischen Ländern geändert. Die Revolution hat dort eine sozialistische Bewegung ausgelöst. Es wurden viele Gesetze, die die Privatautonomie, das Privateigentum und die Rechtswahl begrenzen, erlassen. In Bezug auf internationale Arbeitsverträge wurden diese von vielen zwingenden Normen geregelt, bis die Rechtswahl für sie fast nicht mehr galt. Anfang der 80er Jahre fingen viele arabische Länder an, ihre Wirtschaft und dabei ihre Gesetze zu reformieren, die unter der Liberalisierung der Wirtschaft vorgesehen werden. Diese Reform hat natürlich den rechtlichen Rahmen der Arbeitsverträge beeinflusst. Fraglich ist aber, ob die Regelung für diese Art von Verträgen klar geregelt ist. Wenn man die Wirtschaftsgesetze in Syrien und in vielen arabischen Ländern nachschlägt, findet man trotz der Absicht, das Recht und das Wirtschaftssystem zu reformieren, viele versteckte sozialistisch geprägte Regelungen.[364]
Die internationalen Arbeitsverträge spielen in den arabischen Länder eine wichtige Rolle, denn viele arabische Arbeitskräfte aus den nordafrikanischen arabischen Ländern strömen nach Europa und in die Industrieländer, um dort zu arbeiten; besonders wegen den starken Lohnunterschieden zwischen den Herkunfts- und den Zielländern. Auf der anderen Seite empfangen die reichen arabischen Länder, besonders die Golfstaaten und der Libanon, eine große Zahl von ausländischen Arbeitskräften - sogar viele aus den EU-Ländern.
Im Folgenden werden zunächst Qualifikationsfragen der internationalen Arbeitsverträge diskutiert. Anschließend werden die aktuelle Gesetzgebung und die Literatur in den arabischen Ländern betrachtet und abschließend werden Beispiele aus der Rechtsprechung vorgestellt.

b) Qualifikation

Die arabische Rechtsprechung und Rechtswissenschaften haben sich immer noch nicht mit der Fragen der Qualifikation von Arbeitsverträgen befasst. Gemäß Art. 10 ägyptisches ZGB sind die arbeitsrechtlichen Begriffe nach dem ägyptischen materiellen recht als lege fori zu bedienen.

---

364 Vgl. ABU AULA, ALNAMER, Kritik an den ägyptischen Gesetzen in den Bereichen Investment und Technologietransfer, Kairo 2002, S. 35 ff.

Das ägyptische Arbeitsgesetz Nr. 137/1981 definiert die Begriffe „Arbeitnehmer" und „Arbeitgeber" gem. Art. 1 Abs. 1 folgendermaßen:
Arbeitnehmer ist „... jede natürliche Person, die für Lohn arbeitet und der Leitung und Überwachung des Arbeitgebers unterworfen ist."
Arbeitgeber ist „... jede natürliche oder juristische Person, die einen oder mehrere Arbeitnehmer gegen Lohn anstellt."[365]
Das syrische Arbeitsgesetz bestimmt die Begriffe „Arbeitnehmer" und „Arbeitgeber" in Übereinstimmung mit dem auch im syrischen ZGB geregelten Arbeitsrecht. Art. 640 syrisches ZGB lautet:

> „Arbeitsvertrag ist der Vertrag, in dem sich einer der Vertragsschließenden verpflichtet, im Dienste eines anderen und unter dessen Leitung oder Überwachung zu arbeiten, gegen einen Lohn, zu dem sich der andere Vertragschließende verpflichtet hat".

Im Konfliktfall gehen gemäß Art. 641 ZGB die Vorschriften des Arbeitsgesetzes vor den Vorschriften des ZGB.
Das syrische und ägyptische Sachrecht unterscheidet nicht zwischen Dienst- und Arbeitsverträgen. Die sachrechtliche Gleichbehandlung von Arbeits- und Dienstverträgen behält das ägyptische Kassationsgericht auch auf internationalprivatrechtlicher Ebene bei.[366] Die arabische Rechtslehre trennt auch nicht zwischen der Anknüpfung von Arbeits- und Dienstverträgen.[367]
In manchen Berufgruppen ist nicht klar, ob es sich um einen Arbeitsvertrag handelt, z.B. bei den Angehörigen freier Berufe und kaufmännischen Mittelspersonen.

aa) Angehörige freier Berufe

Zu dieser Gruppe zählen nach dem arabischen Recht insbesondere Rechtsanwälte, Ärzte, Ingenieure und Künstler. Ihre Tätigkeitsverhältnisse sind als Arbeitsverträge oder als Geschäftsbesorgungsverträge zu qualifizieren.[368] Die arabische Rechtsprechung unterscheidet zwischen der „fachlichen Abhängigkeit", der „organisatorischen Abhängigkeit" und der „technischen Abhängigkeit".[369]
Die arabische Rechtsprechung hat die Verträge mit Rechtsanwälten, die den Rechtsanwalt zur Prozessführung und Rechtsberatung verpflichten, als Arbeitsverträge qualifiziert, obwohl der Rechtsanwalt in seiner Tätigkeit völlig frei war,

---

[365] Vgl. ZAKI, MAHMUD JAMAL, Der Arbeitsvertrag im ägyptischen Recht, 2. Auflage, Kairo 1982, S. 31-39.
[366] Ägyptisches KassG 5.4.1967, Sammlung 18, S. 798-805.
[367] Die arbeitsrechtlichen Kollisionsnormen des Entwurfs zum ägyptischen ZGB unterscheiden zwischen Arbeitern und Angestellten, unterwirft sie aber denselben Anknüpfungsregeln.
[368] Der Geschäftsbesorgungsvertrag ist in den Artt. 665-668 syrisches ZGB geregelt.
[369] Vgl. z.B. ägyptisches KassG 29.3.1976, Versammlung 18, S. 688-691; 2.2.1972 Sammlung 23, S. 121-125 (beide zum Rechtsanwaltsvertrag).

so zum Beispiel nicht an Arbeitszeiten gebunden war und kein eigenes Rechtsanwaltsbüro unterhielt.[370]
Zur Bejahung der „organisatorischen Abhängigkeit" reicht es dem ägyptischen Kassationsgericht, dass der Vertrag auf unbestimmte Zeit geschlossen und das Anwaltshonorar monatlich gezahlt wird.[371]

bb) Handelsvertreter, Versicherungsvertreter und andere Vermittler

Die Rechtsverhältnisse der kaufmännischen Mittelspersonen sind sowohl im ZGB als auch im Handelsrecht geregelt.[372]
Art. 642 ZGB zieht eine Trennlinie zwischen den unabhängigen Mittelspersonen auf der einen und den wie Arbeitnehmer zu behandelnden abhängigen Mittelspersonen auf der anderen Seite. Das Recht der abhängigen Arbeitnehmer gleicht kaufmännischen Mittelspersonen:

> „Die arbeitsvertraglichen Bestimmungen finden auf das Verhältnis zwischen Arbeitgeber und den Handelsreisenden, Handelsvertretern, Versicherungsvertretern und anderen Vermittlern Anwendung, selbst wenn sie auf Provisionsbasis oder für Rechnung mehrere Arbeitgeber tätig sind, solange sie vom Arbeitgeber abhängig sind und seiner Kontrolle unterliegen."

Der charakteristische Unterscheid zwischen den kaufmännischen Mittelspersonen, die als Arbeitnehmer angesehen werden und den anderen, die nicht dieses Statut haben, ist die Unabhängigkeit von ihrem Auftraggeber und wenn sie unabhängig sind, gelten sie nicht als Arbeitnehmer. Die arabische Rechtsprechung behandelt die Handelsvertreter in weitem Umfang als Arbeitnehmer. Die Vermutung, das Kassationsgericht werde die Rechtsverhältnisse kaufmännischer Mittelspersonen als Arbeitsverträge qualifizieren, wird zusätzlich durch die Rechtsprechung in Rechtsanwaltsangelegenheiten substantiiert. Zur Festlegung einer „organisatorischen Abhängigkeit" genügt eine dauernde Geschäftsbeziehung und ein regelmäßig gezahltes Entgelt.

c) Anknüpfung der Gesetzgebung

Das ZGB enthält keine besonderen Vorschrift für Arbeitsverträge. Fraglich ist aber, ob Art. 20 ZGB, der die internationalen Verträge regelt, auch für Arbeits-

---

[370] Die ägyptische Rechtsanwaltsordnung lässt es grundsätzlich zu, dass ein Prozessanwalt bei einem Unternehmen fest angestellt ist (Art. 4 Abs. 2, 7, 8, 9 Rechtsanwaltsgesetz Nr. 17/1983 in Kraft seit dem 31.3.1983).
[371] Vgl. Entscheidung des ägyptischen KassG vom 29.3.1976.
[372] Das syrische HGB enthält in den Artt. 386-392 Bestimmungen zum Maklervertrag und in den Artt. 374-385 Vorschriften über den Kommissionär. Zur Schließung von Lücken sind die allgemeinen Regeln des ZGB zu beachten, insbesondere die Bestimmungen zum Geschäftsbesorgungsvertrag.

verträge gilt. Der Gesetzgeber hat diese Frage offen gelassen, obwohl das ägyptische ZGB einen Entwurf für einen besonderen Artikel für internationale Arbeitsverträge enthält, nämlich Art. 44. In diesem Entwurf heißt es:

> "Auf die Verträge zwischen Industriellen, Kaufleuten und Bauern mit ihren Arbeitnehmern und Angestellten findet das Recht am Orte des Verwaltungssitzes des Unternehmers Anwendung. Befindet sich der Hauptsitz des Unternehmers im Ausland und wurde der Vertrag von einer in Ägypten ansässigen Zweigniederlassung geschlossen, findet ägyptisches Recht Anwendung. Die vorstehenden Vorschriften finden auch dann Anwendung, falls die Vertragsschließenden sich auf ein anderes Recht geeinigt haben."

Der ägyptische Gesetzgeber hat diesen Artikel aus dem Gesetzentwurf gestrichen, da er die internationalen Arbeitsverträge als schwierig zu regeln angesehen hat.[373] Er wollte keine gesetzliche Regelung in diesem Bereich schaffen, um der Rechtsprechung in diesem Bereich mehr Freiheit zu gewähren. Der Gesetzgeber hat diese Verträge detailliert formuliert und wollte, dass die Gerichte mehr Ermessen in diesem Fall bekommen, anstelle sie an ein Gesetz zu binden.[374]
Die Ausführungsbestimmungen der Verordnung Nr. 91/1975 zum ägyptischen Investitionsgesetz Nr. 43/1974 regeln, welches Recht auf die Arbeitsverträge der in Ägypten tätigen ausländischen Investitionsgesellschaften mit ihren Arbeitnehmern anzuwenden ist. Art. 129 Abs. 1 des ägyptischen Investitionsgesetz lautet:

> „Auf die Arbeitnehmer der in der Freihandelszone zugelassenen Unternehmen finden die Vorschriften des Arbeitsrechts Anwendung, sofern in diesen Durchführungsbestimmungen nichts anderes bestimmt ist."

Der Gesetzgeber meinte mit dem Begriff „Vorschriften des Arbeitsrechts" ausschließlich sachrechtliche Vorschriften. Hätten sich die Normen auf das internationale Arbeitsrecht bezogen, wären sie überflüssig gewesen.[375]
Das ägyptische Seearbeitsgesetz Nr. 158/1959 enthält einseitig gefasste Kollisionsnormen. Nach Artt. 1, 2 Seearbeitsgesetz finden die Bestimmungen des ägyptischen Seearbeitsgesetzes auf die Arbeitsverträge der unter ägyptischer Flagge fahrenden Seeleute Anwendung.
Der Gesetzgeber hat allerdings nicht klar gemacht, ob die Rechtswahl auch für Arbeitsverträge gilt. Nicht geregelt ist auch, ob die alternativen Regeln im Art. 20 ZGB (Gemeinsamer Wohnsitzort und das Recht des Erfüllungsortes) für die Arbeitsverträge gelten.

---

373 Vgl. ATTAR, ABD ALNASER TAFIQ, Kommentar zu den Bestimmungen des Arbeitsgesetzes, Kairo 1988, S. 47 f.
374 Vgl. SADIQ, IPR, S. 395.
375 Vgl. SADIQ, IPR, S. 397.

Die internationalen Arbeitsverträge enthalten im arabischen Recht kein besonderes Anknüpfungsmerkmal, deswegen muss man in der arabischen Literatur und Rechtssprechung nachforschen, ob Gewohnheitsregeln für diese Verträge existieren.
Das Fehlen kodifizierter Arbeitskollisionsregeln weist aber nicht darauf hin, dass internationale Arbeitsverträge durchweg den allgemeinen Bestimmungen des internationalen Vertragsrechts unterliegen und gemäß Art. 20 ZGB oder 19 ägyptisches ZGB angeknüpft werden. In der arabischen Rechtslehre werden die Regeln des Art. 20 ZGB als unangemessen empfunden und Anknüpfungen vorgeschlagen, die den Besonderheiten des internationalen Arbeitsrechts besser gerecht werden.[376]

d) Anknüpfungsregeln der Rechtsprechung

Die arabische Rechtsprechung enthält sehr wenige Urteile in Bezug auf die internationalen Arbeitsverträge und das internationale Vertragsrecht insgesamt.
Das ägyptische Kassationsgericht hat sich in zwei Entscheidungen mit den internationalen Arbeitsverträgen beschäftigt und folgt in seiner Entscheidung aus dem Jahre 1967 nicht den kodifizierten allgemeinen Arbeitsverträgeregeln des Art. 19 ägyptisches ZGB.

aa) Die TWA-Entscheidung

Für die internationalen Arbeitsverträge gibt es ein bekanntes Urteil vom 05.04.1967 des ägyptischen Revisionsgerichts, bei dem zum ersten Mal entschieden werden musste, welches Recht auf ein internationales Arbeitsverhältnis anzuwenden ist. Der Kläger, ein amerikanischer Pilot, flog seit dem Jahr 1945 für die TWA-Fluggesellschaft und war zunächst in den Vereinigten Staaten ansässig. Später wurde der Pilot nach Ägypten versetzt und dort stationiert. Im Jahr 1956 musste er an einer Schulung für einen neuen Flugzeugtyp teilnehmen, die er nicht bestand. Deswegen sprach die TWA die Kündigung aus, gegen die sich der Pilot vor dem ägyptischen Gericht zu wehren versuchte. Der Pilot verlangte eine Abfindung, die nach dem ägyptischen, nicht aber nach dem amerikanischen Recht möglich ist.[377]
Das ägyptische Kassationsgericht hat die Klage zurückgewiesen, da das amerikanische Recht anzuwenden ist, welches keinen Abfindungsanspruch vorsieht. Zur Frage des anzuwendenden Rechts führte das Gericht aus:

> „Auf die Verträge, die die Arbeitgeber mit ihren Arbeitnehmern und Angestellten schließen, findet das Recht Anwendung, das am Ort der Niederlassung dieses Unternehmers gilt. Befindet sich die Hauptniederlassung in Ägypten und war es ihre in Ägypten ansässige Zweigniederlassung, die den Vertrag geschlossen hat, findet ägyptisches Recht Anwendung“.

[376] Vgl. SADIQ, IPR, S. 397.
[377] Ägyptisches Revisionsgericht Urteil Nr. 17 vom 5.4.1976.

Das Gericht hat also einen internationalen Arbeitsvertrag an das Niederlassungsrecht überwiesen. Das entspricht deutlich dem gestrichenen Entwurf für Art. 44 ägyptisches ZGB.
Nach dieser Entscheidung ist es immer noch nicht klar, ob an das Recht der einstellenden Niederlassung überwiesen werden muss, solange es sich um internationale Arbeitsverträge handelt. Das Kassationsgericht wollte das Niederlassungsrecht immer auf die internationalen Arbeitsverträge anwenden. Das Gericht hat ferner eine Ausnahme anerkannt: falls die einstellende Firma eine Niederlassung im Land hat und diese Niederlassung den Arbeitsvertrag unterzeichnet hat, wird das ägyptische Recht angewendet.
Das ägyptische Kassationsgericht hat in seinem TWA-Urteil kein Wort zu den allgemeinen Anknüpfungsregeln des Art. 19 ägyptisches ZGB, die auch für internationale Arbeitsverträge gelten sollten, gesagt. Das Gericht hat Art. 19 ägyptisches ZGB vielmehr ohne Begründung ignoriert und ist fast wörtlich den Anknüpfungsregeln gefolgt, die Art. 44 des Entwurfes zum ZGB vorsah. Allerdings übernahm das Gericht nicht Art. 44 S. 4 des Entwurfes, der keine Rechtswahl in internationalen Arbeitsverträgen ermöglicht.

Kritik:

Der überwiegende Teil der arabischen Literatur[378] hält diese Entscheidung für irrelevant und fordert, dass das Niederlassungsrecht nicht als Anknüpfungsregel für internationale Arbeitsverträge angesehen werden sollte. Die Kritiker meinen, dass der Gesetzgeber die internationalen Arbeitsverträge nicht ausdrücklich regeln wollte. Art. 44 des ägyptisches ZGB Entwurf wurde aus dem Gesetzentwurf entfernt, damit die Richter einen Spielraum bekommen, welches Recht bei dieser Art von Verträgen anzuwenden ist.[379] Der Gesetzentwurf lässt für internationale Verträge keine Rechtswahl zu und erkennt auch nicht die national und international zwingenden Nomen in Bezug auf internationale Arbeitsverträge an.[380] Im Ergebnis ist sich die arabische Literatur einig, dass das Recht des Niederlassungsortes nicht als Anknüpfungsregel für internationale Arbeitsverträge relevant ist. Wenn Arbeitsverträge stets an das Recht des Niederlassungsortes anknüpfen, wird der Arbeitnehmer nicht ausreichend geschützt und das, obwohl er die schwächere Vertragspartei ist.

bb) Die Saudi-Construction Entscheidung

Das ägyptische Kassationsgericht hat in einem zweiten Urteil zum internationalen Arbeitsrecht über die Zahlungsklage eines ägyptischen Mechanikers entschieden. Der Arbeitsvertrag wurde in Ägypten geschlossen, zwischen einem in Ägypten wohnhaften Beklagten, der für die Gesellschaft auftrat. Bei dem zwei-

---

[378] Vgl. Hadaad, IPR, S. 460.
[379] Vgl. Hadaad, IPR, S. 460.
[380] Vgl. Kurdie, Gamal Mahmud, Internationales Privatrecht, Kairo 1998 (zitiert: Kurdie, IPR), hier S. 366.

ten Beklagten handelte es sich um einen in Riad ansässigen Saudi-Araber. Die Parteien vereinbarten, den Arbeitslohn in saudischen Rial zu zahlen. Da die Beklagten ihrer Zahlungspflicht von Anfang an nicht nachkamen, verklagte der Mechaniker die beiden Bauunternehmer in Ägypten auf Zahlung. Die Tatsachengerichte gaben der Klage statt und verurteilten die Beklagten als Gesamtschuldner zur Zahlung des Arbeitslohnes. Das Kassationsgericht bestätigte die Urteile.[381]

In der Frage, welches Recht in diesem Fall anzuwenden sei, hat das Gericht geprüft, ob die Vereinbarung, den Arbeitslohn in saudischen Rial zu zahlen, als stillschweigende Rechtswahl anzusehen ist. Die vorinstanzlichen Gerichte hatten dies verneint, woran sich das Kassationsgericht als Revisionsinstanz gebunden sah. Das Gericht hat das ägyptische Recht angewandt, da der Vertragsabschluss in Ägypten zwischen dem Beklagten und dem Mechaniker erfolgte und beide ihren Wohnsitz in Ägypten hatten.[382]

cc) Bewertung der Rechtsprechung

Die Rechtsprechung des ägyptischen Kassationsgerichts folgt keiner einheitlichen Linie, wenn sie internationale Arbeitsverträge anknüpft. Die Entscheidung im TWA-Fall aus dem Jahr 1967 knüpft gemäß des Entwurfes zu Art. 44 S. 3 ägyptisches ZGB an die betriebliche Niederlassung an. Dagegen wurde im Saudi-Construction Fall von 1982 nach Art. 19 Abs. 1 ägyptisches ZGB entschieden. Es wurde an den gemeinsamen Wohnsitz angeknüpft, da die Partei keine Rechtswahl getroffen hatten.[383]

Als Ergebnis ist festzuhalten, dass sich der arabischen Rechtsprechung keine festen Anknüpfungsregeln für internationale Arbeitsverträge entnehmen lassen. Die Rechtsprechung signalisiert, dass die Arbeitsverträge grundsätzlich nach der allgemeinen Regel in Art. 19 ägyptisches ZGB anzuknüpfen sind. Die Rechtsprechung hat allerdings die Tür für andere Anknüpfungsregeln offen gelassen. Dies kann zu Rechtsunsicherheit auf einem wichtigen Gebiet führen, was die internationalen Wirtschaftsbeziehungen beeinträchtigt.

e) Anknüpfung der Literatur

Die arabische Literatur lehnt einheitlich ab, dass Arbeitsverträge immer an das Recht des Niederlassungsort zu verweisen sind, bietet allerdings keine einheitliche Alternative. Die folgenden Punkte sind Vorschläge, wie internationale Arbeitsverträge geregelt werden sollten:

---

[381] Vgl. SADIQ, IPR, S. 398.
[382] Vgl. HADAAD, IPR, S. 494.
[383] Vgl. HADAAD, IPR, S. 494 ff.

aa) Organisatorische und unorganisatorische Vertragsteile

Es wird zwischen der Vertragswirkung, die organisatorischen Charakter hat und der Vertragswirkung ohne organisatorischen Charakter unterschieden. Als organisatorische Vertragsteile werden die zwingenden nationalen Vorschriften angesehen, z.B. nach dem syrischen Recht der Arbeitslohn, die Arbeitszeit oder die Sozialversicherung. Diesen Punkten unterliegt das Recht des Arbeitsortes immer, auch wenn wir internationale Arbeitsverträge haben.[384]
Die Vertragsteile, die organisatorisch sind, sollten dem Recht des Arbeitsortes unterliegen, da diese Vertragsteile sehr eng mit dem Arbeitsort verknüpft sind und für die Arbeitnehmer Rechtssicherheit bieten.[385] Nach dieser Auffassung gilt keine Rechtswahl für die organisatorischen Teile der internationalen Arbeitsverträge.
Die Vertragsteile, die nicht organisatorisch definiert sind, sollten nach Art. 20 ZGB beurteilet werden. In diesem Fall gibt es die Möglichkeit der Rechtswahl für die nicht organisatorischen Vertragsteile. Umstritten ist aber, ob nur eine ausdrückliche Rechtswahl möglich ist oder auch eine stillschweigende. Manche Autoren erkennen für internationale Arbeitsverträge nur die ausdrückliche Rechtswahl an.[386]
Für den Fall, dass die Parteien keine Rechtswahl getroffen haben, sollten nach der h.M. die alternativen Anknüpfungsregeln angewendet werden, wie in Art. 20 Abs. 1 und 2 ZGB das gemeinsame Wohnsitzort- und dann das Erfüllungsortrecht. Andere sind der Meinung, dass in diesem Fall das Recht des Arbeitsortes oder das Recht der einstellenden Niederlassung anzuwenden seien.[387]

bb) Anknüpfung an das Recht des Arbeitsortes

Andere Autoren sind der Meinung, dass internationale Arbeitsverträge immer dem Recht des Arbeitsortes unterliegen müssen. Sie unterscheiden nicht zwischen organisatorischen und nicht organisatorischen Vertragsteilen. Nach dieser Meinung unterstehen internationale Arbeitsverträge immer dem Recht des Arbeitsortes.[388]
Wenn der Arbeitnehmer seine Arbeit in mehreren Staaten erfüllt, wird in diesem Fall auf das Recht des Niederlassungsortes verwiesen. Und im Fall mehrerer Niederlassungen wird nach der arabischen Literatur auf das Recht der Hauptniederlassung verwiesen.[389]

---

[384] Vgl. SADIQ, IPR, S. 390.
[385] Vgl. SADIQ, IPR, S. 391.
[386] Vgl. SADIQ, IPR, S. 391.
[387] Vgl. SADIQ, IPR, S. 392.
[388] Vgl. KURDIE, IPR, S. 366.
[389] Vgl. HADAAD, IPR, S. 494ff.

cc) Rechtswahlfreiheit für internationale Arbeitsverträge

Andere Autoren vertreten die Meinung, dass internationale Arbeitsverträge nach der Rechtswahl - wie in Art. 20 ZGB - angeknüpft werden müssen. In diesem Fall müssen allerdings die zwingenden Normen des Arbeitsortes geachtet werden.[390] Wenn die Vertragsparteien keine Rechtswahl treffen, müssen die internationalen Arbeitsverträge objektiv angeknüpft werden, wie z.B. nach dem Recht des Arbeitsortes oder dem Recht der einzelnen Niederlassung.[391]

dd) Bewertung der arabischen Literatur

Die arabischen Autoren sind sich einig, dass die zwingenden Normen des arabischen Rechts immer beachtet werden müssen, solange Syrien oder Ägypten die Arbeitsorte sind. Es ist aber nicht klar geregelt, ob international zwingende Normen geachtet werden müssen, wenn sich der Arbeitsort im Ausland befindet. Nach einer Meinung kann der Richter die international zwingenden Normen in Bezug auf die internationalen Arbeitsverträge achten und als Rechtsgrundlage für diese Anwendung wird an Art. 26 ZGB angeknüpft. Art. 26 ZGB lautet:

> "Die Grundsätze des internationalen Privatrechts sind im Falle von Gesetzeskonflikten anwendbar, die in den vorhergehenden Bestimmungen nicht vorgesehen sind".

Genauso wie die Rechtsprechung folgt die arabische Literatur keiner gemeinsamen Linie, um in internationalen Arbeitsverträgen klare Anknüpfungsmerkmale zu regeln. Es wird zwischen organisatorischen und nicht organisatorischen Vertragsteilen unterschieden. Diese Differenzierung entspricht der Anwendung der nationalen und internationalen Eingriffnormen im deutschen EGBGB. Die arabische Literatur bietet keine zufrieden stellenden Anknüpfungsregeln, die die Rechtsprechung unterstützen können. Hier könnte eine internationale Rechtsvergleichung für Arbeitsverträge sehr hilfreich sein.

f) Internationale Seearbeitsverträge

Die Anknüpfungsregeln für internationale Seearbeitsverträge sind in Art. 1,2 ägyptisches Seearbeitsgesetz geregelt. Diese beiden Artikel lauten:

> Art.1: "Die Vorschriften dieses Gesetzes finden auf alle Verträge Anwendung, in denen sich eine Person verpflichtet, gegen Lohn unter der Anleitung und Überwachung eines Kapitäns eines Schiffes der Handelsflotte der Vereinigten Arabischen Republik[392] zu arbeiten. Die Vorschriften dieses Gesetzes finden auch Anwendung auf die Verträge, in denen sich ein Kapitän zur Arbeit auf den vorbezeichneten Schiffen verpflichtet."

---

[390] Vgl. KURDIE, IPR, S. 367.

[391] Vgl. ABDULLAH, IPR, S. 452ff.

[392] Im Jahr 1958 hat Ägypten eine Vereinigung mit Syrien beschlossen, die "Vereinigte Arabische Republik" genannt wurde. Diese Vereinigung zerbrach im Jahr 1961.

> Art. 2 Abs. 1: "Die Vorschriften dieses Gesetzes finden keine Anwendung auf Personen, die auf Handelsschiffen arbeiten, deren Bruttotonnage 500 Tonnen unterschreitet."

Es ist nicht einfach zu erkennen, dass Art. 1 ägyptisches Seearbeitsgesetz internationale Regen enthält, besonders wenn man sich eng auf den Wortlaut der Normen beschränkt.
Art. 1 ägyptisches Seearbeitsgesetz bietet keine klaren Verweisungsregeln, sondern verweist lediglich an die Vorschriften dieses Gesetz. Art. 1 erscheint vielmehr als Vorschrift, die die Durchsetzung einiger internationaler zwingenden Normen des Seearbeitsrechts für Arbeitnehmer auf ägyptischen Schiffen sichern will. In Wirklichkeit enthält Art. 1 Seearbeitsgesetz kollisionsrechtliche Reglungen, da er auf die Vorschriften dieses Gesetz verweist. Gemeint in diesem Fall ist nicht nur das Seearbeitsgesetz, sondern auch das gesamte ägyptische Zivilrecht.[393]

---

[393] Vgl. Art. 6 ägyptisches SeearbeitsG: „Auf die Seeleute finden alle im Zivilgesetzbuch, im Seehandelsgesetzbuch und ihren Annexgesetz niedergelegten Vorschriften Anwendung".

3. Internationale Arbeitsverträge im Vergleich

a) Arbeitnehmerschutz im Vergleich

Im deutschen IPR und nach Art. 30 EGBGB ist ein Günstigkeitsvergleich zwischen dem gewählten Recht und dem objektiven geltenden Recht zu Gunsten des Arbeitsnehmers angestellt worden. Der Arbeitnehmer wird als die schwache die Partei in internationalen Arbeitsverträgen angesehen.
Nach dem deutschen Recht müssen die Normen, die den Arbeitnehmer schützen, nicht eng, sondern großzügig interpretiert werden. Der Arbeitnehmer soll gegenüber seinem Arbeitgeber rechtlich besser gestellt sein. Es spielt in diesem Zusammenhang keine Rolle, ob die Schutzregel aus dem öffentlichen oder dem Privatrecht stammt.
Zum Schutz des Arbeitnehmers ist im deutschen Recht eine weitere Regel anzuwenden, nämlich Art. 30 Abs. 2 HS. 2. EGBGB Diese Regel ist als Korrekturmöglichkeit gedacht. Nach dieser Regel tritt das anwendbare Recht (egal ob als objektives Arbeitsvertragsstatut oder als gewähltes Recht) zurück, wenn die gesamten Umständen ergeben, dass der Arbeitsvertrag eine engere Beziehung zu einer anderen Rechtsordnung aufweist. Das Kernziel des deutsches IPR und besonders des Art. 30 EGBGB ist der Schutz des Arbeitnehmers, deshalb muss die Ausweichklausel diesem Interesse dienen. Damit muss sie im Günstigkeitsvergleich berücksichtigt werde.
Anders als im deutschen Recht kennen weder der syrische Gesetzgeber noch die arabische Rechtsprechung noch die Literatur besondere Regeln zu Gunsten des Arbeitnehmers gegenüber seinem Arbeitgeber in den internationalen Verträgen an. Das ist eigentlich erstaunlich, da der syrische und der arabische Gesetzgeber bei der Kodifizierung des Arbeitsrechts den Arbeitnehmerschutz geachtet hat, insofern, als sie das gesamte Arbeitsrecht für zwingend erklärten.[394]
Die Anknüpfung an den Sitz des einstellenden Unternehmens (wie in der TWA-Entscheidung) fördert die Interessen des Arbeitgebers. Die Entscheidung im Saudi- Construction- Fall zeigt ganz deutlich, dass der Arbeitnehmer besonderen Schutz in internationalen Verträgen erhalten sollte. Das ägyptische Kassationsgericht hat in diesem Fall den internationalen Arbeitsvertrag wie jeden anderen Vertrag behandelt und hat ihn über die allgemeinen Regeln des Art. 19 ägyptisches ZGB angeknüpft. Die Anknüpfungen des Art. 19 ägyptisches ZGB sind sozial unakzeptabel und führen nur in seltenen Fällen zur Geltung eines Rechts, das für den Arbeitnehmer günstig ist.
Die arabische Rechtsprechung und Gesetzgeber nehmen bei der Suche nach dem geltenden Recht für die internationalen Arbeitsverträge auf den Arbeitnehmer keine Rücksicht. Das ist ein Manko und muss korrigiert werden. Das deutsche Modell, nach dem der Arbeitnehmer in den internationalen Verträgen als schutzbedürftig gilt, ist viel effektiver und erfolgreicher. Der Günstigkeitsver-

---

[394] Vgl. Art. 4 ägyptisches ArbeitsG.

gleich und die Ausweichklausel, wie in Art. 30 EGBGB geregelt, könnten ein Vorbild für die zukünftigen Schritte in den arabischen Gesetzentwürfen und Rechtsprechungen sein, um die Arbeitnehmer auf internationaler Ebene zu schützen.

b) Internationale Arbeitsverträge und Rechtswahlfreiheit im Vergleich

Art. 30 Abs. 1 EGBGB erkennt eine Rechtwahl an und lässt damit die Parteiautonomie für internationale Verträge zu. Die Vorschrift beschränkt sind allerdings nur auf die Wirkung der Rechtswahl und räumt einen Günstigkeitsvergleich zu Gunsten des Arbeitnehmers ein. Die Parteien können nach dem deutschen Recht jedes geltende Rechtssystem wählen. Sie können auch ein Recht ohne Bezug zum Vertrag wählen. Ihre Wahl wird in diesem Fall nur materiellrechtliche Bedeutung haben, wenn der Vertrag Inlandsbezug hat (gemäß Art. 27 Abs. 3 EGBGB). Das Inlandsbezugkriterium wird ignoriert, wenn das gewählte Recht den Arbeitnehmer besser als die zwingenden Inlandsnormen schützt. In diesem Fall gilt das Günstigkeitsprinzip des Art. 30 EGBGB auch im Rahmen des Art. 27 Abs. 3 EGBGB.

Anders ist die Lage im syrischen Recht. So ist es nicht klar, ob eine Rechtswahl für die internationalen Arbeitsverträge zulässig ist. Der Entwurf im ägyptischen ZGB enthält einen besonderen Artikel für die internationalen Arbeitsverträge, nämlich Art. 44. Dieser Artikel sieht für internationale Arbeitsverträge keine Rechtswahl vor. Er verweist immer auf das Recht des Verwaltungsortes des Unternehmers. Das ägyptische Recht wird aber auch angewendet in dem Fall, wo die Firma ihre Hauptniederlassung im Ausland hat, aber in Ägypten eine Zweiniederlassung.

Wenn man die internationalen Arbeitsverträge auf Art. 20 ZGB verweist, wird in diesem Fall eine Rechtswahl für diese Verträge zugelassen. Fragliche ist aber, ob Art. 20 ZGB auch für die internationalen Arbeitsverträge gilt. Der Gesetzgeber hat diese Verträge vom Anwendungsbereich der allgemeinen Regeln für internationale Verträge nicht ausgenommen. Gleichzeitig hat er die internationalen Arbeitsverträge als komplizierte Bereiche definiert, um sie unter einer Regel zu erfassen.[395] Grundsätzlich erkennt der arabische Gesetzgeber für internationale Arbeitsverträge die Möglichkeit der Rechtswahl an. Das darf aber nicht dazu führen, dass diese Erlaubnis immer für alle Fälle gilt. Wann und wie die Rechtswahlfreiheit beschränkt wird, ist nicht klar. Es ist auch nicht klar, ob diese Beschränkung zu Gunsten des Arbeitnehmers oder des Arbeitgebers benutzt wird. Diese Unklarheit führt zu Rechtsunsicherheit, deswegen muss der syrische Gesetzgeber klar regeln, wie und wo die Rechtswahl für die internationalen Arbeitsverträge angewendet wird. Das deutsche Modell, wie in Art. 30 EGBGB, kann auch als Vorbild gelten: die Rechtswahlfreiheit wird grundsätzlich zuge-

[395] So hat der ägyptische Gesetzgeber argumentiert als er Art. 44 vom Entwurf ausgeschlossen hat, damit die Richter mehr Spielräume in Bezug auf die internationalen Arbeitsverträge bekommen.

lassen, ist aber in ihrer Wirkung beschränkt, um dem Arbeitnehmer einen besseren Schutz zu bieten.
So wie der arabische Gesetzgeber hat die arabische Rechtsprechung keine klare Auffassung, ob Rechtswahl für internationale Arbeitsverträge zulässig ist.
Im TWA-Fall hatten die Parteien keine ausdrückliche Rechtswahl getroffen, ebenso wenig eine stillschweigende Rechtswahl wurde vom ägyptischen Kassationsgericht angenommen. Das Gericht wandte Art. 44 S. 2 des Gesetzentwurfes an. Das Gericht hat auch Art. 44 Abs. 4 des ZGB Gesetzentwurfes von diesem Entwurf nicht erwähnt, das heißt, das Gericht hätte im TWA-Fall die Rechtswahl anerkannt, da Art. 44 Abs. 4 des Gesetzentwurfes die Rechtswahl ausschließt. Das Kassationsgericht wollte die Tür offen lassen, um internationale Arbeitsverträge parteiautonom anzuknüpfen. Das Gericht hat die Problematik im konkreten Fall nicht erörtert, weil die Parteien keine Rechtswahl getroffen hatten.
Im Urteil der Saudi- Construction hat das ägyptische Kassationsgericht objektiv nach Art. 19 Abs. 1 ägyptisches ZGB angeknüpft. Auf der einen Seite hat das Gericht in diesem Fall der Parteiautonomie Priorität eingeräumt, auf der anderen Seite ignorierte das Gericht eine stillschweigende Rechtswahl. Wie das Gericht die Rechtswahl begrenzt, kann man diesem Urteil nicht entnehmen.

c) Internationale Arbeitsverträge und objektive Anknüpfung im Vergleich

Das deutsche Recht enthält Anknüpfungsregeln, die für internationale Arbeitsverträge gültig sind, solange die Parteien keine Rechtswahl getroffen haben. Dieses objektive Vertragsstatut muss geachtet werden, auch wenn die Parteien eine Rechtswahl getroffen haben: Die zwingenden Normen des objektiven Vertragsstatuts werden zusammen mit den zwingenden Normen des gewählten Rechts und dem günstigsten Recht für den Arbeitnehmer angewendet.
Nach Art. 30 Abs. 2 EGBGB wird an den gewöhnlichen Arbeitsort angeknüpft und wenn der Arbeitnehmer diesen Ort oft wechselt, dann an den Einstellungsort. Das Recht des Arbeitsortes ist das Recht des Staates, in dem der Arbeitnehmer in Erfüllung seines Vertrages gewöhnlich arbeitet und dieser Ort ist der Ort, an dem die tatsächliche Arbeitsleistung erbracht wird, nicht zwingend am Sitz des konkreten Betriebes.
Das Recht der einstellenden Niederlassung wird im deutschen EGBGB in Betracht kommen, wenn der Arbeitnehmer seinen gewöhnlichen Arbeitsort nicht in ein und demselben Staat hat. Das Recht des Niederlassungsortes kommt meistens in Betracht, wenn der Arbeitnehmer in mehreren Staaten arbeitet.
Ähnlich wie in Art. 30 Abs. 2 EGBGB verwendet die arabische Literatur[396] und die arabische[397] Rechtsprechung eine objektive Anknüpfungsregel und verweist für die internationalen Arbeitsverträge auf den Ort der einstellenden Niederlas-

[396] Vgl. Art. 44 ägyptischer Gesetzentwurf.
[397] Vgl. TWA-Entscheidung des ägyptischen Kassationsgerichts aus dem Jahr 1967.

sung. Ausnahmsweise ist das ägyptische Recht anzuwenden, falls eine in Ägypten ansässige Zweigniederlassung den Arbeitsvertrag geschlossen hat. Solch eine Ausnahme gibt es im deutschen Recht nicht. Anders als in der arabischen Literatur und Rechtsprechung wird im deutschen Recht das Recht der einstellenden Niederlassung angewendet, nur wenn der Arbeitnehmer in mehreren Staaten arbeitet und deswegen keinen gewöhnlichen Arbeitsort hat. Die Lösung des deutschen Rechts ist für den Schutz der Arbeitnehmer viel besser als die der arabischen Rechtsprechung. Immer an das Recht der einstellenden Niederlassung anzuknüpfen, dient am meisten dem Interesse des Arbeitgebers, der seine arbeitsrechtlichen Regelungen gut kennen sollte. Deswegen ist eine solche Anknüpfung für ihn vorteilhaft. Der Arbeitnehmer könnte bei der Anwendung des Rechts der einstellenden Niederlassung benachteiligt werden, besonders wenn er einen dauerhaften Arbeitsort hat.
Das arabische Recht enthält andere objektive Anknüpfungsregeln, die für internationale Arbeitsverträge gelten. Die Anknüpfungsregeln des Art. 20 Abs. 1 und 2 ZGB sind für die Arbeitsverträge nicht die beste Lösung und können die Anknüpfungsregeln an das Arbeitsortrecht und an das Recht der einstellenden Niederlassung nicht ersetzen.
Außerdem ist die Anwendung des gemeinsamen Wohnsitzes und des Abschlussortes für internationale Verträge umstritten, deswegen können sie nicht für Arbeitsverträge gültig sein, zumal sie keinen Schutz für den Arbeitnehmer bieten.
Der gemeinsame Wohnsitz beruft nur dann das für den Arbeitnehmer vorteilhafte lex loci laboris, wenn es sich um ein stationäres Arbeitsverhältnis handelt, und der einstellende Betrieb im Arbeitsland seine Hauptniederlassung hat. Das Kriterium des gemeinsamen Wohnsitzes versagt bei den internationalen Arbeitsverträgen, in denen eine Entsendung vorliegt und das kommt im internationalen Wirtschaftsverkehr nicht selten vor. Der Arbeitsvertrag unterliegt in diesem Fall nach Art. 20 Abs. 2 ZGB dem Recht des Abschlussortes, sofern natürlich die Parteien keine Rechtswahl getroffen haben.
Der Abschlussort ist meistens zufällig und steht nur in einem äußeren Zusammenhang zum Vertrag und gilt als Anknüpfungsmerkmal daher im internationalen Arbeitsrecht nur in abgeschwächter Form.
Die Anwendung der Abschlussortsregel führt meistens zum Recht am Sitz der einstellenden Niederlassung.

d) Internationale Seearbeitsverträge im Vergleich

Nach dem deutschen Recht unterliegen die Seearbeitsverträge dem gewählten Recht. Also ist eine Rechtswahl im Sinne des Art. 27 EGBGB auch für die Arbeitsverträge auf einem deutschen Schiff zulässig, egal, ob das gewählte Recht deutsches oder ausländisches Recht ist.

Im Fall mangelnder Rechtswahl befürwortet die herrschende Meinung [398]in der deutschen Literatur die Anwendung des Art. 30 Abs. 2 S. 1, da das Schiff der gewöhnliche Arbeitsort des Seemannes ist. Die Anwendung des Art. 30 Abs. 2 S. 2 EGBGB würde zum Recht der Flagge führen.
Das deutsche Recht enthält allerdings eine besondere Regel für ausländische Seeleute, die auf Zweitregisterschiffen arbeiten. Nach §21 Abs. 4 FlaggRG können die Parteien ein ausländisches Recht wählen, das unter den deutschen Durchschnittenheuern liegt. Um diese Regel anzuwenden, müssen allerdings die Seeleute Ausländer sein und ihr Wohnsitz muss außerhalb des EU-Gebiets liegen.
Anders als im deutschen Recht erlaubt das arabische Recht in Art. 1 ägyptisches Seearbeitsgesetz keine Rechtswahl für die Schiffe mit ägyptischer Flagge. In diesem Fall wird das ägyptische Recht angewendet und diese Regel hat international zwingenden Charakter.
Es ist nicht klar, welches Recht anzuwenden ist, falls das Schiff unter ausländischer Flagge fährt. Hier könnte das Recht der Flagge oder aber Art. 20 syrisches ZGB angewendet werden. Die arabische Literatur und Rechtssprechung haben sich mit diesem Thema noch nicht beschäftigen müssen. Die Anwendung des Art. 20 syrisches ZGB könnte für die Seearbeitsverträge relevant sein, da die Rechtswahl erlaubt ist. Die objektive Anknüpfung nach Art. 20 Abs. 1 und 2 syrisches ZGB kann für die Seearbeitverträge durch das Recht der Flagge ersetzt werden. Für die zukünftige Entwicklung der arabischen internationalen Seearbeitsrechtsregeln ist der Vergleich mit Art. 30 EGBGB und mit der deutschen und europäischen Rechtsprechung und Literatur sehr wichtig.

[398] Vgl. KROPHOLLER, IPR, § 52 V. 2 b; MAGNUS, IPRax 1990.

IV. Internationale Bankverträge

Die Bankverträge haben im internationalen Handelsverkehr große Bedeutung. Hinter dem Begriff Bankverträge verstecken sich zahlreiche Handelsverträge, die in internationalen Verträgen eine sehr entscheidende Rolle spielen. Fraglich ist, ob die allgemeinen Regeln des IVR auch für die internationalen Bankverträge gelten. Also, ob diese Verträge Artt. 27, 28 EGBGB und Art. 20 ZGB unterliegen oder ob sie besonders behandelt werden müssen und von den allgemeine Regeln ausgenommen werden. Internationales Einheitsrecht für Bankverträge besteht noch nicht.[399]

1. Internationale Bankverträge im deutschen Recht

a) Allgemein

Das deutsche EGBGB enthält keine besondere Regel für internationale Bankverträge, deswegen unterliegen diese Verträge im Allgemeinen Artt. 27, 28 EGBGB. Die Parteien können für die internationalen Bankverträge ein Recht wählen.[400] Diese Wahl kann nach Art. 27 EGBGB ausdrücklich oder stillschweigend sein. Die Rechtswahlregel gilt auch, wenn die Bankverträge im Internet abgeschlossen werden.[401]
Falls die Parteien keine Rechtswahl getroffen haben, wird Art. 28 Abs. 2 angewendet. Die Bank erbringt in der Regel die charakteristische Leistung und damit wird das Recht des Staates, in dem die leistende Niederlassung der Bank liegt, angewendet.[402]
Das Recht der Bank ist auch für Bankverträge zu privaten Zwecken anzuwenden, die zwischen der Bank und ihren Kunden geschlossen werden. In diesem Fall kann Art. 29 EGBGB greifen, soweit diese Verträge Verbraucherverträge im Sinne des Art. 29 EGBGB sind.[403] In der Praxis hat Art. 29 EGBGB keine große Bedeutung für die Verträge zwischen der Bank und ihre Kunden, da die Anwendungsvoraussetzungen des Art. 29 Abs. 1 Nr. 1-3 EGBGB verlangen, dass die Bankdienstleistung nicht ausschließlich in einem anderen als dem Staat des Verbrauchers zu erbringen seien.[404]
Im Folge werden verschiedene Typen von Bankverträgen und ihre Anknüpfungsregeln im deutschen Recht untersucht.

---

[399] Ein materielles Einheitsrecht im Bereich des Factorings existiert schon. Vgl. Übereinkommen über das internationale Factoring vom 25.5.1988. Dieses Übereinkommen wurde am 26.2.1998 in Deutschland ratifiziert. Der UNCITRAL hat auch ein Modellgesetz für den internationalen Überweisungsverkehr am 15.5.1992 geschaffen. Man könnte auch die Richtlinien der IHK für Dokumentenakkreditive und Inkassi gut brauchen.

[400] Vgl. MÜNCHKOMM-MARTINY, Art. 28 Rn. 228.

[401] Vgl. STAUDINGERKOMM-MAGNUS, 12. Auflage, Art. 28 Rn. 525.

[402] Vgl. GIULIANO-LAGARDE, S. 52; MÜNCHKOMM-MARTINY, Art. 28 Rn. 238.

[403] Reine Konsumentenkredit und Wertpapierkäufe erfasst Art. 29 nicht. Vgl. STAUDINGERKOMM-MAGNUS, 12. AUFLAGE, Art. 28 Rn. 528.

[404] Vgl. STAUDINGERKOMM-MAGNUS, 12. Auflage, Art. 28 Rn. 528.

b) Einlagenverträge

In diesen Verträgen nimmt die Bank Geld von dem Kunden oder auch einer anderen Bank an und behält es als Einlage. Für diese Geschäfte gilt nach einer Meinung mangels Rechtswahl das Recht der annehmenden Bank, da die Bank gemäß Art. 28 EGBGB die charakteristische Leistung erfüllt.[405]
Andere Autoren sind der Meinung, dass der Kunde die charakteristische Leistung erbringt, da er der Bank mit seiner Einlage ein Darlehen gewährt.[406] Die charakteristische Leistung wird doch von der Bank und nicht dem Kunden erbracht, da die Bank das sichere Verfügbarhalten der Einlage leistet.

c) Diskontgeschäfte

Bei diesen Geschäften kauft die Bank Wechsel und Schecks unter Abzug eines Diskonts ein, die sie dann einziehen wird. Gemäß Art. 28 EGBGB unterstehen diese Geschäfte dem Recht am Sitz der Bank, da die Bank die charakteristische Leistung erbringt.[407]

d) Factoringverträge

Beim Factoring kauft die Bank dem Kunden eine Forderung ab, welche der Kunde aus Liefer- oder Dienstleistungsgeschäften mit oder gegenüber Dritte erworben hat. Die Bank sorgt für den Einzug dieser Forderungen. Es gibt zwei Arten von Factoring: im ersten Fall trägt die Bank das Risiko der Zahlungsunfähigkeit. Dies wird als „echtes“ Factoring bezeichnet. Bleibt das Risiko jedoch beim Kunden, der rückbelastet wird, wenn der Dritte nicht zahlt, nennt man dies "unechtes" Factoring.
Für internationale Factoringgeschäfte hat das UNIDROIT ein Übereinkommen geschaffen. Dieses Übereinkommen vom 28.5.1988 ist materielles Einheitsrecht. Das Übereinkommen ist bisher in Frankreich, Italien, Lettland, Nigeria, Ungarn und Deutschland in Kraft getreten. Die Konvention gilt auch in Nichtvertragsstaaten, wenn sich der Faktor, sein Kunde und der Dritte in Vertragsstaaten niederlassen oder wenn der Faktorvertrag und der Vertrag des Kunden mit dem Dritten dem Recht eines, nicht notwendig des gleichen Vertragsstaates untersteht (Art. 2 Abs. 1 Factoring-Übereinkommen).
Falls das Übereinkommen nicht anwendbar ist, unterliegen die Factoringverträge dem gewählten Recht. Falls die Parteien keine Rechtswahl getroffen haben, werden die Verträge objektiv an das Recht des Faktors, der in den meisten Fällen eine Bank ist, angeknüpft.[408]

---

[405] Vgl. ERMAN-HOHLOCH, Art. 28 Rn. 28.
[406] Vgl. SOERGEL-VHOFFMANN, Art. 28 Rn. 318.
[407] Vgl. STAUDINGERKOMM-MAGNUS, 12. Auflage, Art. 28 Rn. 533
[408] Vgl. MÜNCHKOMM-MARTINY, Art. 28 Rn. 245.

Wenn eine zweite Bank die Forderung von der ersten abkauft oder einschaltet, gilt das Recht der zweiten Bank, da diese die Forderung ihrerseits einzieht.[409]

e) Forfaitierungsverträge

Genau wie beim Factoring kauft bei der Forfaitierung die Bank (Forfaiteur) von einem Kunden (Forfaitist) Wechsel oder Forderungen, die dieser gegenüber einem Dritten hat, ab. Im Gegensatz zum Factoring trägt hier die Bank das volle Risiko.[410] Für die Forfaitierungsverträge gilt mangels Rechtswahl das Recht am Sitz der Bank.[411]

f) Giroverträge

Der Girovertrag enthält den bargeldlosen Zahlungs- und Abrechnungsverkehr. Für ihn gilt innerhalb der EU eine Richtlinie, die die grenzüberschreitenden Überweisungen regelt.[412]
UNCITRAL hat am 15.5.1992 ein Modellgesetz über den internationalen Überweisungsverkehr verabschiedet. Als Kollisionsregel schlägt das Modellgesetz mangels Rechtswahl die Anknüpfung an das Recht am Ort der Empfängerbank vor (Art. Y Abs. 1).
In den anderen Fällen gilt in der deutschen IPR-Literatur für die internationalen Girogeschäfte das Recht am Sitz der beauftragten Bank, sofern die Parteien keine Rechtswahl getroffen haben. Die beauftragte Bank muss die Überweisung oder den Lastschriftauftrag ausführen und für Zahlung auf das Empfängerkonto sorgen.[413]
Das Recht am Sitz der beauftragten Bank wird auch bei Überweisungen zwischen Banken angewendet. In diesem Fall gilt das Recht der zweiten Bank. Das Recht der beauftragten Bank gilt auch dann, wenn es sich um eine Rücküberweisung wegen irrtümlicher Zahlung handelt.[414]
Die Verträge über die Ausgabe von Kreditkarten unterstehen mangels Rechtswahl dem Recht am Sitz des ausgebenden Kreditinstituts. Diese Regel gilt sowohl für das Rechtsverhältnis zwischen der Bank und den Kunden als auch zwischen dem Kunden und den Vertragsunternehmen, bei denen der Kunde unter Vorlage der Kreditkarte unbar zahlen kann.[415]

---

409 Vgl. STAUDINGERKOMM-MAGNUS, 12. Auflage, Art. 28 Rn. 537.
410 Vgl. STAUDINGERKOMM- MAGNUS, 12. Auflage, Art. 28 Rn. 539.
411 Vgl. ERMAN-HOHLOCH, Art. 28 Rn. 56. Andere sind der Meinung, dass die Forfaitierung dem Recht am Sitz des Kunden unterliegen muss, da er das Risiko alleine trägt. Vgl. SOERGEL-VHOFFMANN, Art. 28 Rn. 331.
412 Richtlinie 97/5 EG.
413 Vgl. STAUDINGERKOMM-MAGNUS, 12. Auflage, Art. 28 Rn. 545.
414 OLG Köln RiW 1993, 1023.
415 Vgl. STAUDINGERKOMM-MAGNUS, 12. Auflage, Art. 28 Rn. 546.

g) Dokumentenakkreditiv

Bei dem Dokumentenakkreditiv weist der Zahlungsschuldner eines internationalen Geschäfts seine Bank, die eröffnende oder Akkreditivbank, an, für den Begünstigten ein Akkreditiv zu eröffnen. Mit der Eröffnung verpflichtet sich die eröffnende Bank, bei Vorlage bestimmter festgelegter Dokumente die Akkreditivsumme auszuzahlen.[416] Der Verkäufer hat Zahlungsansprüche sowohl gegen den Käufer als auch gegen die Akkreditivbank. Meistens beauftragt die Akkreditivbank eine andere Bank im Land des Begünstigten oder des Verkäufers. Die zweite Bank kann nur als Zahlungsstelle tätig sein; diese nennt sich „advising bank“ oder, falls das Akkreditiv von der zweiten Bank bestätigt wird „confirming bank“. Nur in diesem Fall hat der Verkäufer Auszahlungsanspruch gegen die zweite Bank.[417]

Das Dokumentenakkreditiv ist im internationalen Handelsverkehr eine verbreitete Zahlungsmethode. Der Wert des Akkreditivs hängt davon ab, ob das Akkreditiv widerruflich oder nicht widerruflich ist. Nur bei unwiderruflichen Akkreditiven handelt es sich um eine sichere Zahlungsmethode.

Für Dokumentenakkreditive werden die einheitlichen Richtlinien und Gebräuche für Dokumentenakkreditive (ERA) der internationalen Handelskammer von 1993 vereinbart.[418]

In den übrigen Fällen gilt für das Rechtsverhältnis zwischen dem Akkreditivauftraggeber und der Akkreditivbank mangels Rechtswahl das Recht am Sitz der Bank, da diese nach Art. 28 Abs. 2 EGBGB die charakteristische Leistung in diesen Arten von Geschäften erbringt.[419] Die gleiche Regel gilt für das Rechtsverhältnis zwischen der Akkreditivbank und dem Verkäufer oder dem Akkreditivbegünstigten, solange keine zweite Bank beteiligt ist.[420]

Wenn eine zweite Bank eingeschaltet ist, dann richtet sich das Rechtsverhältnis zwischen der zweiten Bank und dem Begünstigten nach dem Sitzrecht dieser Bank.

Fraglich ist, ob das Recht der zweiten Bank auch für das Rechtsverhältnis zwischen dem Begünstigten und der ersten Bank gelten soll, so dass es zu einer einheitlichen Anknüpfung für beide Banken käme. Nach der herrschenden Meinung bleibt aber das Rechtsverhältnis zwischen dem Begünstigten und der ersten Bank dem Recht dieser Bank unterworfen.[421]

---

[416] Meistens sind diese Dokumente Transportdokumente über die gehandelte Ware, Versicherungspolicen oder Handelsrechnungen.

[417] Vgl. STAUDINGERKOMM-MAGNUS, 12. Auflage, Art. 28 Rn. 549.

[418] Vgl. STAUDINGERKOMM-MAGNUS, 12. Auflage, Art. 28 Rn. 550.

[419] Vgl. DICY-MORRIS, S. 115.

[420] OLG Frankfurt RiW 1992, S. 315.

[421] Diese Meinung schließt die Anwendung des Art. 28 Abs. 5 EGBGB nicht aus, diese Regel kann zur Anwendung eines enger verbundenen Rechts führen. Vgl. STAUDINGERKOMM-MAGNUS, 12. Auflage, Art. 28 Rn. 559-575.

Mangels einer Rechtswahl unterliegt das Rechtsverhältnis zwischen der ersten und der zweiten Bank dem Recht am Ort der ausführenden Niederlassung der Zweitbank, die in diesem Fall die charakteristische Leistung erbringt.[422]
Die Stand by Letters of Credit sind genauso wie Dokumentenakkreditive zu behandeln. Bei diesen verpflichtet sich eine Bank gegenüber ihrem Auftraggeber, an den Begünstigten zu zahlen, wenn bestimmte vereinbarte Bedingungen erfüllt werden. Meistens wird eine Erklärung des Begünstigten gefordert, dass er die versprochene Leistung nicht erhalten hat, damit haben Stand by Letters stärkere Garantiefunktion als Dokumentenakkreditive.[423]

h) Investmentverträge

Investmentverträge sind Verträge, in denen die Anlage und Verwaltung eines Grundstücks- oder Wertpapiersondervermögens, die eine Bank oder Anlagegesellschaft im eigenen Namen und für Rechnung der Anleger betreibt.[424] Für die Investmentverträge gilt mangels Rechtswahl das Recht am Sitz des Anlageinstituts.[425]
Art. 34 EGBGB kommt hier zur Anwendung, deswegen wird §11 des Gesetzes über Vertrieb ausländischer Investmentanteile vom 28.7.1969 als zwingende Norm angewendet. §11 räumt beim innerstaatlichen Hausvertrieb ausländischer Investmentanteile ein zweiwöchiges Widerrufsrecht ein.[426]

i) Darlehen- und Kreditverträge

Darlehen- und Kreditverträge unterliegen mangels Rechtswahl dem Recht am Sitz des Darlehens- oder Kreditgebers, da dieser nach Art. 28 EGBGB die charakteristische Leistung erbringt.[427] Eine stillschweigende Wahl deutschen Rechts ist anzunehmen, wenn deutsche Vertragsparteien in Deutschland in der deutschen Sprache einen Darlehensvertrag abschließen, der auf BGB-Bestimmungen verweist.[428] Bei Kreditverträgen zwischen Privaten ist das Recht am gewöhnlichen Aufenthaltsort des Kreditgebers anzuwenden.
Wenn Kreditverträge durch dingliche Rechte abgesichert sind, wird gemäß Art. 28 Abs. 5 EGBGB das Recht am Belegenheitsort des belasteten Gründstücks angewendet.[429]
Die internationalen Konsortialkredite, die von Banken aus mehreren Staaten gemeinsam unter Führung einer Bank als Darlehengeber ausgegeben werden, unterliegen mangels Rechtswahl dem Recht des Ortes, an dem die führende

[422] Vgl. MÜNCHKOMM-MARTINY, Art. 28 Rn. 242; OLG Frankfurt RiW 1988, S. 905.
[423] Vgl. STAUDINGERKOMM-MAGNUS, 12. Auflage, Art. 28 Rn. 565, 566.
[424] Vgl. Handelsrecht § 35 III 2ff.
[425] Vgl. SOERGEL-VHOFFMANN, Art. 28 Rn. 360.
[426] Vgl. STAUDINGERKOMM-MAGNUS, 12. Auflage, Art. 28 Rn. 575.
[427] Vgl. OLG München RiW 1996 S. 330.
[428] Vgl. STAUDINGERKOMM- MAGNUS, 12. Auflage, Art. 28 Rn. 235.
[429] Vgl. MÜNCHKOMM-MARTINY, Art. 28 Rn. 134.

Bank ihre Niederlassung hat. Diese Regel gilt sowohl für das Rechtsverhältnis zwischen Kreditnehmer und Kreditgeber als auch für das Verhältnis der Banken untereinander.[430]
Innerhalb der EU spielt die Richtlinie über Verbraucherkredite vom 22.12.1986 (ABI EG 1987 Nr. L 42/48) eine wichtige Rolle, um die Angleichung des materiellen Verbraucherkreditrechts zu erreichen. Deutschland hat diese Richtlinie mit dem Verbraucherkreditgesetz vom 17.12.1990 umgesetzt.

2. Internationale Bankverträge im arabischen Recht

Es ist im arabischen IPR umstritten, ob Art. 20 Abs. 1 ZGB als Anknüpfungsregel für die internationalen Bankverträge relevant ist. Dieser Streit existiert zwischen Literatur und Rechtsprechung.

a) Internationale Bankverträge in der arabischen Literatur

Nach der h.M. sind die internationalen Bankverträge besonders anzuknüpfen, damit ist Art. 20 Abs. 1 für sie irrelevant.[431]
Als geeignete Anknüpfungsregel für die Bankverträge ist das Recht am Sitz der Bank anzuwenden. Fraglich ist, wie man Art. 20 Abs. 1 ZGB, der alle internationalen Verträge inklusive Bankverträge regelt, komplett ausschließt und das Recht am Sitz der Bank anwendet. Hier kann nur Art. 26 ZGB helfen, da er internationale Rechtsvergleiche erlaubt und die Tür für die Anwendung ausländischer Regeln offenlässt. Es ist immer noch nicht klar, ob die arabischen Gerichte Art. 26 ZGB anwenden werden. Von der wenigen Rechtsprechung im Bereich des internationales Vertragsrecht hat man den Eindruck, dass die arabischen Gerichte die internationalen Anknüpfungsregeln nach Art. 26 ZGB nicht anwenden wollen. Im Folgenden wird ein Fall präsentiert, der diese Einschätzung untermauert.[432]

b) Die internationalen Bankverträge in der arabischen Rechtsprechung

Das ägyptische Kassationsgericht hat sich mit einem Fall über die Anknüpfungsregel für Bankverträge beschäftigt.[433] In der Sache ging ist um ein unwiderrufliches Dokumentenakkreditiv. Der Begünstigte war eine ägyptische Firma, die an eine niederländische Firma Ware lieferte. Die niederländische Firma beauftragte eine Bank mit Sitz in London als Akkreditivbank. Die britische Bank eröffnete das Akkreditiv und schaltete eine ägyptische Bank, als Avisbank, ein diese schickte ein Akkreditiveröffnungsschreiben an den Verkäufer.

---

[430] Vgl. SOERGEL-VHOFFMANN, Art. 28 Rn. 321.
[431] Vgl. ABDALAL, MOHAMMED, Internationales Bankrecht, Alexandria 1994, (zitiert: ABDALAL, Internationales Bankrecht), hier, S. 233.
[432] Vgl. ABDALAL, Internationales Bankrecht, S. 240.
[433] Ägyptisches KassG, 27.2.1984 Sammlung Nr. 35 S. 551-563.

Nach der Lieferung prüfte die Akkreditivbank die Unterlagen und verweigerte die Zahlung, da die eingereichten Dokumente nicht die Bedingungen des Akkreditiveröffnungsschreibens erfüllten. Die ägyptische Firma klagte gegen die englische Bank in Ägypten und verlangte Zahlung. Die englische Bank forderte die Anwendung des englischen Rechts, da der Leistungsort in England läge und der Vertrag in London gemäß Art. 19 Abs. 1 ägyptisches ZGB abgeschlossen war.
Das ägyptische Gericht knüpfte den Bankvertrag an den Leistungsort an. Der Leistungsort lag in diesem Fall in Ägypten, da die ägyptische Bank für die Durchführung des Akkreditivvertrags zuständig worden.[434]
Das Kassationsgericht hat auf der Suche nach einer passenden Anknüpfungsregel Art. 19 Abs. 1 ägyptisches ZGB ausdrücklich ausgeschlossen.
Art. 19 Abs. 1 ägyptisches ZGB nicht anzuwenden, ist eine richtige Entscheidung, da die Anknüpfungsregeln in diesem Artikel (gemeinsamer Wohnsitz- und Abschlussort) für die internationalen Bankverträge nicht relevant sind. Die internationalen Bankverträge unterscheiden sich von anderen Verträgen, weswegen hier ein Bedürfnis, für diese Verträge besondere Regelungen zu schaffen, vorliegt.
Das Kassationsgericht hat allerdings nicht klar gesagt, wie die kodifizierten Anknüpfungsregeln des Art. 19 Abs. 1 völlig außer Acht gelassen werden konnten. In der Regel gilt diese Anknüpfung für die internationalen Bankverträge, da diese Verträge keine besonderen Regeln im internationalen Vertragsrecht beinhalten. Die Begründung der Entscheidung des Kassationsgerichts bietet keine Rechtssicherheit. Das Gericht hätte deutlich machen müssen, wie Art. 19 Abs. 1 ägyptisches ZGB ausgeschlossen werden kann.[435]
Das ägyptische Kassationsgericht hat den internationalen Bankvertrag an den Leistungsort angeknüpft, das Gericht hat allerdings nicht begründet, warum. Das Gericht hätte klarstellen sollen, welche nationalen Vorschriften in diesem Fall anzuwenden sind, um internationale Anknüpfungsregeln in das nationale Recht zu übernehmen.[436]
Es hat den Anschein, dass das Gericht das ägyptische Recht anwenden wollte. Diese Anwendung war aber wegen Art. 19 Abs. 1 nicht möglich; so wurde an den Leistungsort angeknüpft.

3. Internationale Bankverträge im Vergleich

Das deutsche EGBGB enthält keine besondere Regel für die internationalen Bankverträge. Sie werden nach der allgemeinen Regel in Artt. 27, 28 EGBGB angeknüpft. Die Rechtswahl kann ausdrücklich oder stillschweigend sein. Mangels einer Rechtswahl unterliegen die internationalen Bankverträge Art. 28 Abs. 2 EGBGB und werden nach der charakteristischen Leistung angeknüpft. Da die

[434] Vgl. ABDALAL, Internationales Bankrecht, S. 240.
[435] Vgl. ABDALAL, Internationales Bankrecht, S. 242.
[436] Vgl. ABDALAL, Internationales Bankrecht, S. 245.

Bank in der Regel die charakteristische Leistung erbringt, ist das Recht des Staates maßgeblich, in dem die leistende Bank ihren Sitz hat.
Einlagenverträge, Diskontgeschäfte, Factoringverträge, Forfaitierungsverträge, Giroverträge, Dokumentenakkreditive, Investmentverträge und die Darlehen und Kreditverträge unterliegen damit dem Recht des Staates, in dem die Bank ihren Sitz hat, da bei diesen Geschäften die charakteristischen Leistung von der Bank erbracht wird.
Das syrische ZGB enthält auch keine besonderen Regeln für internationale Bankverträge. Die arabische Literatur lehnt die Anwendung des Art. 20 ZGB für die internationalen Bankverträge ab.[437] Die alternative Anknüpfungsmerkmale in diesem Artikel (gemeinsamer Wohnsitz- und Abschlussort) sind für diese Verträge irrelevant und führen in der Praxis zu einem Dilemma.
Alternativ wird die Anknüpfung an das Recht am Sitz der Bank vorgeschlagen. Auf die Frage, wie man zur Anwendung des Rechts am Sitz der Bank kommt, gibt es in der Literatur keine Antwort. Hier könnte nur Art. 26 ZGB helfen, da er die Anwendung der internationalen Vorschriften erlaubt, falls das ZGB keine passenden Regeln enthält.[438] Die seltenen arabischen Urteile über internationales Vertragesrecht erwecken den Eindruck, dass die arabischen Richter internationale Anknüpfungsregeln durch Art. 26 ZGB nicht so gerne benutzen. Falls die Anknüpfungsregeln in Art. 20 Abs. 1 ZGB nicht passen, werden die arabischen Richter internationale Vorschriften anwenden ohne Begründung, wie solche Vorschriften übernommen werden können. Man könnte interpretieren, dass die arabischen Richter die Anwendung internationaler Vorschriften minimieren wollen.
Die arabische Literatur schlägt vor, das Recht am Sitz der Bank anzuwenden, ohne das Prinzip der charakteristischen Leistung zu berücksichtigen[439]. Das bedeutet nicht, dass in einem Fall anders entschieden werden kann. Sinnvoll wäre eine Regel wie Art. 28 Abs. 2 EGBGB, der auf die charakteristische Leistung verweist.
Die arabische Literatur fordert, Art. 20 ZGB im Bereich der internationalen Banken nicht zu berücksichtigen[440]. Dies ist kein schlechter Vorschlag, wenn man nur die alternative Anknüpfungsregel dieses Artikels ausschließt. Art. 20 Abs. 1 S. 3 ZGB lässt aber für die internationalen Verträge eine Rechtswahl zu. Diese Regel komplett an die Seite zu legen und das Recht am Sitz der Bank anzuwenden, erlaubt keine Rechtswahlmöglichkeiten für die internationalen Bankverträge. Die Rechtswahlfreiheit muss auch für diese Verträge bestehen bleiben. Die objektiven Anknüpfungsregeln müssen allerdings durch die charakteristi-

---

[437] Vgl. ABDALAL, Internationales Bankrecht, S. 240.
438 Art. 26 ZGB lautet "Die Grundsätze des internationalen Privatrechts sind im Falle von Gesetzeskonflikten anwendbar, die in den vorhergehenden Bestimmungen nicht vorgesehen sind".
[439] Vgl. ABDALAL, Internationales Bankrecht, S. 244.
[440] Vgl. ABDALAL, Internationales Bankrecht, S. 250.

sche Leistung und nicht durch die Anknüpfung an das Recht am Sitz der Bank ersetzt werden.
Die arabische Rechtsprechung hat in einem Urteil[441] über unwiderrufliche Dokumentenakkreditive entschieden. Das ägyptische Kassationsgericht hat für diesen Vertrag das Recht am Leistungsort angewendet und hat damit Art. 19 Abs. 1 ägyptisches ZGB komplett ausgeschlossen ohne zu begründen, wie der Leistungsort angewendet werden kann. Diese Entscheidung erweckt den Eindruck, dass das Kassationsgericht Art. 4 EVÜ vor Augen hat. Das Gericht hat dies allerdings in seiner Begründung Art. 4 EVÜ nicht erwähnt. Das Kassationsgericht hat die Akkreditivgeschäfte wie ein deutsches Gericht tun würde. In diesem Fall ist die ägyptische Bank die zweite Bank und damit wird das Recht der zweiten Bank (hier das ägyptische Recht) auf das Rechtsverhältnis zwischen dem Verkäufer und der Akkreditivbank in England angewandt. Das Recht der zweiten Bank wird angewandt, unabhängig davon, ob die ägyptische Bank als Zahlungsstelle oder als „confirming bank“ auftritt.
Es kann nicht mit Sicherheit vorausgesagt werden, dass zukünftige internationale Bankverträge von den arabischen Gerichten an den Leistungsort angeknüpft werden, besonders, wenn diese Anwendung das nationale Recht ausschließt.
Das ägyptische Kassationsgericht hat auch nicht klar erwähnt, ob das Recht am Leistungsort mangels einer Rechtswahl anzuwenden ist. Die Parteien hatten seinerzeit keine Rechtswahl getroffen, deswegen kann man nicht sicher sein, ob eine Rechtswahl für internationale Bankverträge zulässig ist. Eine künftige Entscheidung oder klare gesetzliche Regelungen müssen diese Unklarheit beseitigen.

[441] Ägyptisches KassG, 27.2.1984, Sammlung Nr. 35, S. 551-563.

V. Internationale Versicherungsverträge

1. Im deutschen Recht

a) Allgemein

Das internationale Versicherungsvertragsrecht in Deutschland ist durch das Kriterium der Risikobelegenheit außerhalb oder innerhalb des EWR gespalten.
Die Artt. 27 ff EGBGB gelten nur für solche Versicherungsverträge, die außerhalb des EWR Risiken decken, ferner für Rückversicherungsverträge. Für die Versicherungsverträge, die Risiken innerhalb des EWR betreffen, gelten besondere Regeln, die auf verschiedene EG-Richtlinien zurückgehen[442], die der Verwirklichung der Dienstleistungsfreiheit der Versicherer in der EG dienen.[443] Die Umsetzung dieses „europäischen internationalen Versicherungsvertragsrechts" in deutsches Recht erfolgte durch Artt. 7 ff EGVVG.
Über die Risikobelegenheit, die den Anwendungsbereich der Artt. 27ff EGBGB von dem der Artt. 7 ff EGVVG abgrenzt, ist nach der lex fori zu entscheiden (Art. 37 Nr. 4 S. 2 EGBGB).[444]

b) Internationale Versicherungsverträge nach Artt. 27 ff EGBGB

Die Direktversicherungsverträge über Risiken, die außerhalb der EWR belegt sind sowie die Rückversicherungsverträge unterliegen gemäß Art. 27 EGBGB dem ausdrücklich oder stillschweigend gewählten Recht. Fehlt eine Rechtswahl, so ist die engste Beziehung nach der Vermutung des Art. 28 Abs. 2 zu bestimmen. Grundsätzlich erbringt der Versicherer die charakteristische Leistung und somit ist das Recht am Ort seiner Hauptniederlassung anzuwenden.[445]
Wenn Verbraucher Versicherungsverträge schließen, die unter den in Art. 29 I EGBGB bezeichneten Umständen zustande gekommen sind, ist die Rechtswahlfreiheit nach Art. 29 I eingeschränkt. Als objektives Anknüpfungsmoment dient gemäß Art. 29 II EGBGB der gewöhnliche Aufenthalt des Verbrauchers.[446]

---

[442] Vgl. Art. 7 der zweiten Schadensversicherungsrichtlinie vom 22.6.1988 (ABl. EG 1988 Nr. L172,1); Art. 4 der zweiten Lebensversicherungsrichtlinie vom 8.11.1990 (ABl. EG 1990 Nr. L330, 50); Art. 4 der dritten Schadenversicherungsrichtlinie vom 18.6.1992 (ABl. EG 1992 Nr. L228, 1).

[443] Der Europäische Wirtschaftsraum (EWR) umfasst die EU-Staaten sowie Island, Liechtenstein und Norwegen.

[444] Vgl. KROPHOLLER, IPR §52, VII.

[445] Vgl. STAUDINGERKOMM-MAGNUS, 12. Auflage, Art. 28 Rn. 485. Nach aA unterliegen die internationalen Versicherungsverträge dem Recht des Ortes, an dem das zu versichernde Risiko belegt ist oder an dem der Versicherungsnehmer seinen Sitz hat. Vgl. SOERGEL-vHOFFMANN, Art. 28 Rn. 143.

[446] Vgl. KROPHOLLER, IPR § 52, VII.

c) Internationale Versicherungsverträge nach Artt. 7 ff EGVVG

Es ist schwierig, das europäische internationale Versicherungsvertragsrecht zusammenzufassen. Die Parteiautonomie ist nach diesem Recht und anders als in den Artt. 27 ff EGBGB stark eingeschränkt. Nur für die Versicherung von Großrisiken ist die Rechtswahl grundsätzlich zugelassen (Art. 10 I EGVVG), weil der Schutz einer schwächeren Partei hier nicht in Betracht kommt. In den anderen Fällen wird in Art. 9 EGVVG bei einzelnen Fallgruppen eine auf bestimmte Rechtsordnungen beschränkte Rechtswahl gestattet.[447]
Die objektive Anknüpfung gewichtet das Moment der Risikobelegenheit am stärksten. Das ergibt sich aus mehreren Vorschriften: Gemäß Art. 8 EGVVG ist z.B. das Recht des Mitgliedstaates anzuwenden, in dem das Risiko belegen ist und in dem der Versicherungsnehmer seinen gewöhnlichen Aufenthalt hat. Art. 9 I EGVVG erlaubt bei Auseinanderfallen der genannten Anknüpfungsmomente die Wahl zwischen den beiden Rechtsordnungen. Art. 11 II EGVVG, der bei unterlassener Rechtswahl die Vermutung aufstellt, dass der Vertrag die engsten Verbindungen mit dem Mitgliedstaat der Risikobelegenheit aufweist.[448]
Es liegen keine deutlichen Gründe vor, warum internationale Versicherungsverträge unterschiedliche Angeknüpft werden je nachdem, ob die Risiken innerhalb oder außerhalb des EWR belegen sind. Einfacher wäre es, wenn diese Verträge einheitlichen Kollisionsregeln unterlägen.

2. Internationale Versicherungsverträge im syrischen Recht

Das syrische IPR enthält keine besonderen Vorschriften für die internationalen Versicherungsverträge. Diese unterliegen gemäß Art. 20 Abs. 1 ZGB dem gewählten Recht. Mangels einer Rechtswahl wird objektiv angeknüpft. In Betracht kommt zuerst das Recht am gemeinsamen Wohnsitzort. Allerdings kommt dieses Merkmal in internationalen Versicherungsverträgen kaum vor, da der Versicherer meistens eine internationale Firma besitzt, die ihre Niederlassung im Ausland hat. In diesem Fall kann das Recht des Abschlussortes angewandt werden. Wie oben, hat diese Anknüpfungsregel in den meisten Fällen keine Beziehung zum Vertrag. Die internationalen Versicherungsverträge sollten mangels einer Rechtswahl dem Prinzip der charakteristischen Leistung unterliegen. Diese Leistung wird in der Regel von dem Versicherer geleistet. So ist das Recht an seiner Hauptniederlassung anzuwenden.[449]

---

[447] Vgl. KROPHOLLER, IPR § 52, VII.
[448] Vgl. KROPHOLLER, IPR § 52, VII.
[449] Zur arabischen Versicherungsvertragsregelung vgl. BÄLZ, Versicherungsvertrag im islamischen Recht und den neuen Zivilkodifikationen unter besonderer Berücksichtigung des ägyptischen und des jordanischen ZGB, Karlsruhe 1997.

VI. Internationale Handelsvertretervertrag

1. Allgemeines

Handelvertreter ist, wer ständig für einen oder mehrere Geschäftsherren Geschäfte vermittelt, dabei aber selbständig ist. Handelsvertreter können in verschiedenen Branchen arbeiten, z.B. Warenverkauf, Versicherungen, Bausparen etc.

Die Rechtsvergleichung ist einzuschalten, um die Frage zu beantworten, ob ein Vertragsverhältnis als Handelsvertreter- oder Arbeitsvertrag zu qualifizieren ist. Wichtig ist, dass der Handelsvertreter selbständig arbeitet, er seine Tätigkeit im Wesentlichen selbst gestalten kann und er für die Organisation keinen Weisungen unterworfen ist.[450]

Der europäische Raum enthält eine materiellrechtliche Vereinheitlichung des Handelsvertreterrechts. Hier hat die EWG-Richtlinie 86/653 zur Koordinierung der Rechtsvorschriften der Mitgliedstaaten beigetragen[451]. Kollisionsrechtliches Einheitsrecht enthält das Haager Übereinkommen über das auf Vertreterverträge und Stellvertretung anzuwendende Recht vom 14.3.1978. Nach dem Übereinkommen gilt mangels Rechtswahl das Sachrecht am Niederlassungs- oder gewöhnlichen Aufenthaltsort des Vertreters.

2. Internationale Handelsvertreterverträge im deutschen Recht

Die Handelsvertreterverträge unterliegen dem ausdrücklich oder stillschweigend gewählten Recht.[452] Die Rechtswahl ist für Handelsvertreterverträge zulässig, auch dann, wenn das gewählte Recht keinen Bezug zum Vertrag hat oder wenn der Vertrag kein Auslandselement aufweist. Wenn das der Fall ist, bleibt alles zwingende Inlandsrecht anwendbar (Art. 27 Abs. 3 EGBGB).[453]

Die deutschen Unternehmen können mit ihren Auslandsvertretern die Geltung deutschen Rechts vereinbaren.[454] Das Gleiche gilt, wenn mit Inlandsvertretern die Geltung ausländischen Rechts vereinbart wird.

Mangels Rechtswahl unterliegen die internationalen Handelsvertretverträge dem Recht am Sitz des Handelsvertreters, da er die vertragscharakteristische Leistung erbringt.[455] Auf das Recht am Sitz des Geschäftsherrn, den Ort der Tätigkeit des Handelsvertreters oder das Statut der vermittelten Verträge kommt es dagegen nicht an. Diese Rechte können nur im Rahmen des Art. 28 Abs. 5 EGBGB in Betracht kommen, wenn sich aus der Gesamtheit der Umstände ergibt, dass der Vertrag engere Verbindungen mit einem anderen Staat aufweist.

---

[450] Vgl. STAUDINGERKOMM-MAGNUS, 12. Auflage, Art. 28 Rn. 274.
[451] ABl EG 1986 Nr. L 382/17.
[452] Vgl. MÜNCHKOMM-MARTINY, Art. 28 Rn. 157.
[453] Vgl. STAUDINGERKOMM- MAGNUS, 12. Auflage, Art. 28 Rn. 276.
[454] Vgl. OLG Frankfurt NJW-RR 1995, S. 351.
[455] BGH NJW-RR 1993, S. 742. Vgl. DICEY-MORRIS, Conflict of Laws, S. 1455.

Wenn der Handelsvertreter keine eigene Niederlassung hat, wird gemäß Art. 28 Abs. 2 das Recht seines gewöhnlichen Aufenthalts angewendet. Die Kriterien der Niederlassung oder der gewöhnliche Aufenthalt des Handelsvertreters gelten auch, wenn der Handelsvertreter Reisetätigkeit in mehreren Staaten zu entfalten hat.[456]

Als internationale zwingende Vorschriften sind die deutschen wettbewerbsrechtlichen Vorschriften zu beachten, insbesondere §§ 15, 18 GWB, soweit die Voraussetzung des §98 Abs. 2 GWB erfüllt ist. Diese gelten auch, wenn ausländisches Recht Vertragsstatut ist.[457]
Das Statut des Handelsvertretervertrags wird auch heran gezogen, um zu entscheiden, ob der Handelsvertreter wirksam bevollmächtigt ist. Auch das Vollmachtsstatut kann diese Frage beantworten.[458]
Eine Rechtswahl wird nur zwischen dem Vollmachtgeber und einem Dritten zugelassen. Mangels einer Rechtswahl unterliegen die Rechtsgeschäfte grundsätzlich dem Recht des Ortes, an dem von ihr Gebrauch gemacht werden soll.[459]

3. Internationale Handelsvertreterverträge im arabischen Recht

Die arabische Literatur unterscheidet bei der Anknüpfung von internationalen Handelsvertreterverträgen zwischen dem Rechtverhältnis zu Handelsvertreter und seinem Geschäftsherrn und dem von Handelsvertreter zu einem Dritten.[460]

a) Das Rechtsverhältnis zwischen Handelsvertreter und Geschäftsherrn

Dieses Rechtsverhältnis unterliegt gemäß Art. 20 Abs. 1 ZGB der ausdrücklichen oder stillschweigenden Rechtswahl. Mangels Rechtswahl wird nach Art. 20 Abs. 1 S. 1, 2 an den gemeinsamen Wohnsitzort und, wenn es diesen nicht gibt, an den Erfüllungsort angeknüpft. Diese beiden Anknüpfungsmerkmale werden in der Literatur abgelehnt und statt ihnen wird das Recht des vermittelten Vertrages als Anknüpfungsregel mangels Rechtswahl vorgeschlagen.[461]
Das Recht am Sitz des Handelsvertreters oder das Recht am Ort der Tätigkeit des Handelsvertreters können in Betracht kommen, wenn sie als Statut der vermittelten Verträge qualifiziert sind.[462]

b) Das Rechtsverhältnis zwischen Handelsvertreter und Dritten

Das Rechtsverhältnis zwischen Handelsvertreter und Dritten unterliegt mangels Rechtswahl dem Recht am Ort der Tätigkeit des Handelsvertreters. Dieses Recht

---

456 Vgl. STAUDINGERKOMM-MAGNUS, 12. Auflage, Art. 28 Rn. 280, 281.
457 Vgl. STAUDINGERKOMM-MAGNUS, 12. Auflage, Art. 28 Rn. 284.
458 Vgl. MÜNCHKOMM/SPELLENBERG vor Art. 11 Rn. 225 ff.
459 Vgl. STAUDINGERKOMM-MAGNUS, 12. Auflage, Art. 28 Rn. 285.
460 VGL. NASF, HUSAM ALDIN, Vermittlungsverträge im internationalen Handel, Kairo 2002, S. 178.
461 Vgl. KURDIE, IPR, S. 384-385.
462 Vgl. KURDIE, IPR, S. 385.

kann das Recht am Sitz des Handelsvertreters oder das Recht am Ort seines gewöhnlichen Aufenthalts sein.[463] Es wird an den Ort der Tätigkeit des Handelsvertreters angeknüpft, da dieser die charakteristische Leistung erbringt. Der Tätigkeitsort ist nach dieser Auffassung eine bessere Anknüpfungsregel als die Anknüpfung an den Sitz des Handelsvertreters. Die charakteristische Leistung wird von dem Handelsvertreter erbracht und er kann sie nur am Ort seiner Tätigkeit erfüllen.[464]

Als arabische internationale Eingriffnormen in Sinne des Handelsvertretervertrags existiert z.B. in Ägypten Art. 2 vom Gesetz Nr. 120/1980. Nach dieser Vorschrift muss die Person, die als Handelsvertreter oder Makler in Ägypten tätig sein will, die ägyptische Staatsangehörigkeit besitzen. Außerdem muss sein Name als Handelsvertreter oder Makler im Wirtschafts- und Außenhandelsministerium registriert sein. Art. 165 ägyptisches HGB von 1999 verlängert die Anwendung der ägyptischen Handelsvertretungsregeln, solange Ägypten Tätigkeitsort des Handelsvertreters ist. Die gleichen Vorschriften enthält das Gesetz Nr. 593/1991, das die Handelsvertreterverträge im Libanon regelt.[465]

4. Internationale Handelsvertreterverträge im Vergleich

Die internationalen Handelsverträge unterliegen nach dem EGBGB zuerst dem gewählten Recht. Die Rechtswahl ist auch zulässig, wenn das gewählte Recht keinen Bezug zum Vertrag oder wenn der Vertrag kein Auslandselement aufweist. Natürlich muss man in diesem Fall die Anwendungsregeln des Art. 27 Abs. 3 beachten.

Mangels Rechtswahl unterliegen die internationalen Handelsvertretungsverträge nach dem deutschen IPR dem Recht am Sitz des Handelsvertreters, da er die vertragscharakteristische Leistung im Sinne des Art. 28 Abs. 2 EGBGB erbringt. Allerdings kann das Recht am Sitz des Geschäftsherrn, das Recht am Ort der Tätigkeit oder das Statut des vermittelten Vertrags gemäß Art. 28 Abs. 5 in Betracht kommen.

Die arabische Literatur unterscheidet das Rechtsverhältnis zwischen Handelsvertreter und Geschäftsherrn von dem Verhältnis zwischen Handelsvertreter und Dritten. Beide Rechtsverhältnisse unterliegen gemäß Art. 20 Abs. 1 ZGB in erster Linie der ausdrücklichen oder stillschweigenden Rechtswahl. Das ist das gleiche Ergebnis wie nach EGBGB.

Unterschiede zwischen dem EGBGB und dem arabischen IPR und Rechtssprechung können entstehen, wenn die Parteien keine Rechtswahl getroffen haben. Hier wird im EGBGB auf das Recht am Sitz des Handelsvertreters verwiesen und im arabischen IPR wird gemäß Art. 20 Abs. 1 S.1, 2 ZGB auf das Recht des

---

[463] Vgl. SALAMA, Das Recht des internationalen Vertrags, S. 204-205.

[464] Vgl. KURDIE, IPR, S. 385.

[465] Vgl. ELWAN, OMAIA, Das Recht des Handelsvertreters im arabischen-deutschen Rechtsverkehr unter besonderer Berücksichtigung der Rechtslage in Ägypten: ZvglRWiss 80 (1981), S. 89f.

gemeinsamen Wohnsitzortes verwiesen, sonst wird an das Erfüllungsortrecht angeknüpft. Diese beiden Anknüpfungsregeln werden in der arabischen Literatur abgelehnt und diese Auffassung ist selbstverständlich vertretbar. Als Alternative wird für das Rechtsverhältnis zwischen Handelsvertreter und seinem Geschäftherrn an das Recht des vermittelten Vertrags verwiesen. Und für das Rechtverhältnis zwischen dem Handelsvertreter und einem Dritten soll das Recht am Ort der Tätigkeit angewendet werden. Die arabische Literatur sieht genau wie die deutsche den Handelsvertreter als die Partei, die die charakteristische Leistung erbringt. Allerdings ist diese Anerkennung unterschiedlich lokalisiert und zwar am Sitz des Handelsvertreters nach dem EGBGB und in der arabischen Literatur am Ort des vermittelten Vertrags, falls es sich um ein Verhältnis zwischen dem Handelsvertreter und seinem Geschäftsherrn handelt. Und am Ort der Tätigkeit des Handelsvertreter für das Rechtsverhältnis zwischen ihm und dem Drittem.

VII UN-Kaufrecht in beiden Staaten

1. Gegenstand und Ziele des CISG

Das UN-Übereinkommen über den internationalen Warenkauf, CISG, das am 11.4.1980 in Wien verabschiedet wurde, zielt darauf ab, das materielle Kaufrecht für die internationalen Kaufverträge zu vereinheitlichen. Es soll den Abschluss solcher Verträge und die daraus folgenden Rechte und Pflichten der Vertragsparteien weltweit vereinheitlichen. Außerdem will es eine einheitliche Rechtsgrundlage für den internationalen Handel schaffen, damit rechtliche Hindernisse im Bezug auf den internationalen Wirtschaftsverkehr beseitigt werden können, damit sollen die politischen Beziehungen zwischen den Länder verbessert werden und zu Sicherheit und Frieden beitragen.

Zur Zeit spielt das CISG eine sehr wichtige Rolle in den internationalen Kaufverträgen, da es bislang 63 Länder unterzeichnet haben; darunter fast alle Industrieländer. In Europa haben 20 von den 25 EU-Ländern das Übereinkommen unterschrieben, was die Wichtigkeit des Übereinkommens im internationalen Handelsverkehr widerspiegelt.[466]

Als Vorbild für das UN-Übereinkommen werden die Vorschläge von Ernst Rabel, die im Jahre 1929 veröffentlicht wurden, angesehen. Das war der Beginn der Kaufrechtsvereinheitlichung, gefolgt von Vorentwürfen aus den Jahren 1935, 1956 und 1963. Das CISG hat ferner die beiden Haager Übereinkommen berücksichtigt.[467]

Im Folgenden werden zunächst die wichtigsten Regeln des CISG präsentiert, danach wird die Wichtigkeit des UN-Kaufrechts in Deutschland und in den arabischen Länder untersucht.

2. Anwendungsbereiche des CISG

Das CISG regelt sowohl den Abschluss von Kaufverträgen als auch die Rechte und Pflichten der Vertragsparteien (Art. 4 CISG). Das CISG erfasst nicht alle Punkte der internationalen Kaufverträge, wie z.B. die Verjährung, Abtretung und die Anfechtung. Diese Fragen müssen nach dem IPR des berufenen Rechts beantwortet werden.

Der sachliche Anwendungsbereich des CISG erfasst Kauf-, Werklieferungs- sowie Gemischtverträge, sofern das Kaufelement in diesen Verträgen überwiegt (Art. 3 CISG). Es muss sich um einen Vertrag über eine bewegliche Sache han-

---

[466] Von den alten EU-Ländern sind England, Portugal und Irland und von den neuen Ländern Zypern und Malta noch nicht beigetreten.

[467] Das Problem mit den anderen Haager Dokumenten war, dass die Entwicklungsländer und die sozialistischen Länder an den Übereinkommen nicht beteiligt waren, deswegen sollte das CISG dies regeln. Allerdings haben diese Länder keine inhaltliche Kritik an den beiden Haager Übereinkommen geübt.

deln.[468] Die Werklieferungsverträge werden vom CISG erfasst, solange der Besteller selbst einen wesentlichen Teil der erforderlichen Stoffe geliefert hat.
Es ergibt sich aus der direkten Beschreibung der Leistungspflichten von Verkäufern und Käufern (Artt. 30 ff CISG), ob ein Kaufvertrag im Sinne des CISG zu verstehen ist. Das Übereinkommen erfasst weder Tauschgeschäfte noch Vertriebshändlerverträge und bei Kompensationsgeschäften muss geprüft werden, ob ein Tauschvertrag oder zwei getrennte Kaufverträge vorliegen.[469]
Verbraucherverträge sind gemäß Art. 2 CISG von seinem Regelungsbereich ebenfalls ausgeschlossen. Das Übereinkommen verlangt aber nicht, dass die Parteien Kaufleute sind oder der Vertrag handelsrechtlicher Art ist. Allerdings kann das CISG auf die Verbraucherverträge gemäß Art.2 angewendet werden, wenn "der Verkäufer vor oder bei Vertragsabschluss weder wusste noch wissen musste, dass die Ware für einen Verbraucherzweck gekauft wurde".
Gemäß Art. 2 litt, b c CISG gilt das Übereinkommen nicht für Verkäufe aus Versteigerungen und Vollstreckungen.
Nach Art. 1 CISG gilt für den räumlichen Anwendungsbereich, dass sich beide Vertragsparteien in verschiedenen Staaten aufhalten. Diese Staaten müssen entweder Vertragsstaaten sein oder, wenn das nicht der Fall ist, muss das IPR des angerufenen Gerichts zum Kaufrecht eines Vertragsstaats führen. Diese zweite Möglichkeit kann allerdings gemäß Art. 95 CISG durch einen Vorbehalt ausgeschlossen werden. Mit der Folge, dass dann das CISG nur Verträge zwischen Parteien erfasst, die in verschiedenen Vertragsstaaten ihre Niederlassung haben. Bei mehreren Niederlassungen entscheidet diejenige, die die engste Beziehung zu dem Vertrag und seiner Erfüllung aufweist (Art. 10 CISG).[470]
Zeitlich gilt das CISG seit dem 1.1.1988, als die erforderlichen zehn Ratifikationen erfolgt waren. Für später beitretende Länder tritt die Konvention ein Jahr nach Hinterlegung der Ratifikationsurkunde in Kraft (Art. 99 CISG).
Wenn die Anwendungsvoraussetzungen erfüllt sind, gilt das CISG automatisch. Die Parteien können es allerdings abdingen, was aber deutlich gemacht werden muss. Und wenn die Parteien das Recht eines Vertragsstaats wählen, bedeutet das nicht den Ausschluss vom CISG, da es zum materiellen Recht des Staates gehört und auch als spezielle Regelung für internationale Handelskäufe gilt.[471]

---

[468] Standardsoftware gehört zu den beweglichen Sachen. Dagegen werden Immobilienverträge, Verbraucherkäufe, amtliche Versteigerung, der Kauf von Wertpapieren, Geld, Schiffen, Flugzeugen und Elektrizität vom Anwendungsbereich des CISG ausgeschlossen. Vgl. STAUDINGERKOMM-MAGNUS, 12. Auflage, Art. 27 Rn. 154.

[469] Vgl. HERDEGEN, MATTHIAS, Internationales Wirtschaftsrecht, 4. Auflage, München 2003, (zitiert: HERDEGEN, Internationales Wirtschaftsrecht), hier S.182.

[470] Vgl. VON CAEMMERER/ SCHLECHTRIEM/ HERBER, Kommentar zum einheitlichen UN-Kaufrecht, 2. Auflage, München 1995, hier vor Artt. 1-6 Rn. 4.

[471] Vgl. CZERWENKA, BEATE, Rechtsanwendungsprobleme im internationalen Kaufrecht. Das Kollisionsrecht bei grenzüberschreitenden Kaufverträgen und der Anwendungsbereich der internationalen Kaufrechtsübereinkommen, Schriften zum Wirtschaftsrecht, Band 60, Berlin 1988, S. 29-31.

3. UN-Kaufrecht und Rechtswahlvereinbarungen

Nach Art. 6 CISG können die Parteien die Anwendung des Übereinkommens ganz oder teilweise ausschließen. Der Ausschluss des CISG muss allerdings ausdrücklich oder stillschweigend mit "hinreichender Sicherheit" geschehen. Die Parteien dürfen auch ein nationales Recht für ihren internationalen Kaufvertrag wählen. Wenn sie das nicht machen, wird der Vertrag objektiv angeknüpft, z.B. nach Art. 28 EGBGB.[472]
Das CISG kann in manchen Fällen ohne Rechtswahl nicht angewendet werden: Dies ist der Fall, wenn die Parteien in verschieden Staaten niedergelassen sind und die objektive Anknüpfung auf das angewendete Recht eines Nicht-Vertragsstaates verweist. Die Wahl des Rechts eines Vertragsstaates würde in diesem Fall dazu führen, dass das CISG überhaupt erst zur Anwendung kommt.[473]
Das UN-Kaufrecht stellt eine Schranke im Bezug auf die Rechtswahl Art. 12 CISG dar. Wenn der Vertragsstaat, in dem eine Parteien ihre Niederlassung hat, den Vorbehalt nach Art. 96 CISG erklärt, können die Parteien nicht durch Vereinbarung abweichen.
Eine weitere Grenze der Rechtwahlfreiheit ergibt sich daraus, dass die Gültigkeit abweichender Regelungen nach nationalem Recht zu überprüfen ist, da das UN-Kaufrecht Gültigkeitsfragen nicht erfasst (Art. 4 CISG).

4. Materiellrechtliche Regelungen

a) Der Abschluss von Kaufverträgen

Das Zustandekommen eines Kaufvertrages ist in den Artt. 14-24 CISG geregelt. Voraussetzung ist die wirksame Annahme eines Angebotes (Art. 23 CISG).
Nach Art. 11 CISG unterliegt der Abschluss von Kaufverträgen keinen Formerfordernissen. Der Vertrag kann auch durch bloße Vereinbarung der Parteien formlos geändert oder aufgehoben werden (Art. 29 Abs.1 CISG). Etwas anderes gilt, wenn der Vertrags schriftlich geschlossen wird und eine Bestimmung enthält, dass für jede Änderung oder Aufhebung die Schriftform gegeben sein muss (Art. 29 Abs. 2 CISG). Die Vertragsstaaten können die Vorschriften des CISG über die Formfreiheit von Verträgen durch eine Erklärung ausschließen.[474]

---

[472] Vgl. VON CAEMMERER/ SCHLECHTRIEM/ HERBER, Kommentar zum einheitlichen UN-Kaufrecht, vor Artt. 1-6 Rn. 7-11.
[473] Z.B. ein Streit zwischen einem türkischen Verkäufer, der an ein deutsches Handelsunternehmen Gemüse geliefert hat. Da die Türkei kein Vertragsstaat ist, sollte der Vertrag gemäß Art. 28 EGBGB dem türkischen Recht unterliegen. Die Parteien hatten sich im Voraus auf ein deutsches Gericht und das deutsche Recht geeinigt. Das Gericht konnte dann das CISG als Teil des deutschen Rechts anwenden. Vgl. OLG Düsseldorf, IPRax 93, S. 412.
[474] Solche Erklärungen haben bis jetzt die folgende Länder abgegeben: Argentinien, Chile, Estland, Lettland, Russland, die Ukraine, Ungarn und Weißrussland. Vgl. HERDEGEN, Internationales Wirtschaftsrecht, S. 186.

Eine Annahme mit Ergänzungen oder sonstigen Änderungen stellt nach Art. 19 Abs. 1 CISG ein neues Angebot dar. Der Vertragsschluss macht hier grundsätzlich die ausdrückliche oder konkludente Annahme dieses Gegenangebotes erforderlich. Das bloße Schweigen der anderen Vertragspartei auf eine modifizierte Annahme kann auch zum Vertragsschluss führen, wenn die Änderungen keine wesentliche Abweichung vom dem Angebot darstellen und der Anbietende keine Gegenäußerung abgegeben hat (Art. 19 Abs. 2 CISG).

b) Rechte und Pflichten aus dem Vertrag

Die Rechte und Pflichten der Vertragsparteien ergeben sich aus Teil III des CISG; Artt. 25- 88. Sie sind nach Pflichten des Verkäufers und des Käufer unterteilt.

aa) Pflichten des Verkäufers

Der Verkäufer muss die Ware liefern, die dazugehörigen Dokumente übergeben und das Eigentum an der Ware übertragen (Art. 30 CISG). Art. 30 CISG regelt die Lieferpflicht des Verkäufers. Zuerst kommt die vertragliche Bestimmung des Lieferungsortes in Betracht. Der Verkäufer ist auch verpflichtet, Menge, Qualität und Art sowie Verpackung oder Behältnis dem vertraglichen Standard entsprechend zu garantieren (Art. 35 Abs. 1 CISG).[475] Der Käufer hat gemäß Artt. 38 und 39 CISG das Gewährleistungsrechte und die Rügepflicht. Diese können die Verkäufer bei vertragswidriger Leistung treffen. Auf eine Vertragswidrigkeit der Lieferung kann sich der Käufer nur dann berufen, wenn er rechtzeitig die Mängel rügt und die Vertragswidrigkeit näher spezifiziert (Art. 39 Abs. 1). Für die Mängelrüge verlangt das UN-Kaufrecht keine unverzügliche Anzeige. Das Rügerecht verliert der Käufer spätestens, wenn er nicht innerhalb von zwei Jahren nach Übergabe der Ware die Vertragswidrigkeit dem Verkäufer anzeigt, sofern nicht eine längere Garantiefrist vereinbart worden ist (Art. 39 Abs. 2 CISG). Art. 45 CISG regelt den Fall, dass der Verkäufer den Vertrag verletzt. In diesem Fall muss er Schadenersatz an den Käufer zahlen. Es wird zwischen wesentlichen Vertragsverletzungen im Sinne von Art. 25 CISG und sonstigen Verletzungen des Verkäufers unterschieden. Der Käufer kann Mängelbeseitigung verlangen, wenn die Lieferung nicht vertragsgemäßer Ware erfolgt (Art. 46 CISG). Der Käufer hat allerdings nur dann einen Anspruch auf Ersatzlieferung, wenn die Vertragswidrigkeit eine wesentliche Vertragverletzung darstellt, und die Ersatzlieferung zusammen mit der Mängelanzeige oder innerhalb einer angemessenen Zeit verlangt wird (Art. 46 Abs. 2). Bei Lieferung nicht vertragsgemäßer Ware kann der Käufer den Kaufpreis mindern (Art. 50 CISG). Der Verkäufer muss im Fall einer wesentlichen Verletzung seiner Pflichten an den Käufer Schadenersatz leisten. Der Schadenersatz kann kumulativ neben anderen Ansprüchen geltend gemacht werden (Art. 45 Abs. 2 CISG). Die Haftung auf

[475] Vgl. HERDEGEN, Internationales Wirtschaftsrecht, S. 187.

Schadensersatz entfällt, wenn die Nichterfüllung einer Vertragspflicht der Partei nachweislich nicht zugerechnet werden kann, weil sie außerhalb ihrer Einflussmöglichkeiten liegt (Art. 79 CISG). Zu ersetzen ist der aufgrund der Vertragsverletzung der jeweils anderen Partei entstandene Verlust einschließlich des entgangenen Gewinnes (Art. 74 CISG). Jedoch wird der Schadensersatz auf die bei Vertragsschluss für die haftende Partei vorhersehbaren Folgen begrenzt (Art. 74 Abs. 2 CISG).[476]

bb) Pflichten des Käufers

Die Hauptpflicht des Käufers ist es, den Kaufpreis zur rechten Zeit und am rechten Ort zu zahlen und die Ware abzunehmen (Art. 53ff CISG). Der Kaufpreis muss am Ort der Niederlassung des Verkäufers entrichtet werden (Art. 57 Abs. 1 CISG).
Der Verkäufer kann die Aufhebung des Vertrages erklären, wenn eine wesentliche Vertragsverletzung durch den Käufer vorliegt (Art. 64 Abs. 1 S. 1 CISG) oder wenn der Käufer seiner Pflicht zur Zahlung des Kaufpreises nicht innerhalb einer vom Verkäufer gesetzten angemessenen Nachfrist nachkommt oder vorab die Nichtbeachtung dieser Frist erklärt (Art. 64 Abs. 2 S.2 CISG). Der Käufer muss im Fall nicht rechtzeitiger Kaufpreiszahlung Schadenersatz an den Verkäufer bezahlen (Art. 61 Abs. 1 S. 2 CISG). Der Verkäufer kann auch bei nicht rechtzeitiger Leistung des Kaufpreises Zinsen fordern (Art. 78 CISG).
Wenn die Ware nach der Übergabe an den Käufer beschädigt ist, muss der Käufer in diesem Fall den Kaufpreis zahlen, sofern die Beschädigung nicht dem Verkäufer zuzurechnen ist (Art. 66 CISG). Grundsätzlich geht die Gefahr auf den Käufer am Ort der Lieferung über (Art. 67 ff CISG).[477]

Das UN-Kaufrecht hat nicht alle Fragen, die bei internationalen Kaufverträgen auftreten können, beantwortet. Deswegen sind andere Übereinkommen entwickelt worden und zum Teil in Kraft getreten. Zu beachten sind insbesondere die folgenden Konventionen:
Das UN-Übereinkommen über die Verjährung beim internationalen Warenkauf aus dem Jahr 1974, das Übereinkommen über die Vertretung beim internationalen Warenkauf, das Haager Übereinkommen betreffend das auf internationale Kaufverträge über bewegliche Sachen anzuwendende Recht von 1955 und das Haager Kauf- IPR-Übereinkommen. Allerdings hat das CISG gegenüber den oben genanten Übereinkommen Vorrang.

---

[476] Vgl. ENDERLEIN/ MASKOW/ STROHBACH, Internationales Kaufrecht, Berlin 1991, Art. 6 ff.
[477] PILTZ/ BURGHARD, Internationales Kaufrecht. Das UN-Kaufrecht (Wiener Übereinkommen von 1980) in praxisorientierter Darstellung, München 1993, §2 II ff.

5. Das UN-Kaufrecht in Deutschland und in den arabischen Ländern

a) In Deutschland

Das UN-Kaufrecht ist für die Bundesrepublik Deutschland am 1.1.1991 in Kraft getreten. Das Übereinkommen wurde am 26.5.1981 unterschrieben und am 21.12.1989 ratifiziert. Seitdem spielt das CISG in den deutschen Außenhandelsbeziehungen eine entscheidende Rolle, da viele internationale Geschäfte in Deutschland dem CISG unterliegen. Die deutsche internationale Vertragsrechtsreform hat auch das CISG berücksichtigt.

b) In den arabischen Ländern

Bis jetzt haben vier von 22 arabischen Ländern das UN-Kaufrecht-Übereinkommen ratifiziert: Ägypten (Ratifikation am 6.12.1982 seit 1.1.1988 in Kraft); Syrien (Ratifikation am 19.10.1982 in Kraft seit 1.1.1988; Irak (Ratifikation am 5.3.1990, in Kraft seit 1.4.1990) und Mauretanien (Ratifikation am 20.8.1999, in Kraft seit 1.9.2000).[478]

c) CISG und das IPR in beiden Staaten

Das UN-Kaufrecht wird in Deutschland angewendet, wenn die Parteien ihre Niederlassungen in den Vertragsstaaten haben. Falls dies nicht der Fall ist, sind Artt. 27 und 28 EGBGB vorzuschalten. Das CISG kann dann über Art. 27 EGBGB angewendet werden, wenn die Parteien das Recht eines Vertragesstaates wählen. In Ermangelung einer Rechtswahl kann das UN-Kaufrecht in Betracht kommen, wenn der Kaufvertrag die engste Verbindung zu einem Vertragsstaates aufweist (Art. 28 Abs. 1 EGBGB). Dabei ist gemäß Art. 28 Abs. 2 EGBGB in der Regel entscheidend, ob der Verkäufer, der die charakteristische Leistung erbringt, seine Hauptniederlassung in einem Vertragsstaat hat.
Wenn das deutsche IPR auf das Recht eines Staates verweist, der den Vorbehalt des Art. 95 CISG erklärt hat, muss nach Art. 2 des deutschen Zustimmungsgesetzes zum UN-Kaufrecht muss das Gericht diese Vorbehaltserklärung beachten und das CISG ausschließen. Diese Regelung ist auf Grund des UN-Kaufrechts rechtspolitisch zweifelhaft. Das CISG wird angewendet , um das Ziel des Rechtsvereinheitlichung zureichen, wenn z.B. der Verkäufer seine Niederlassung in den Vereinigten Staaten hat und der Käufer in einem Nichtvertragsstaat niedergelassen ist. In Diesem Fall wird nach Art. 28 Abs. 2 EGBGB das amerikanische Recht angewendet. Wenn das deutsche Gericht die amerikanische Vorbehaltserklärung nicht achtet, wird das Gericht das CISG trotz des Ausschlusses des angewendeten Rechts anwenden. Aus deutscher Sicht sind die

---

[478] SCHARKUAOUI, MAHMUD SAMIR, Internationale Handelsverträge. Besondere Studie für den internationalen Warenverkauf, Kairo 2002, S. 122-140.

Länder, die den Vorbehalt nach Art. 95 CISG erklärt haben, Nichtmitgliedstaaten der CISG für den Zweck des Art. 1 I lit. B CISG.[479]
Für Fragen, die das UN-Kaufrecht nicht geregelt hat und für die keine anderen Staatsverträge gelten, wird das deutsche IPR angewendet.
Das UN-Übereinkommen bezieht sich genau wie Art. 20 syrisches ZGB auf die internationalen Verträge. Das Übereinkommen gilt, sofern sich die Niederlassung der Parteien in verschiedenen Staaten befindet. Wenn eine Partei mehrere Niederlassungen hat, ist die, die die engste Beziehung zu dem Vertrag hat, maßgebend. Anders als das CISG berücksichtigt das syrische Recht allein die Hauptniederlassung und nicht die Niederlassung mit den engsten Beziehungen zum Vertrag. Das syrische IPR hat die Internationalität des Vertrages nicht definiert. Ein internationaler Vertrag muss „grenzüberschreitende Elemente" beinhalten. Das UN-Kaufrecht und Art. 20 syrisches ZGB konkurrieren gegenständlich, da das UN-Übereinkommen verschiedene Kaufverträge von seiner Anwendung ausgeschlossen hat (Art. 2,3 CISG). Für diese Verträge gilt das syrische IPR und besonders Art. 20 ZGB.
Gemäß Art. 25 ZGB geht das CISG als internationales Übereinkommen vor dem syrischen Recht. Das CISG ist lex speciales, deswegen muss es vor Art. 20 ZGB angewendet werden.[480]
Das CISG wird bei den syrischen Gerichten angewendet, sofern die Parteien ihre Niederlassungen in verschiedenen Staaten haben. Wenn das nicht der Fall ist, wird Art. 20 Abs. 1 ZGB angewendet. Das CISG kann außerdem angewendet werden, wenn die Parteien nach Art. 20 Abs. 1 S. 2 ausdrücklich oder stillschweigend einen CISG-Vertragsstaat gewählt haben.
Der ägyptische Gesetzgeber wollte zuerst eine besondere Regel für die internationalen Kaufverträge schaffen. Dafür hatte er in dem Gesetzentwurf Art. 45 vorgesehen. Der Gesetzgeber hat allerdings den Artikel entfernt und so blieb es bei internationalen Kaufverträgen bei der allgemeinen Anknüpfungsregel des Art. 19 ägyptisches ZGB. Nach Art. 45 des ägyptischen Gesetzesentwurfes unterliegen die internationalen Kaufverträge dem gewählten Recht und wenn das nicht der Fall ist, ist das Recht am Wohnsitz des Verkäufers anzuwenden. Das Recht am Wohnsitz des Käufers wird angewendet, wenn der Kaufvertrag in seinem Staat unterschrieben wird. Oder, wenn der Verkäufer eine Niederlassung oder Vertragspartner am Ort des Käufers hat. Das Recht am Wohnsitz des Käufers wird auch nach Art. 45 Gesetzentwurf angewendet, wenn die Ware sich zum Zeitpunkt der Vertragsschließung am Wohnsitz des Käufers befindet oder wenn der Wohnsitz des Käufers als Erfüllungsort angesehen wird.
Falls die Parteien keine Rechtswahl getroffen haben, sind die Anknüpfungsregeln in Art. 20 Abs. 1 zu berücksichtigen, also das Recht des gemeinsamen Wohnortes. Und wenn der gemeinsame Wohnsitzort in einem Vertragsstaat liegt, wird auch das CISG angewendet.

---

[479] Vgl. KROPHOLLER, IPR, S. 456ff.
[480] BIANCA/BONELL, Commentary on the international Sales Law, Art. 1, Mailand 1987.

Das CISG spielt im deutschen Recht größre Rolle im als im syrischen und arabischen Recht „Anders als woanders in der Welt spielt das CISG bisher kaum eine Rolle in den arabischen Ländern. Man findet in der arabischen Literatur kaum Hinweise, die auf das CISG führen."[481]

---

[481] HILMAR KRÜGER in Bundesagentur für Außenwirtschaft bfainfo 7. Jahrgang 2002 Köln.

VIII. Internationale Technologietransferverträge

1. Allgemein

Technologietransfer- und Know how-Verträge nehmen in den deutsch-arabischen Wirtschaftsbeziehungen einen wichtigen Platz ein. Alle arabischen Länder wollen und brauchen Know how und Technologie aus dem Ausland, da sie nicht länger nur Waren importieren wollen, sondern diese selbst mit ausländischem Know how und Technologie im eigenen Land produzieren möchten. Deutsche Technologie und deutsches Know how sind in den arabischen Ländern sehr gefragt. Das Produkt „Made in Germany" hat in diesen Ländern nach wie vor einen guten Ruf. Die arabischen Geschäftsleute und Politiker sind sehr an deutschem Know how und Technologie interessiert und kritisieren, dass für deutsche Geschäftleute oft nur der Verkauf im Vordergrund steht, während sie auch an deutscher Technologie und Know how Interesse haben und bereit sind, das dafür notwendige Kapital zu investieren.
Bei den Know how- und Technologietransferverträgen verpflichtetet sich eine Vertragspartei zur Übermittlung technischen Wissens oder Könnens, das keinen Immatrialgüterschutz genießt, während den Empfänger nur eine Zahlungspflicht trifft.[482]
Know how- und Technologietransferverträge sind meist mit anderen Verträgen gekoppelt, insbesondere mit Lizenzverträgen, in denen Lizenznehmer gegen Zahlung der Lizenzgebühr die Ausnutzung eines gewerblichen Schutzrechts des Lizenzgebers gestatten. Das Schutzrecht kann zu diesem Zweck übertragen werden.[483]

2. Internationale Technologietransferverträge im deutschen Recht

Mangels Rechtswahl unterliegen Know how- und Technologietransferverträge dem Recht am Sitz der Vertragspartei, die das Know how- oder Technologiewissen zu übertragen hat. Diese Lösung regelt Art. 28 Abs. 2 EGBGB, da der Know how- oder Technologieanbieter die charakteristische Leistung erbringt.[484]
Eine enge Anbindung der Know how- oder Technologietransferverträge an ein anderes Geschäft kann über Art. 28 Abs. 5 EGBGB das Statut dieses Geschäfts zur Geltung bringen.[485] Das EG-Kartellrecht (Art. 81 f EGV) gilt auch unmittelbar für Know how- und Technologietransferverträge sowie die Gruppenfreistellungsverordnung für die Technologietransfervereinbarung vom 31.1.1996.
Für Lizenzverträge gilt mangels Rechtswahl das Recht am Sitz des Lizenzgebers, da er die Nutzungsgestattung anbietet, die die charakteristische Leistung gemäß Art. 28 Abs. 2 EGBGB darstellt.[486]

---

[482] Vgl. STAUDINGERKOMM- MAGNUS, 13. Auflage, Art. 28 Rn. 621.
[483] Vgl. STAUDINGERKOMM-MAGNUS, 13. Auflage, Art. 28 Rn. 609.
[484] Vgl. MÜNCHKOMM-MARTINY, Art. 28 Rn. 270.
[485] Vgl. STAUDINGERKOMM-MAGNUS, 13. Auflage, Art. 28 Rn. 623.
[486] Vgl. STAUDINGERKOMM-MAGNUS, 13. Auflage, Art. 28 Rn. 610.

Wenn es sich um Lizenzverträge, die nur auf den innergemeinschaftlichen Handel in der EU begrenzt sind, handelt, unterliegen diese Verträge den Verboten aus Art. 81, 82 EGV, die aufgrund des Vorrangs des Gemeinschaftsrechts unmittelbar anwendbar sind. Allerdings sind Lizenzverträge durch die EG-Verordnung Nr. 240/96 über die Gruppenfreistellung von Technologietransfervereinbarungen vom 31.1.1996 freigestellt.
Die kartellrechtlichen Schranken müssen auch in Bezug auf die Lizenzverträge durch Art. 34 EGBGB beachtetet werden. Diese Schranken ergeben sich aus dem deutschen Kartellrecht, insbesondere aus § 20 GWB.[487]

3. Internationale Technologietransferverträge im syrischen bzw. arabischen Recht

Wie oben erwähnt, enthält das ZGB keine anderen Vorschrift für internationale Verträge außer Art. 20 ZGB. Laut Art. 20 ZGB unterliegen Technologietransfer- und Know how-Verträge dem gewählten Recht. Falls die Parteien keine Rechtswahl getroffen haben, kommen alternative Anknüpfungsregeln in Betracht.
Allerdings hat der ägyptische Gesetzgeber im neuen Handelsgesetz Nr. 17 von 1999, in Kraft seit dem 1.10.1999 (gekürzt: ägyptisches Handelsgesetz), die Technologietransfer- und Know how-Verträge anders als Art. 19 ägyptische ZGB geregelt (Art. 19 ägyptische ZGB spricht Art. 20 syrische ZGB).[488]
Gemäß Art. 72 ägyptisches Handelsgesetz ist der Anwendungsbereich dieses Artikels für alle Technologietransferverträge und Know how-Verträge, die in Ägypten erfüllt werden, gültig. Ägypten ist in diesem Fall als Importland für Technologie zu verstehen. Die Vorschriften des neuen Handelsgesetzes gelten sowohl für internationale Technologietransferverträge als auch für die Technologietransfers, die innerhalb von Ägypten stattfinden. Entscheidend ist das Land Ägypten als Erfüllungsort, die Nationalitäten der Vertragsparteien oder deren Wohnsitzorte spielen keine Rolle.[489]
Art. 87 Abs. 2 ägyptisches Handelsgesetz enthält Anknüpfungsregeln für nationale und internationale Technologietransferverträge, die in Ägypten erfüllt werden. Nach dieser Vorschrift ist das ägyptische Recht auf diese Verträge immer anzuwenden und eine Rechtswahl oder eine andere Vereinbarung ist für Technologietransfer- und Know how-Verträge ausgeschlossen.[490]
Art. 87 Abs. 1 ägyptisches Handelsgesetz hat das Recht der Partei, eine Schiedsvereinbarung zu wählen, begrenzt, da das Schiedsgericht im Fall der

[487] Vgl. STAUDINGERKOMM-MAGNUS, 13. Auflage, Art. 28 Rn. 614.
[488] Die Technologietransfer- und Know how-Verträge werden in den Artt. 72 bis Art. 88 ägyptisches Handelsgesetz von 1999 geregelt.
[489] Art. 72 ägyptisches Handelsgesetz. Vgl. HADAAD/ SADIQ, Unterricht im internationalen Privatrecht, S. 401-402.
[490] Vgl. HADAAD, IPR, S. 466.

Technologietransferverträge ein ägyptisches Gericht sein muss. Außerdem darf das Schiedsgericht nur ägyptisches Recht anwenden.
Artt. 72-88 ägyptisches Handelsgesetz sind nicht nur in Ägypten, sondern auch in anderen arabischen Ländern von Bedeutung, besonders wegen dort fehlender Vorschriften für Technologietransferverträge.
Die Vorschriften des ägyptischen Handelsgesetzes gelten nur für die Technologietransferverträge, die in Ägypten erfüllt werden. Für andere internationale Technologietransferverträge wird die allgemeine Anknüpfungsregel des Art. 20 ZGB bzw. Art. 19 ägyptisches ZGB beachtet.[491]
Art. 20 ZGB erlaubt in diesem Fall eine Rechtswahl für internationale Technologietransferverträge. Falls die Parteien keine Rechtswahl getroffen haben, sollte an den gemeinsamen Wohnsitz- oder an den Erfüllungsort angeknüpft werden. Manche arabischen Autoren lehnen die beiden alternativen Anknüpfungsregeln für Technologietransferverträge ab. Nach dieser Meinung unterliegen sie dem gewählten Recht und dann käme die charakteristische Leistung zum Zuge. Von diesem Standpunkt aus wird die charakteristische Leistung im Empfängerland erbracht. Deswegen ist das Recht in diesem Land anzuwenden.[492]

4. Internationale Technologietransferverträge im Vergleich

Im deutschen Recht unterliegen internationale Technologietransferverträge mangels Rechtswahl dem charakteristischen Leistungsprinzip. Gemäß Art. 28 EGBGB unterliegen Know how- und Technologietransferverträge dem Recht am Sitz der Vertragspartei, die das Know how- oder Technologiewissen zu übertragen hat. In diesem Fall erbringt er die charakteristische Leistung.
Im arabischen Recht ist das ägyptische Handelsgesetz Nr. 17 von 1999 sehr bedeutsam, da es die Technologietransferverträge regelt. Dieses Gesetz kommt aber nur dann zur Anwendung, wenn die Technologie nach Ägypten exportiert wird. Es erkennt für Technologietransferverträge keine Rechtswahl und verlangt die Anwendung des ägyptischen materiellen Rechts. Das Gesetz räumt für internationale Technologietransferverträge eine Schiedsgerichtsvereinbarung ein, allerdings muss das Schiedsgericht in Ägypten sein und darf nur ägyptisches materielles Recht anwenden.
Das Motiv für die Ausschließung der Rechtswahl für internationale und nationale Technologietransferverträge ist der Schutz der wirtschaftlichen Interessen des Staates. Ein anderes könnte auch sein, dass der Staat selbst die meisten Technologietransferverträge abschließt und somit nur ägyptisches Recht angewendet werden soll. Es wird auch argumentiert, dass Privatunternehmen, die Technolo-

---

[491] Da in den meisten Fällen Technologie und Know how in die arabischen Länder transportieren werden müssen, spielt die allgemeine Anknüpfungsregel für internationale Handelsverträge nur eine sehr begrenzte Rolle für internationale Technologietransferverträge.
[492] Vgl. SALAMA, Das Recht des internationalen Vertrags, S. 210-211; SALAH ALDIN, Der Staat als Vertragspartei bei internationalem Technologietransfer, Kairo 1996, S. 155.

gie aus dem Ausland importieren, gegenüber dem ausländischen Partner die schwächere Partei sind und deswegen geschützt werden müssen.[493]
Art. 87 Abs. 2 ägyptisches Handelsgesetz widerspricht Art. 19 ägyptisches ZGB und ist mit dem allgemeinen Prinzip der Parteiautonomie in internationalen Geschäften nicht vereinbar.
Die Rechtswahl für internationale Technologietransferverträge auszuschließen, kann keine gute Lösung sein, besonders in Ländern wie Ägypten oder Syrien, wo ausländische Technologien und ausländisches Know how dringend gebraucht werden. Solche Vorschriften, wie Art. 87 Abs. 2 ägyptisches Handelsgesetz, demotivieren ausländische Technologieproduzenten.
Es wäre viel effizienter, die Rechtswahl für internationale Technologietransferverträge grundsätzlich zu erlauben und die Interessen des Landes oder des Technologieimporteurs durch zwingende Normen oder den ordre public zu schützen.
Außerdem kann das ausländische Recht den Technologieimporteur besser schützen als das ägyptische Recht. Falls es einen Streit zwischen einem deutschen Technologieexporteur und einem ägyptischen Technologieimporteur gäbe, bekäme der ägyptische Importeur nach dem deutschen Recht einen viel höheren Schadensersatz.

[493] Vgl. SALAMA, Das Recht des internationalen Vertrags, S. 210-211.

Fazit

I. Ergebnisse

Im Folgenden werden die wichtigsten Ergebnisse dieses im Rahmen der Dissertation angestellten Vergleichs vorgestellt.

Das Qualifikationsstatut

Als Qualifikationsstatut ist in beiden IPR die lex fori anzuwenden, solange es sich um die primäre Qualifikation handelt. Diese Lösung ist vom syrischen Gesetzgeber in Art.11 ZGB ausdrücklich geregelt, wogegen im EGBGB kein ausdrücklicher Artikel für das Qualifikationsstatut existiert. Allerdings wird die lex fori in der deutschen Literatur und Rechtsprechung als Qualifikationsstatut anerkannt. Jedoch hat die Rechtsvergleichung als Qualifikationsstatut im deutschen Gericht eine größere Bedeutung als im syrischen. In der syrischen IPR-Literatur wird die Rechtsvergleichung als Ausnahme von der lex fori berücksichtigt. In beiden Systemen sind die staatsvertraglichen Regelungen dem IPR übergeordnet (Art. 3 Abs. 2 EGBGB und Art. 25 ZGB).

Rechtswahl für internationale Verträge

Die Existenz der Parteiautonomie auf beiden Seiten ist von großer Bedeutung, da viele Unternehmer aus Unwissenheit vor Vertragsabschlüssen mit potentiellen syrischen Partnern zurückschrecken. Die ausdrückliche Rechtswahl ist im deutschen (Art. 27 Abs. 1 S. 1 EGBGB) und im syrischen IPR (Art. 20 Abs. 1 S. 3 ZGB) gleichermaßen zulässig. Die ausdrückliche Rechtswahl wird in den beiden Kollisionsregeln als primäres Anknüpfungsmerkmal betrachtet.
Die schweigende Rechtswahl wird auch in beiden Kollisionsregeln (Art. 27 Abs. 1 S. 2 EGBGB und Art. 20 Abs. 1 S. 3 ZGB) als zweites Anknüpfungsmerkmal akzeptiert, solange es keine ausdrückliche Rechtswahl gibt. Auch die Umstände, unter denen eine stillschweigende Rechtswahl zulässig ist, sind in den syrischen und deutschen Gerichten ähnlich. Eine hypothetische Rechtswahl ist und war im syrischen IPR nicht gültig und ist im neuen deutschen IPR ebenfalls nicht mehr gültig.
Nach Art. 27 Abs. I S. 3 EGBGB und Art. 28 Abs. 1 S. 2 EGBGB ist eine Teilrechtswahl zulässig. Die Parteien können für einen bestimmten Einzelpunkt in ihrem Vertrag ein bestimmtes Recht wählen. Eine Teilrechtswahl kann durch ausdrückliche oder stillschweigende Rechtswahl erfolgen. Im syrischen IPR hat der Gesetzgeber diesen Punkt weder in Art. 20 noch im Rest des ZGB geregelt.

Die objektive Anknüpfung

Ein Unterschied besteht in der Abwesenheit der Rechtswahl in beiden Kollisionsrechten: Im EGBGB unterliegt der Vertrag dem Recht des Staates, mit dem er die engste Verbindung aufweist (Art. 28 EGBGB). Im syrischen IPR wird das

Recht des Wohnsitzes angewendet, wenn die Parteien einen gemeinsamen Wohnsitz haben. Andernfalls wird das Recht des Abschlussortes angewendet (Art. 20 Abs. 1 und 2). Diese Lösung hat den Vorteil, dass die Parteien im Vorhinein wissen, welches Recht angewendet werden wird, sollten sie keine Rechtswahl treffen. In der Praxis sind aber das Wohnsitzrecht und das Recht des Abschlussortes keine zufrieden stellenden Lösungen. Es ist ferner wenig sinnvoll, einen Vertrag, der zwischen Abwesenden geschlossen wurde, nach dem Anknüpfungsmerkmal des Abschlussortsrechts zu behandeln.
Die beiden Anknüpfungsregeln behalten nicht immer die engste Verbindung zum Vertrag . Es kommt darauf an, welche Vertragsart vorliegt bzw. unter welchen Umständen der Vertrag abgeschlossen wurde. Meist sind Wohnsitz oder Abschlussort zufällig. Als Ergebnis ist die engste Verbindung als Anknüpfungsmerkmal effizienter und flexibler als die beiden Anknüpfungsmerkmale des syrischen IPR. Der syrische Gesetzgeber sollte prüfen, ob er das Prinzip der engsten Verbindung im Rahmen einer IPR-Reform als beste Lösung in das Gesetz aufnimmt.
Bis dahin sollte der Richter für den Fall, dass weder das gemeinsame Wohnortsrecht noch das Recht des Abschlussortes einen Bezug zum Vertrag haben, die engste Verbindung suchen und die charakteristische Leistung - wie in Art. 28 EGBGB - als Grundsatz des internationalen Privatrechts anwenden, zumal Art. 26 ZGB eine solche Anknüpfung an ausländisches IPR erlaubt, wenn das syrische IPR keine Lösung zulässt.
Als zweiter Weg, das Konzept der engsten Verbindung anzuwenden, könnte der syrische Richter dieses Konzept als stillschweigende Rechtswahl betrachten, um Art. 20 Abs. 1 S. 1 und 2 ZGB zu umgehen, zumal die stillschweigende Rechtswahl im syrischen IPR nicht definiert ist.
Art. 20 Abs. 1 S. 1 und 2 ZGB wäre dann anzuwenden, wenn es keine Rechtswahl gibt. In diesem Fall ginge das Prinzip der engsten Verbindung zum Vertrag als stillschweigende Rechtswahl vor.

Beschränkung der Rechtswahl

Zwingende Normen

Eine Entsprechung für Art. 34 EGBGB gibt es im syrischen IPR bislang nicht. Der syrische Gesetzgeber hat sich mit der Anwendung der zwingenden Normen noch nicht beschäftigt.
Genau wie die deutsche Literatur ist die arabische Rechtslehre gegenüber der Anwendung ausländischer zwingender Normen sehr aufgeschlossen. Mit Ausnahme des tunesischen ZGB enthalten weder das EGBGB noch die arabischen Zivilgesetzbücher kollisionsrechtliche Sonderanknüpfungsregeln für ausländische Eingriffsnormen.
Art. 38 tunesisches ZGB hat die Anwendung nationaler und internationaler Eingriffsnormen behandelt. Diese Vorschrift könnte in anderen arabischen Länder

ebenso geachtet werden. Anders als Art. 34 EGBGB hat Art. 38 tunesisches ZGB ausdrücklich geregelt, dass als Voraussetzung für die Berücksichtigung ausländischer zwingender Normen das ausländische Recht einen Bezug zum Sachverhalt haben muss. Art. 38 tunissche ZGB berücksichtigt die ausländischen zwingenden Normen, abgesehen davon, ob sie zum öffentlichen Recht oder Privatrecht gehören.
Die deutsche und die arabische Literatur sind in punkto Konkurrenzverhältnis zwischen unterschiedlichen Eingriffsnormen gleicher Ansicht. Hier haben die Eingriffsnormen der lex fori vor den Eingriffsnormen der lex causae und denen dritter Staaten grundsätzlich Vorrang. Die beiden Rechtslehren haben die gleich Lösung im Fall einer Konkurrenz zwischen den Eingriffsnormen der lex causae und der dritter Staaten, hier hat keine Eingriffsnorm grundsätzliche Vorrang, sondern es muss nach den Umständen des Sachverhalts entschieden werden.

Ordre public

Genau wie im deutschen Recht wird im syrischen IPR zwischen negativer und positiver Wirkung des ordre public unterschieden. Als Voraussetzung für die Anwendung des Art. 30 ZGB wird diskutiert, ob der Fall einen Bezug zum syrischen Recht haben muss. Es gibt keine einheitliche Rechtsprechung oder Literatur zu dem Problem, allerdings ist die herrschende Meinung in der arabischen IPR-Literatur so, dass ein Bezug zur lex fori nicht erforderlich ist, um die Wirkung des ordre public auszulösen. Der Richter kann das ausländische Recht ausschließen, auch wenn der Fall keinen Bezug zu seinem Land hat. Allein der tunesische Gesetzgeber hat diese Ansicht gemäß Art. 36 Abs. I ZGB geregelt.
Wie im deutschen IPR wird nur die Wirkung der ausländischen Norm im konkreten Fall ausgeschlossen, nicht aber die Norm oder das Gesetz im Allgemeinen.
In der arabischen, genau wie in der deutschen IPR-Literatur, gibt es keine besonderen Kriterien, um den ordre public klar festzustellen. Statt dessen hat der ordre public flexible Kriterien, die unter verschiedenen Umständen und Zeitpunkten geändert werden können.
Der ordre public spielt im syrischen internationalen Familien- und Erbrecht eine wichtigere Rolle als im internationalen Vertragsrecht, wo das islamische Recht (Scharia) unrelevant ist. Die lex fori ist also in beiden Rechtssystemen als Ersatzrecht gültig, wenn das anzuwendende ausländische Recht ausgeschlossen ist. Ausnahmen von der lex fori sind allerdings möglich, wenn der Sachverhalt keinen Inlandsbezug enthält (wie im deutschen Recht) oder wenn der Sachverhalt von der lex fori allein nicht gelöst werden kann. In diesen Fällen können die Richter in beiden Rechtssystemen anderen Kriterien folgen.

Besondere Vertragstypen

Grundstücksverträge

Bei Grundstücksverträgen lässt das syrische internationale Privatrecht keine Rechtswahl zu. Es gilt das Recht des Belegenheitsortes. Im deutschen Kollisionsrecht gilt der Belegenheitsort nur, solange es keine Rechtswahl gibt und der Belegenheitsort die engste Verbindung zum Vertrag darstellt. Während im syrischen IPR festgelegt ist, dass der Belegenheitsort immer die engste Verbindung zum Vertrag hat, wird dies im deutschen IPR vermutet, aber es sind auch andere Lösungen möglich. Die syrische Lösung bietet hier eine größere Rechtssicherheit, da das jeweilige Recht des Belegenheitsortes zwingend angewendet wird. Die Lösung des deutschen IPR hat dagegen den Vorteil, dass die Parteiautonomie respektiert wird.

Internationale Verbraucherverträge

Das EGBGB hat die Verbraucherverträge durch Art. 29 und 29a EGBGB gut behandelt; dazu kommen reichlich Rechtsprechung und Literatur. Die Vorschriften der internationalen Verbraucherverträge sind sehr weit entwickelt, was ein gutes Vorbild für jeden Gesetzgeber sein könnte. Ein Vergleich ist in diesem Bereich nicht möglich, da die arabischen Gesetze kein Vergleichsmaterial bieten. Die arabischen Gesetze sowie die Rechtsprechung und die Literatur haben sich mit internationalen Verbraucherverträgen immer noch nicht eingehend befasst. Das könnte daran liegen, dass es in der Vergangenheit keinen Bedarf gab, diese Verträge speziell zu regeln; besonders in Ländern mit einer Wirtschaftspolitik, die den Verbraucher an der an der aktiven Teilnahme am Weltmarkt hindert. Da sich dies nun geändert hat, müssen internationale Verbraucherverträge besonders geregelt werden, zumal der Verbraucher als schwächere Vertragspartei angesehen werden muss und Schutz benötigt. Artt. 29, 29a EGBGB sollten geachtet werden, da sie eine befriedigende Lösung bieten. Man sollte diese Vorschriften nicht einfach übernehmen, sondern versuchen, sie an die nationalen Interessen anzupassen. Diese Interessen können sich von heute auf morgen in einem Land wie Syrien ändern.

Bis dahin unterliegen internationale Verbraucherverträge nach Art. 20 ZGB dem gewählten Recht. Wenn die Parteien keine Rechtswahl getroffen haben, wird an das gemeinsame Wohnsitzortrecht angeknüpft. Falls die Parteien keinen gemeinsamen Wohnsitzort haben, kommt das Recht am Abschlussort in Betracht.

Die Anwendung des Art. 20 ZGB ist für internationale Verbraucherverträge komplett unrelevant. Er erkennt den Verbraucher als nicht schwächere Partei an, falls er von seinem Vertragspartner schlecht gestellt wird und bietet keinen Günstigkeitsvergleich, um die Rechtslage des Verbrauchers zu verbessern.

Internationale Arbeitsverträge

Im deutschen IPR und nach Art. 30 EGBGB ist ein Günstigkeitsvergleich zwischen dem gewählten Recht und dem objektiven geltenden Recht zu Gunsten des Arbeitnehmers anzustellen. Der Arbeitnehmer wird als schwache Partei in internationalen Arbeitsverträgen angesehen.
Anders als im deutschen Recht erkennen weder der syrische Gesetzgeber noch die arabische Rechtsprechung noch die Literatur besondere Regeln zu Gunsten des Arbeitnehmers gegenüber seinem Arbeitgeber in internationalen Verträgen an. Das ist eigentlich erstaunlich, da der syrische und der arabische Gesetzgeber bei der Kodifizierung des Arbeitsrechts den Arbeitnehmerschutz geachtet haben, insofern, als sie das gesamte Arbeitsrecht für zwingend erklären.
Die arabische Rechtsprechung und der Gesetzgeber nehmen bei der Suche nach dem geltenden Recht für die internationalen Arbeitsverträge auf den Arbeitnehmer keine Rücksicht. Das ist ein Manko und muss korrigiert werden. Das deutsche Modell, nach dem der Arbeitnehmer in internationalen Verträgen als schutzbedürftig gilt, ist viel effektiver und erfolgreicher.
Art. 30 Abs. 1 EGBGB erkennt eine Rechtwahl an und lässt damit die Parteiautonomie für internationale Verträge zu. Die Vorschrift ist allerdings nur auf die Wirkung der Rechtswahl beschränkt und räumt einen Günstigkeitsvergleich zu Gunsten des Arbeitnehmers ein. Anders ist die Lage im syrischen Recht. So ist es nicht klar, ob eine Rechtswahl für internationale Arbeitsverträge zulässig ist. Wenn man internationale Arbeitsverträge auf Art. 20 ZGB verweist, wird in diesem Fall eine Rechtswahl für diese Verträge zugelassen. Fraglich ist aber, ob Art. 20 ZGB auch für internationale Arbeitsverträge gilt. Der Gesetzgeber hat diese Verträge vom Anwendungsbereich der allgemeinen Regeln für internationale Verträge nicht ausgenommen. Gleichzeitig hat er die internationalen Arbeitsverträge als komplizierte Bereiche definiert, um sie unter einer Regel zu erfassen. Grundsätzlich erkennt der arabische Gesetzgeber für internationale Arbeitsverträge die Möglichkeit der Rechtswahl an. Das darf aber nicht dazu führen, dass diese Erlaubnis immer für alle Fälle gilt. Wann und wie die Rechtswahlfreiheit beschränkt wird, ist nicht klar. Es ist auch nicht klar, ob diese Beschränkung zu Gunsten des Arbeitnehmers oder des Arbeitgebers benutzt wird. Diese Unklarheit führt zu Rechtsunsicherheit. Deswegen muss der syrische Gesetzgeber klar regeln, wie und wo die Rechtswahl für internationale Arbeitsverträge angewendet wird. Das deutsche Modell, wie in Art. 30 EGBGB, kann als Vorbild dienen: die Rechtswahlfreiheit wird grundsätzlich zugelassen, ist aber in ihrer Wirkung beschränkt, um dem Arbeitnehmer einen besseren Schutz zu bieten.

Internationale Bankverträge

Das deutsche EGBGB enthält keine besondere Regel für die internationalen Bankverträge. Sie werden nach der allgemeinen Regel in Artt. 27, 28 EGBGB

angeknüpft. Die Rechtswahl kann ausdrücklich oder stillschweigend sein. Mangels einer Rechtswahl unterliegen die internationalen Bankverträge Art. 28 Abs. 2 EGBGB und werden nach der charakteristischen Leistung angeknüpft, da die Bank in der Regel die charakteristische Leistung erbringt.
Das syrische ZGB enthält auch keine besonderen Regeln für internationale Bankverträge. Die arabische Literatur lehnt die Anwendung des Art. 20 ZGB für internationale Bankverträge ab. Die alternativen Anknüpfungsmerkmale in diesem Artikel (gemeinsamer Wohnsitz- und Abschlussort) sind für diese Verträge irrelevant und führen in der Praxis zu einem Dilemma.
Alternativ wird die Anknüpfung an das Recht am Sitz der Bank vorgeschlagen. Auf die Frage, wie man zur Anwendung des Rechts am Sitz der Bank kommt, gibt es in der Literatur keine Antwort. Hier könnte nur Art. 26 ZGB helfen, da er die Anwendung der internationalen Vorschriften erlaubt, falls das ZGB keine passenden Regeln enthält. Die seltenen arabischen Urteile über internationales Vertragsrecht hinterlassen den Eindruck, dass die arabischen Richter internationale Anknüpfungsregeln durch Art. 26 ZGB ungern benutzen. Falls die Anknüpfungsregeln in Art. 20 Abs. 1 ZGB nicht passen, wenden die arabischen Richter internationale Vorschriften ohne Begründung, wie solche Vorschriften übernommen werden können. Man könnte interpretieren, dass die arabischen Richter die Anwendung internationaler Vorschriften minimieren wollen.
Es kann nicht mit Sicherheit vorausgesagt werden, ob zukünftige internationale Bankverträge von den arabischen Gerichten an den Leistungsort angeknüpft werden, besonders, wenn diese Anwendung nationales Recht ausschließt.

II. Ausblick

Dass oben genannte Inhalte im syrischen internationalen Vertragsrecht nicht gesetzlich klar geregelt sind, liegt nicht – wie man annehmen könnte – darin begründet, dass der Gesetzgeber dem Richter einen größeren Handlungsspielraum gewähren möchte. Zur Zeit der Entstehung des syrischen IPR im Jahre 1949 hat es der Gesetzgeber als nicht zwingend notwendig angesehen, oben aufgeführte Punkte gesetzlich klar zu regeln. Anders als vor 50 Jahren sind die internationalen wirtschaftlichen und politischen Strukturen komplexer geworden und erfordern differenziertere gesetzliche Regelungen.
Während das EGBGB die internationalen Handelsverträge ausführlich geregelt hat, steht dies dem syrischen bzw. arabischen Gesetzgeber noch bevor. Trotzdem erscheint es nicht sinnvoll, diese unbesehen auf Syrien zu übertragen, da Anpassungen an die dortigen Gegebenheiten unverzichtbar sind.
Derzeit besteht die Gefahr, dass das syrische internationale Vertragsrecht von den Entwicklungen überrollt wird und verschiedene Richter auf Grund fehlender gesetzlicher Grundlagen zu unterschiedlichen Urteilen gelangen, was wiederum zu Rechtsunsicherheit für die betroffenen Vertragspartner führen kann.
Es war schwierig, arabische Rechtsprechung auf diesem Gebiet zu finden, wohingegen die Literaturlage in Deutschland optimal ist, da hier seit Jahrzehnten

Fälle in diesem Bereich entschieden werden. Die Urteilsbegründungen in den arabischen Gerichten fallen zudem meist sehr knapp aus, die Motive für die Entscheidungen bleiben oft unbenannt.
Wie die Rechtsprechung ist die arabische Literatur auf diesem Gebiet sehr rar. Man übernimmt ausländische, insbesondere französische Lehrmeinungen, ohne sie an die örtliche Situation anzupassen oder eine eigene Lösung zu entwickeln. Man versucht nicht, die ausländische Lösung mit der inländischen zu vergleichen.
Selbstverständlich können nicht alle Fragen der IPR-Anknüpfungsregeln der Schuldverträge im Rahmen dieser Arbeit behandelt werden. Es wurden daher die Bereiche ausgewählt, in denen Gesetze, Urteile oder Literatur in beiden Rechtsystemen vorhanden sind.
Würde man die EGBGB-Anknüpfungen für internationale Verträge mit den entsprechenden Vorschriften anderer arabischer Länder vergleichen, käme man wahrscheinlich zu ähnlichen Ergebnissen, weil die Rechtssysteme der arabischen Länder in diesem Punkt sehr ähnlich sind.
Die arabischen Länder weisen viel mehr Gemeinsamkeiten auf als z.B. die EG zum Zeitpunkt ihrer Gründung. Deshalb erscheint eine Harmonisierung der Rechtssysteme relativ unproblematisch. Schon jetzt wurden bescheidene Schritte, wie die Schaffung einer Freihandelszone und die Harmonisierung der Importsteuern gemacht. Sollten die arabischen Länder in der Zukunft den Willen haben, ihre Rechtssysteme mit dem Ziele einer Union – ähnlich der EU - anzugleichen, sind ihre Startvoraussetzungen dafür gut.

Es ist immer noch nicht klar, wie sich die zukünftige Gesetzgebung und Rechtsprechung von der Liberalisierung der syrischen Wirtschaft beeinflussen lassen werden. Es bestehet kein Zweifel, dass Syrien enorme gesetzliche, wirtschaftliche und politische Reformen durchführen wird. Unklar ist, wie schnell und effizient diese Reformen stattfinden werden. Die Erfahrungen der letzen Jahren zeigen, dass Syrien Änderungen nur sehr langsam vollzogen hat.[494]
Es wurden in Syrien und vielen anderen arabischen Ländern bereits eine Reihe von neuen Gesetzen erlassen, die ausländische Investitionen und den Außenhandel erleichtern. Das ist zweifelsohne eine wichtiger Schritt, der aber nicht ausreicht, um die Länder entscheidend nach vorne zu bringen. Die Anwendung und Verwirklichung dieser Gesetze stößt in der Realität auf den Widerstand von Gruppen, die an den Änderungen kein Interesse haben. Es genügt eben nicht, in einem Land wie Syrien ein neues Gesetz zu verabschieden. Wichtig ist es, das Gesetz richtig anzuwenden und seine Durchführung zu kontrollieren.
Spricht man in Syrien und anderen arabischen Ländern von Reformen, sind damit meist Reformen zur Liberalisierung der Wirtschaft bzw. die Verabschiedung

---

[494] Z.B. will man in Syrien seit 2000 private Banken und Börsen eröffnen. Die Gesetzesgrundlagen dafür sind schon lange geschaffen. Die erste Bank wurde jedoch erst Ende 2004 eröffnet und die Eröffnung der Börse lässt immer noch auf sich warten.

oder Änderung von Gesetzen, die diesem Ziel dienen, gemeint. Dies ist sicherlich ein wichtiger Beitrag zur Verbesserung der Lage der Länder. Um einen durchschlagenden Erfolg zu erzielen, wären politische Reformen, die in der Bevölkerung zu einer größeren Partizipation und Zufriedenheit führen, ebenso erforderlich . Das Gleiche gilt auch für ausländische Unternehmen und Handelspartner, die auf dem syrischen und den arabischen Märkten Fuß fassen wollen.

LITERATURVERZEICHNIS

ABBO, JUNKER, Internationales Privatrecht, München 1998.

DERS., Die zwingenden Bestimmungen im neuen internationalen Arbeitsrecht, in: IPRax 1989, S. 69.

DERS., Neuere Entwicklungen im Internationalen Arbeitsrecht, in: RdA, S. 42.

ABDALAL, MOHAMMED, Internationales Bankrecht, Alexandria 1994.

ABDUL, MAGED SULEMAN, Die Theorie der zwingenden Normen im internationalen Privatrecht, Kairo 1998.

ABDULLAH, IZALDIN, Internationales Privatrecht, Band 2, Kairo 1986.

ABDUL RAHMAN, ABDUL HAKIM, Verbraucherschutz im Internationalen Privatrecht, Kairo 1997.

ABU AULA, ALNAMER, Verbraucherschutz im internationalen Privatrecht, Kairo 1998.

DERS., Kritik an den ägyptischen Gesetzen in den Bereichen Investment und Technologietransfer, Kairo 2002.

ALGOHARI, MOHAMMED FAHMI, Das ägyptische Handelsrecht, Handelsverträge, Kairo 2003.

ALMOKADDAM, MOHAMMED SALAH, Kollisionsrecht im Seerecht, Beirut 1981.

AMERELLER, FLORIAN, Hintergründe des "Islamic Banking". Rechtliche Problematik des Riba-Verbotes in der Scharia und seine Auswirkungen auf einzelne Rechtsordnungen arabischer Staaten, Berlin 1995.

ARMUSCH, ABDELKARIM MAMDUH, Jordanisches internationales Privatrecht, Amman 1996.

ASHMAWI, MOHAMMED, Riba und Zinsen im Islam, Kairo 1988.

ATTAR, ABD ALNASER TAFIQ, Kommentar zu den Bestimmungen des Arbeitsgesetzes, Kairo 1988.

BÄLZ, KILIAN RUDOLF, Versicherungsvertrag im islamischen Recht und den neuen Zivilkodifikationen unter besonderer Berücksichtigung des ägyptischen ZGB und des jordanischen ZGB, Karlsruhe 1997.

BIANCA/BONELL, Commentary on the international Sales Law, Art. 1, Mailand 1987.

BITTNER, CLAUDIA, Die Auswirkungen des Irak-Embargos für Warenlieferungsverträge. Zivilrechtliche Folgen von Handelsbeschränkungen, RiW 1994, S. 458.

BÖCKSTIEGL, KARL-HEINZ, Vertragspraxis und Streiterledigung im Wirtschaftsverkehr mit arabischen Staaten, Band 2, Berlin 1981.

BORGES, GEORGE, Weltweite Geschäfte und deutscher Verbraucherschutz, in: ZIP 1999, S. 565.

BRINTON, JASPER YEATES, The Mixed Courts of Egypt, 2. Auflage, New Haven/London 1968.

CZERWENKA, BEATE, Rechtsanwendungsprobleme im internationalen Kaufrecht. Das Kollisionsrecht bei grenzüberschreitenden Kaufverträgen und der Anwendungsbereich der internationalen Kaufrechtsübereinkommen, Schriften zum Wirtschaftsrecht, Band 60, Berlin 1988.

DERAZ, RAMZI MOHAMMED, Kollisionsrecht im Islam, Alexandria 2004.

DEUTSCHER BUNDESTAG, Der Begriff vom 25.01.2001.

DICEY AND MORRIS on the Conflict of Laws, Volume 2, 13. Auflage, London 2000.

DIEB, FUAD, Kollisionsrecht, Damaskus 1986.

ELWAN, OMAIA, Der Scheck im ägyptischen Recht, Heidelberg 1992.

DERS., Das Recht des Handelsvertreters im arabischen-deutschen Rechtsverkehr unter besonderer Berücksichtigung der Rechtslage in Ägypten in: ZvglRWiss 80 (1981), S. 89-149.

ENDERLEIN, FRITZ/ MASKOW, DIETRICH/ STROHBACH, HEINZ, Internationales Kaufrecht, Berlin 1991.

Erfurter Kommentar zum Arbeitsrecht, 2. Auflage 2001.

Erman Kommentar zum Bürgerlichen Gesetzbuch, 12. Auflage 2000.

FAHMI, KAMAL MOHAMMED, Internationales Privatrecht, Kairo 1992.

DERS., Grundzüge des internationalen Privatrechts, 2. Auflage, Kairo 1985.

FERID, MURAD/ SONNENBERGER, HANS JÜRGEN, Das Französische Zivilrecht, Band 1, Erster Teil, Heidelberg 1994.

FIRSCHING, KARL/ VON HOFFMAN, BERND, Internationales Privatrecht, 4. Auflage, München 1996.

GAMAL, SALAH ALDIN, Der Staat als Vertragspartei bei internationalem Technologietransfer, Kairo 1996.

HADAAD, HAFIZA AL SEID, Internationales Privatrecht, Band 1, Beirut 2002.

HADAAD, HAFIZA AL SEID/ SADIQ, ALI SADIQ HISCHAM, Unterricht im internationalen Privatrecht, Alexandria 2000.

HAFEZ, ABDELKARIM, Irakisches internationales Privatrecht, Bagdad 1977.

HASANIEN, TALAHT HULMIE, Parteiautonomie in internationalen Verträgen, Studie im islamischen und internationalen Privatrecht, Kairo 2000.

HAWANI, MOHAMMED, Kuwaitisches internationales Privatrecht, Kuwait 1973.

HERBER, ROLF/ CZERWENKA, BEATE G., Internationales Kaufrecht, Kommentar zu dem Übereinkommen der Vereinten Nationen vom 11.4.1980 über Verträge über den internationalen Warenverkauf, München 1991.

HERDEGEN, MATTHIAS, Internationales Wirtschaftsrecht, 4. Auflage, München 2003.

HUARIE, AHMAD, Der Schutz der schwächeren Partei im internationalen Privatrecht, Kairo 1995.

ISMAIL, MOHAMMED ABDUL MAGED, Internationale Bauverträge, Beirut 2003.

ISTANBULY, ADIB MOHAMMED, Kommentar zum syrischen Zivilgesetzbuch, Damaskus 1998.

JAKUT, MOHAMMED, Die Freiheit der Parteien auf der Suche nach dem Recht für ihren internationalen Vertrag, Alexandria 2000.

JAYME, ERIK/ HAUSMANN, RAINER, Internationales Privat- und Verfahrensrecht, München 2000.

DERS., Methoden der Konkretisierung des ordre public im IPR, Heidelberg 1989.

JUENGER, FRIEDRICH K., Parteiautonomie und objektive Anknüpfung im EG-Übereinkommen zum internationalen Vertragsrecht, Hamburg 1982.

JUNG, HOLGER, Ägyptisches internationales Vertragsrecht, Hamburg 1999.

KEGEL, GERHARD, Internationales Privatrecht, 7. Auflage, München1995.

KELLER, MAX/ SIEHR, KURT, Allgemeine Lehren des internationalen Privatrechts, Zürich 1986.

KHALED, HISCHAM, Einführung in das arabische internationale Privatrecht, Alexandria 2003.

KOCH, HARALD/ MAGNUS, ULRICH, IPR und RV. Ein Studien- und Übungsbuch zu IPR und Rechtsvergleichung, JUS Schriftenreihe 1996.

KROPHOLLER, JAN/ KRÜGER, HILMAR/ RIERING, WOLFGANG/ SAMTLEBEN, JÜRGEN/ SIEHR, KURT (HRSG.), Außereuropäische IPR-Gesetze, Hamburg 1999.

KROPHOLLER, JAN, Internationales Privatrecht, 4. Auflage, Tübingen 2001.

KRÜGER, HILMAR, Der Grundsatz der Parteiautonomie in den Kollisionsrechten der arabischen Staaten, in: KARL-HEINZ BÖCKSTIEGEL, Vertragspraxis und Streiterledigung im Wirtschaftsverkehr mit arabischen Staaten, Band 2, Berlin 1981, S. 95-100.

DERS., Probleme des algerischen internationalen Vertrags- und Schiedsrechts, in: BÖCKSTIEGEL, KARL HEINZ (HRSG.), Vertragpraxis und Streiterledigung im Wirtschaftsverkehr mit arabischen Staaten, München 1981, S. 17-60.

DERS., Internationales Privatrecht in Kuwait nach den Gesetzreformen 1980-1981, in: RIW/AWD 83, S. 801-811.

DERS., Das internationale Privat- und Zivilverfahrensrecht Mauretaniens, in: RIW/AWD 1990, S. 988-992.

DERS., Das internationale Privat- und Zivilverfahrensrecht der Arabischen Republik Jemen, in: IPRax 1987, S. 39-44.

DERS., Das internationale Privatrecht Jordaniens, in: IPRax 1987, S. 126-131.

DERS., Das internationale Privat- und Zivilverfahrensrecht des Irak, in: IPRax 1988, S. 180-185.

KURDIE, GAMAL MAHMUD, Internationales Privatrecht, Kairo 1998.

LORENZ, EGON, Die Rechtswahlfreiheit im internationalen Schuldvertragsrecht, in: RiW 1987, S. 569.

MABRUK, ALAFI MOHAMMED, Kollisionsrecht in Libyen, Tripolis 1994.

MAGNUS, ULRICH, Englischer Kündigungsschutz auf deutschem Schiff - Probleme des internationalen Seearbeitsrechts, in: IPRax 1991, S. 382.

MALLAT, CHIBLI, The debate on Riba and interest in twentieth century jurisprudence: Islamic Law and Finance, London/ Dordrecht/ Bosten 1988.

MANKOWSKI, PETER, Das Internet im internationalen Vertrags- und Deliktrecht, in: RabelsZ 63 1999, S. 203.

DERS., Strukturfragen des internationalen Verbrauchervertragsrechts, in: RiW 1993, S. 453.

DERS., Zur Analogie im internationalen Schuldvertragsrecht, in: IPRax 1991, S. 305.

DERS., Zur Auslegung des Art. 13 EuGVÜ, in: RiW 1997, S. 990.

DERS., Internationales Privatrecht, in: SPINDLER, GERALD, Internet-Auktion. Rechtliche Rahmenbedingungen, 2001, S. 157.

DERS., Arbeitskräfte bei Staaten und staatsnahen Einrichtungen im internationalen Privat- und Prozessrecht, in: IPRax 2001, S. 132.

DERS., Seerechtliche Vertragsverhältnisse im internationalen Privatrecht, Tübingen 1995.

MANSUR, BADIEH SAMI, Internationales Privatrecht, Beirut 1994.

MARTINY, DIETER, Europäisches Internationales Vertragsrecht - Ausbau und Konsolidierung, in: ZEuP, Frankfurt/Oder 1999, S. 246-270.

Münchener Kommentar zum Bürgerlichen Gesetzbuch, Einführungsgesetz IPR, Band 7, 2. Auflage 1990.

NASF, HUSAM ALDIN, Vermittlungsverträge im internationalen Handel, Kairo 2002.

PILTZ, BURGHARD, Internationales Kaufrecht. Das UN-Kaufrecht (Wiener Übereinkommen von 1980) in praxisorientierter Darstellung, München 1993.

RAHMAN, ABDUL JABER, Internationales Privatrecht, 2. Teil: Internationaler Wohnsitz und Rechtsstellung von Ausländern in den arabischen Ländern, Kairo 1968.

REICH, NORBERT, Die Freiheit des Dienstleistungsverkehrs als Grundfreiheit, in: ZHR 1989, S. 571.

RIAD, ABDULMANUM FUAAD, Gesetzeskonflikte und internationale Zuständigkeit, Kairo 1994.

RIDA, RASHID MOHAMMED, Riba und Geschäfte im Islam, Kairo 1960.

SABET, ENAYAT, Kollisionsrecht im Islam, Kairo 1998.

SADIQ, ALI SADIQ HISCHAM, Das Internationale Privatrecht, Alexandria 2000.

DERS., Die internationalen Handelsverträge, Alexandria 1995.

DERS., Internationales Wohnsitzrecht, Alexandria 1977.

SALAMA, AHMAD ABDULKARIM, Das Recht des internationalen Vertrags, Kairo 2001.

DERS., Eingriffsnormen und öffentliches Recht im internationalen Privatrecht, Kairo 2000.

SANHURI, ABDUL RAZAK, Kommentar zum neuen ägyptischen Zivilgesetzbuch, Band 1, Kairo 1952.

SCHARKUAOUI, MAHMUD SAMIR, Internationale Handelsverträge. Besondere Studie für den internationalen Warenverkauf, Kairo 2002.

SIUFY, NAIM, Internationales Privatrecht, Damaskus 1967.

SOERGEL, HANS THEODER, Kommentar zum Bürgerlichen Gesetzbuch, IPR, Band 10, 12. Auflage 1996.

SPICHHOFF, ANDREAS, Der ordre public im internationalen Privatrecht, Neuwied/Frankfurt 1989.

STAUDINGER, JAN VON, Kommentar zum Bürgerlichen Gesetzbuch, 13. Auflage, Berlin 2002.

DERS., Kommentar zum Bürgerlichen Gesetzbuch, Art. 27-37 von Ulrich Magnus, 12. Auflage, Berlin 1998.

DERS., Internationales Verbraucherschutzrecht im Blickpunkt der neue Art. 29 a EGBGB, in: RiW 2000, S. 416.

TULBA, ANWAR, Einführung in das Zivilgesetzbuch, Band 1, Kairo 1987.

UKASCHA, ABD ALAL, Kollisionsrecht, Beirut 2001.

VON CAEMMERER, ERNST/ SCHLECHTRIEM, PETER/ HERBER, HANS HERMANN, Kommentar zum einheitlichen UN-Kaufrecht, 2. Auflage, München 1995.

VON HOFFMANN, BERND, Internationales Privatrecht, 6. Auflage, München 1999.

VON SAVIGNY, FRIEDRICH CARL, System des heutigen Römischen Rechts, Band VIII, Berlin 1849.

ZAKI, MAHMUD JAMAL, Der Arbeitsvertrag im ägyptischen Recht, 2. Auflage, Kairo 1982.

ZWEIGERT, KONRAD/ KÖTZ, HEIN, Einführung in die Rechtsvergleichung, 3. Auflage, Tübingen 1996.

INTERNATIONALRECHTLICHE STUDIEN
Beiträge zum Internationalen Privatrecht,
zum Einheitsrecht und zur Rechtsvergleichung

Herausgegeben von Ulrich Magnus

Band 19 Florian Schulz: Der Ersatzlieferungs- und Nachbesserungsanspruch des Käufers im internen deutschen Recht, im UCC und im CISG. Eine rechtsvergleichende Untersuchung unter Berücksichtigung der Schuldrechtskommission, der EG-Richtlinie 1999/44/EG und des Diskussionsentwurfs eines Schuldrechtsmodernisierungsgesetzes. 2002.

Band 20 Ingo Janert: Die Aufrechnung im internationalen Vertragsrecht. 2002.

Band 21 Armin Jentsch: Die Erhaltungspflichten des Verkäufers und des Käufers im UN-Kaufrecht im Vergleich zum US-amerikanischen Uniform Commercial Code und zum deutschen Recht. 2002.

Band 22 Martin Taschner: Arbeitsvertragsstatut und zwingende Bestimmungen nach dem Europäischen Schuldvertragsübereinkommen. Einheitliche Auslegung. 2003.

Band 23 Klaus Bitterich: Die Neuregelung des Internationalen Verbrauchervertragsrechts in Art. 29a EGBGB. 2003.

Band 24 Sascha J. Morgenroth: Umsetzung der Verbrauchsgüterkaufrichtlinie in Spanien und Deutschland. Umsetzung der Richtlinie 1999/44/EG des Europäischen Parlaments und des Rates vom 25. Mai 1999 zu bestimmten Aspekten des Verbrauchsgüterkaufs und der Garantien für Verbrauchsgüter in Spanien und Deutschland. 2003.

Band 25 Markus Renfert: Über die Europäisierung der ordre public Klausel. 2003.

Band 26 Henning Mordhorst: Die Behandlung vertraglicher Mobiliarsicherheiten im US-amerikanischen und deutschen Insolvenzrecht. 2003.

Band 27 Hans Markus Wulf: UN-Kaufrecht und eCommerce. Problembereiche bei der Anwendung des Wiener Übereinkommens auf Internet-Verträge. 2003.

Band 28 Julia Kaiser: Freiheit oder Schutz? Die Scheidungsfolgenvereinbarung im deutschen und im englischen Recht. 2003.

Band 29 Astrid Hillebrenner: Die private Zustimmung zu Rechtsgeschäften Dritter im englischen, dänischen und deutschen Recht. 2004.

Band 30 Irene von der Heyde: Das deutsche und italienische internationale Kindschaftsrecht im Rechtsvergleich. Favor filii oder favor filiationis? 2004.

Band 31 Sven-Michael Werner: Recht im Systemwandel. *Ein Land, zwei Systeme* und das Kontinuitätsproblem in Hongkong. 2004.

Band 32 Holger Ellenberger: Wirtschaftsrelevante Kollisionsnormen im japanischen internationalen Privatrecht. 2004.

Band 33 Sebastian Kaufmann: Parol Evidence Rule und Merger Clauses im internationalen Einheitsrecht. 2004.

Band 34 Britta Christina Weber: Eigentumsübertragung und gutgläubiger Erwerb beim Kauf von beweglichen Sachen im vietnamesischen Zivilgesetzbuch von 1995. Eine rechtsvergleichende Analyse unter Berücksichtigung des Eigentumsbegriffs im vietnamesischen Recht. 2004.

Band 35 Alexander von Saucken: Die Reform des österreichischen Schiedsverfahrensrechts auf der Basis des UNCITRAL-Modellgesetzes über die internationale Handelsschiedsgerichtsbarkeit. Ein Diskussionsbeitrag. 2004.

Band 36 Jasnica Garašić: Anerkennung ausländischer Insolvenzverfahren. Teil 1 und Teil 2. Ein Vergleich des kroatischen, des deutschen und des schweizerischen Rechts sowie der Europäischen Verordnung über Insolvenzverfahren, des Istanbuler Übereinkommens und des UNCITRAL-Modellgesetzes. 2005.

Band 37 Eugenia Kurzynsky-Singer: Anknüpfung und Reichweite des Vollmachtsstatuts. 2005.

Band 38 Timo Utermark: Rechtsgeschichte und Rechtsvergleichung bei Ernst Rabel. 2005.

Band 39 Mohamed Lakmes: Die IPR-Anknüpfung der Schuldverträge. Ein Vergleich zwischen deutschen und dem syrischen Recht. 2005.